戦場の精神史

武士道という幻影

佐伯真一 *Shin-ichi Saeki*

NHK BOOKS
[998]

NHK出版【刊】

Printed in Japan

◉

戦場の精神史——武士道という幻影〔目　次〕

本書では、古典作品などの引用にあたって、現代語訳を掲げた場合と、原文を掲げた場合とがある。原文を掲げた場合も、読みやすさを考えて、表記を一部改めた場合がある（清濁や句読点・引用符、ふりがな、標準的な歴史的仮名遣いへの改訂など）。直接依拠した出典などはできるだけ明示したが、そのようなわけで、引用文は出典とまったく同一ではない。

また、研究者などの氏名を掲げる場合には、敬称を一切省略させていただいたことをお断りしておく。

序章　だまし討ちを考える――『平家物語』「越中前司最期」から

越中前司盛俊の首を掲げる猪俣則綱（『平家物語絵巻』［財］林原美術館蔵より）

越中前司の最期

寿永《じゅえい》三年（四月に改元して元暦《げんりゃく》元年。一一八四）二月、源平合戦の帰趨《きすう》を決める、天下分け目の戦いであった一ノ谷合戦は、「坂落」として知られる源 義経《みなもとのよしつね》の奇襲によって、源氏が勝利を握ろうとしていた。

平家の侍 大将《さぶらいだいしょう》で、山の手を守っていた越中前司盛俊《えっちゅうぜんじもりとし》は、もはや逃げ切れまいと踏みとどまって戦ううちに、源氏側の武士の猪俣則綱《いのまたのりつな》と組み合った。どちらも大力の武者として知られる二人だが、盛俊の力がまさり、則綱を組み伏せた。今にも首をかこうとしたその時、押さえつけられた則綱は、苦しい息の下から、かろうじて声をかけた。「ちょっとお待ちください。私の首を取っても、誰の首ともわからないのでは手柄になりませんよ。私が名乗ったのをちゃんとお聞きですか？」。盛俊がぶっきらぼうに、「いや、よく聞いてはいないよ」と答えると、「それでは名乗って聞かせましょう。私は武蔵国《むさしのくに》の住人、猪俣近平六《こんぺいろく》則綱と申しまして、頼朝《よりとも》殿にも名を知られた名誉の者です」と偉そうに名乗り、ここを先途《せんど》としゃべり続ける。「この合戦は、もう源氏の勝ちです。私を討っても何にもなりませんよ。合戦で手柄を立てようとするのは、恩賞を与えてくれる、しっかりした主君がいるからでしょう。その主君が負けてしまったのでは、戦ってもしかたがありません。あなたはもう落人《おちうど》です。私を助けてくれれば、その代わり、頼朝殿に申し上げて、あなたのご親族が何十人あろうとお助けしますよ。そもそも、あなたは何というお方ですか？」。

則綱の自己紹介は精一杯虚勢を張ったものだが、今にも命を落とそうかという状況で、これほどの弁舌をよどみなく振るう胆力は大したものだ。組み伏せられて下になりながら、相手を「落人」と決めつける弁舌に、正直者の盛俊はうかうかと乗せられてしまう。「私は越中前司盛俊という。もともとは平家の一門だが、近ごろでは侍《さぶらい》さ」。「一門」は、一族の中心的な位置を占める者たち。その子どもたちも一門ではあるが、一族の人数が増えるにしたがって、血筋の劣る者から順に、一門の者にお仕えする「侍」に格下げとなる。盛俊は、本来は「一門」だが、近ごろは「侍」になってしまった、その不遇の意識を微妙ににじませたのであり、それが則綱に付け込まれる隙ともなった。

並んで腰をかける、越中前司盛俊と猪俣則綱。手前は、近づいて来る人見四郎（寛文一二年版『平家物語』版本より）

「盛俊殿といえば、有名な方ではありませんか」「そうなんだ。俺には子どもが多くて、二〇人以上もいるんだが、ほんとうに助けてくれるかい？」「もちろんですとも。私の命を救ってくださった方をどうしてお助けしないことがありましょう。そんなことをすれば、八幡大菩薩《はちまんだいぼさつ》の罰が当たってしまいます」。かくして、和議が成立し、二人はその辺にあった深田のかたわらに仲よく並んで腰をかけ、荒い息を休めた。

しかし、そこへ則綱の親戚の武士である人見《ひとみ》四郎が

近づいて来る人見四郎と、盛俊の首を取ろうとする則綱
(延宝五年版『平家物語』版本より)

やって来るのが見えた。盛俊が、新手の敵である人見四郎を気にして、則綱に背を見せると、則綱は不意に後ろから盛俊を突き倒し、深田の中に陥れて飛びかかり、盛俊の首を取った。則綱の弁舌はその場しのぎの口から出まかせであり、もとより盛俊を助ける気などなかったのである。八幡大菩薩まで引き合いに出した約束を、舌の根も乾かぬうちに破った、まぎれもないだまし討ちである。

功名争い

則綱は、人見四郎が近づきすぎないうちに、盛俊を討ったという。あまりに近づきすぎてからでは、人見四郎と二人で討ったことになり、手柄を独り占めできないからである。そして、盛俊の首を取った瞬間、則綱はその首を太刀の先に刺し貫いて高く差し上げ、ありったけの声で名乗った。「かの有名な平家の侍、越中前司盛俊の首は、まさしくこの則綱が討ち取ったぞ。各々《おのおの》方、証人になってくれよ」。しかし、あたりには誰もいなかったようで、則綱の執念もむなしく、盛俊の首は人見四郎に奪われてしまった。則綱がたった一人だったのに対して、人見四郎は多くの郎等《ろうどう》を引き連れており、囲まれて脅されれば、さからうことができなかったのである。則綱がだまし討ちにして取った首を、親族の人見四郎が横から奪い取る。仁義《じんぎ》のかけらもない、すさまじい戦いである。しかし、話はまだ終わらない。

人見四郎に首を横取りされた際、則綱は、こっそり、盛俊の首から左の耳を切り取っておいた。論功行賞《ろんこうこうしょう》の場で、人見四郎が盛俊の首を出し、自分の手柄であると述べると、横から則綱が「ちょっと待て、それは俺の手柄だ」と声をかける。「現に人見四郎が首を持っているのに、どうしてそんなことを言うのだ」と問われた則綱は、「その首には左の耳がないでしょう。その首は、ほんとうは私が取ったのですが、これこれこういう状況で、その首を横取りされたのです。その時、私が後の証拠とするために、左の耳を切り取っておいたのです」と、隠し持っていた盛俊の耳を差し出す。首に合わせてみれば、確かに盛俊の耳であった。そこで、この手柄は則綱のものということになったのである。功名争いにかける武士の執念をあますところなく描き出した話といえよう。

合戦の虚像と実像

この話から、読者は何を感じられただろうか。あるいは、意外な印象を受けた方もあるのではないか。日本古来の合戦は、近代の機械化された戦争とは異なって、武士道精神にのっとった武士たちが正々堂々と力を競い合う、悠長で美しい戦いであった——そのように信じている現代日本人も少なくないようである。筆者は、『平家物語』などを専門とする文学研究者だが、自分自身、かつて漠然とそんな意識を持っていたことは否定できない。しかし、軍記物語その他、合戦を描く多くの文献を読んでゆくと、古代や中世の戦いは、必ずしもそのようなものではないことに、容易に気づかされる。

では、武士道精神による美しい合戦とは、果たして虚像なのか。武士たちは、命をかけた合戦の場においても、敵に対して正直に、一定のルールや礼儀を守って戦っていたのだろうか。あるいは、則綱のだまし討ちのように、勝つためには手段を選ばず、功名のためには味方をも欺《あざむ》くという姿のほうが、一般的だったのだろうか。私たちは、日本の合戦、即ち前近代の戦いについて、とりわけ、現実の戦場で、武士たちが何を考え、どのように振る舞っていたかについて、きちんと理解できているのだろうか。

延慶本『平家物語』

だが、その問いに移る前に、一言断っておかねばならない。古典に親しんでいる読者の中には、「私が知っている『平家物語』の越中前司最期は、そんな話ではない」と、異議を唱える方があるかもしれないからである。

ご存じの方もあろうが、『平家物語』には多様な諸本《しょほん》（異本）が存在する。古典の作品に多くの諸本が存在することは珍しくないが、『平家物語』の諸本は、数が多いだけではなく、質的な相違も大きい。普通、古典の作品に諸本が生まれる原因としては、印刷技術が未発達な時代、本を手で書き写していたために、写し間違って異文が生じたというような問題が大きいのだが、『平家物語』の諸本の相違は、写し間違いによる一文字二文字の相違とか、一語や一文の有無というような生やさしいものではない。一つのまとまった話や、場合によっては何十頁にも及ぶ長大な説話群全体が、異本によってあったりなかったりするのである。既にあった物語を書き換えたり、新たな話を付け加えたり、あるいはつまらない話を削ったり、というように、積極的に、大胆な添削、改作を行った作者・編者が何人もいて、さまざまな内容の『平家物語』が生み出されたと考えられるわけである。したがって、一口に「『平家物語』に書かれている話」といっても、異本によってはなかったり、内容が大きく違っているということも珍しくない。

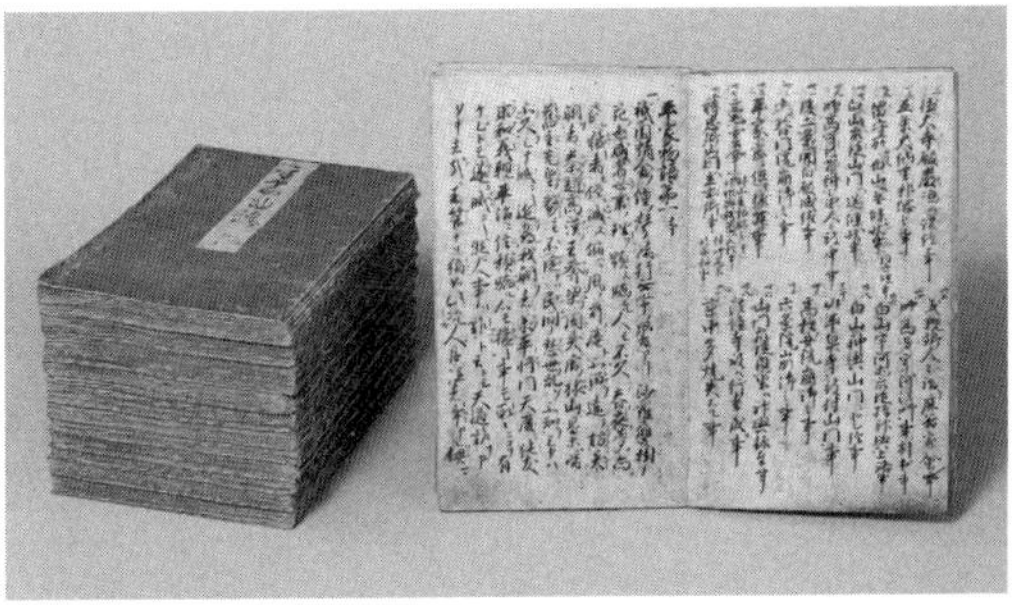
延慶本『平家物語』全体図と冒頭部分（[財]大東急記念文庫蔵）

「越中前司最期」は、おおかたの本にある話だが、異本によって、内容的に重要な違いがある。右の記述は、「延慶本《えんぎょうぼん》」と呼ばれる『平家物語』によっている。延慶本は、祖本が、鎌倉末期の延慶二、三年（一三〇九、一〇）に書き写されたことによる名称。現在伝わっている本は、延慶年間(一三〇八～一一)に写された本を、さらに応永《おうえい》二六、七年(一四一九、二〇)に書き写した写本で、東京の大東急記念文庫に蔵され、重要文化財に指定されている。『平家物語』諸本の研究は、ここ数十年で大きく変わったが、現在の研究では、『平家物語』諸本の中で、延慶本が古い形態をもっとも多く残しているとするのが、ほぼ通説となっている。しかし、延慶本は、勉誠出版や汲古書院から翻刻が出されているとはいえ、まだ、一般読者にとって読みやすい形が十分に整っているとはいえない。

一方、『平家物語』の書名で、一般の書店に並んでいる、岩波古典文学大系や新潮古典集成、小学館古典文学全集等々の本は、琵琶《びわ》法師《ほうし》の語りの台本だったといわれる、「語り本」と呼ばれる系統の本文である。語り本の本文では、後半の人見四郎との首の争奪戦の話などはなく、また、盛俊は、則綱の助命の誘いをきっぱりと断ったが、則綱が「降伏するから命は助けてくれ」と言ったために、助けたということになっている。

人物像としては、則綱の誘いを毅然《きぜん》として拒む、語り本の盛俊のほうが潔いが、敵に囲まれて逃げ切れないと覚悟して戦っていたはずの盛俊が、激戦の戦場の真ん中で、降伏したとはいえ敵の一人である則綱と仲よく並んで休息している場面は、いかにも不自然である。おそらく、この話は本来、延慶本に見るように、盛俊をうまくだまして首を取り、さらには人見四郎との功名争いもうまく乗り切った、知略に富んだ則綱の手柄話だったものであろう。手柄への欲求をむき出しにした武士たちの、あまりにも生々しい話に辟易《へきえき》した改作者が、せめて盛俊の人物像だけでも高潔なものに作り替えたのが、語り本の本文であるように思われる。

延慶本『平家物語』では、盛俊最期の話は、猪俣則綱と同じ猪俣党の武士の話と並んで記されている。猪俣党は武蔵国の著名な武士団の一つで、一ノ谷合戦にも多くの武士を送り込んだようである。この話は、もともと、猪俣党関係の話として扱われていたと見られるわけである。延慶本の一ノ谷合戦では、ほかにたとえば薩摩守忠度《さつまのかみただのり》の最期を描いた部分でも、忠度を討った岡部六弥太忠澄《おかべのろくやたただずみ》の側から、手柄話として描く傾向が強い。おそらく、源氏側の武士たちの手柄話、勲功談《くんこうだん》として発生した話が、『平家物語』に取り入れられたのがこれらの部分であり、延慶本には、その本来の姿が比較的よく残されているのだろう（この点については、高木市之助・服部幸造・生形貴重などに論がある）。『平家物語』は、ある個人が想像力によってつむぎ出した作品ではなく、歴史的な事件が生んださまざまな記録や文書や噂話や伝承を継ぎ合わせるようにして作られた面が強い。延慶本が古態をとどめているといわれるのは、そうした原材料の姿を、そのまま保存していることが多いためである。ここでは、戦場から生まれた手柄話が、生々しい姿を保ったまま、私たちの前に残されているのだろう。延慶本が伝えているようなことは、この後も、戦場で実際にしばしば起きたと見られる

（佐伯真一「盛俊の耳と首」）。

だまし討ちをどうとらえるか

さて、この「越中前司最期」のだまし討ちについては、従来、どのような研究がなされてきたか。

日本文学研究の分野では、右にも見たように、諸本研究の視点から、盛俊が則綱の誘いをはねつけたとする延慶本のような形について、その古態性やリアルな描写の性質をめぐって研究が重ねられてきたが、則綱のだまし討ちそのものをどうとらえるかというような問いかけは、最近になって、後述する梶原正昭の最終講義で取り上げられるまで、ほとんど議論されることはなかった。

管見に入った限りでは、則綱のだまし討ちについて正面から考えようとした主要な研究は、法制史家の石井紫郎と、民俗学者の千葉徳爾の二人の議論である。この両者の見解はまことに対照的で、おのおのの視点からだまし討ちの問題を照らし出している。それを整理しているうちに、筆者はしだいにこの問題にのめり込むこととなった。論の都合上、まず、千葉徳爾の議論から紹介してみよう。

だまし討ちを肯定する

千葉徳爾は、大著『狩猟伝承研究』などの研究で知られる民俗学者で、日本人の戦争や切腹などに関わる意識の問題についても、狩猟に関わる視点の延長線上に、多くの独創的で興味深い研究を提出している。その一つに、西南《せいなん》戦争を中心としつつ、日本人の戦争観を探った『負けいくさの構造—日本人の戦争観—』（一九九四年）がある。千葉はそこで、西南戦争の議論に入る前提として「いくさの原像」を論じ、まず、文化人類学者の吉田集而によるニューギニアのイワム族の戦闘に関する調査報告にふれる（詳しくは、吉田集而『不死身のナイティ—ニューギニア・イワム族の戦いと食人—』

参照)。その報告によれば、イワム族が一九五〇年代ごろまで行っていた他部族との戦闘は、だまし討ちや闇討ちが普通であったという。たとえば、マ族との戦闘において、イワム族は、戦闘の日時を指定した上で、予定の日よりも早く和平交渉を装って敵の部族を訪れ、武器を持っていないふりをして敵を油断させた上で、ひそかに隠し持っていた武器を取り出し、合図によって一斉に襲いかかり、敵を皆殺しにしたという。

吉田は、このようなイワム族の戦いぶりを紹介した上で、彼らにとっては、こうしただまし討ちも知恵のある行為として賞賛されるものであり、世界的には、そのように考える文化のほうがはるかに多いと述べ、次のようにしめくくる。

このように考えると、西洋の騎士道やアメリカのフェア・プレー精神、また日本の武士道といったものの方がむしろ特殊であると考えられよう。日本では、それは美意識と結びつけられ、勝つという最終目的よりも、いかに美事に戦ったかという過程に重点がおかれる。考えてみればまことに奇妙な戦いの仕方ではないか。

そして千葉徳爾も、吉田のこのような意見に全面的に賛成する。ただ、日本においても、古代にはイワム族のような戦いぶりがなかったわけではないとして、そこで紹介されるのが、則綱のだまし討ちなのである。日本でも、古代には則綱のようなだまし討ちが行われた、しかし、鎌倉時代以降の武士たちは、知力や弁舌の戦いを嫌うようになっていった——そのような千葉徳爾の議論の中では、則綱は「日本人の古代期の残影を意味する人かもしれない」とされる。

千葉徳爾の議論が特に興味を引くのは、則綱のだまし討ちをむしろ肯定的にとらえ、次のように述べる点である。

これ以後の日本人はこの方式のいくさを忌み、たたかいの美意識、正義の味方、そして腕力・気力という極めて動物的な能力を重んずる行動に傾斜してゆく。見方によっては文化的退化現象ともうけとれる。

つまり、千葉の議論は、おおよそ次のように要約できよう。「古くは世界中でだまし討ちが肯定されていたはずで、日本もその例外ではなかった、則綱のだまし討ちはその好例である。しかし、鎌倉時代以降の武士たちは、こうしただまし討ちを嫌うようになっていった。それは、現代的な価値観からは進歩ととらえるのが一般だろうが、だまし討ちを知力の戦いとして肯定する文化を基準におくならば、むしろ退化現象と見ることさえできるのである」と。

だまし討ちは否定されたのか

だまし討ち否定を退化ととらえる千葉徳爾の議論は、私たちの常識を覆す。賛否を別としても、少なくとも非常に刺激的であることは疑いない。文学研究者としてこれに反応したのが、軍記物語全般に関して広く深い研究を残した、梶原正昭であった。

梶原は、早稲田大学を定年退職するにあたり、平成一〇年（一九九八）一月に行った最終講義において「越中前司最期」を取り上げ、千葉徳爾説を詳しく肯定的に紹介した。その講義録は、雑誌『古典遺産』四九号（一九九九年）に掲載されており、筆者はそれを読んではじめて講義内容を知ったのだが、その刊行は、梶原正昭の逝去の後のことであった。その講義録には、「これまでの軍記物語研究には哲学が欠けていた」との痛切な反省と共に、戦争というものをどうとらえるかが、軍記物語研究の本質に関わる、最重要の問題なのではないか——との提言があるのだが、その講義録のテープおこし原稿に自ら手を入れるゆとりもなかったという梶原には、もはやその新たな研究方向を深める時間は残されていなかった。

梶原正昭がそのような反省と新たな方向性に思い至った契機は、講義録によれば、病床で『負けいくさの構造』を読んだことであるという。千葉徳爾の議論は、晩年の梶原の心をそのように揺り動かすほど刺激的だったともいえよう。そして筆者にとっては、梶原正昭の遺言のようなその講義録が、軍記物語研究に対する痛切な反省として、深く胸に刺さったのである。

さて、その講義の中で、梶原正昭は千葉徳爾説を概ね肯定的に継承している。千葉説との相違点として、鎌倉時代以降の武士たちがだまし討ちを嫌ったと述べた千葉説に対して、梶原は、『平家物語』を含む中世（鎌倉〜戦国時代）の文献から、だまし討ちの事例を多く拾い上げ、中世まではだまし討ちが肯定され、近世（江戸時代）に否定されるようになったとの見通しを述べていることが挙げられる。だが、これは、だまし討ちが否定されるようになった時期に関する相違であり、〈古代のだまし討ち肯定↓後代の否定〉という基本的な構図においては千葉説を継承した上で、変化の時期について修正を図ったものと読める。

このような千葉説及び梶原説を、どう考えたらよいだろうか。まず肯定的にとらえておくべきは、未開の人類ないし原始・古代の戦争においては、だまし討ちを否定するような精神は乏しいと考えられることであろう。この点については、本書の第一章で見てゆくこととする。しかし、則綱をはじめとする『平家物語』の武士たちを、そうした範疇《はんちゅう》でとらえてよいのだろうか。千葉・梶原はふれていないが、実は、歴史学の分野では、源平合戦期よりも以前に、東国《とうごく》の武士たちなどの間で合戦のルールが発達していたとの指摘が、既に蓄積されている。その点は、次に石井紫郎説を中心として紹介するし、詳しくは本書の第二章で見てゆくこととなる。こうした研究を無視して、未開の戦争のような世界に則綱を位置づけてしまったのは、千葉説の重大な欠陥であったと思われる。

さらに今一つの問題は、千葉・梶原説のように、この後の武士たちがだまし討ちを否定していったのかどうかという点である。この点については第三章で述べるが、筆者の見るところでは、千葉徳爾が考えたような「中世の武士たちのだまし討ち否定」という見通しは、率直にいってまったくの誤りであり、梶原正昭のいう近世における否定さえ、かなり疑問視される。千葉が憂えているような「文化的退化現象」は、近世までの日本を全体として眺める限り、さほど起きていないと思われる（近代の日本軍が合理的な思考を欠き、精神主義に傾いたという問題は、これとは別途に考えるべきだろう。いわゆる白兵戦《はくへいせん》主義については、むしろ西洋軍事理論の摂取であり、日本の伝統には反するという、鈴木眞哉の指摘もある）。

筆者は、千葉徳爾の研究をかねがね尊敬している者の一人であり、当初、『負けいくさの構造』もおおよそ無批判に読んでいた。しかし、そうであっただけに、調べるにつれてその誤りが見えてきた時には、大きな衝撃を受けた。「日本の武士たちは武士道精神によって正々堂々と戦っていた」という幻想、「武士道史観」とでもいうべきレンズが、千葉徳爾ほどの碩学《せきがく》の目をさえくもらせていることに気づいたこと——それも、筆者をこの問題に引きずり込み、さらには第四章で扱うような「武士道」の問題に踏み込ませる、重要な契機となったのである。

だまし討ちはルールの崩壊か

さて、歴史学の分野では、だまし討ちを正面から論ずるとはいわないまでも、合戦のルールの問題に密接に関わる議論が蓄積されている。詳しくは本書第二章で見てゆくことになるが、ここでは、その中心をなす存在として、法制史家の石井紫郎の「合戦と追捕《ついぶ》—中世法と自力救済再説（一・二）—」（一九七八年初出）を見ておきたい。石井紫郎は、第一に、当時の合戦に「私戦」と「公戦」の区別が存在したことを重視する。保元《ほうげん》の乱（一一五六年）における源義朝《よしとも》の、「日頃の私戦では朝威《ちょうい》を恐れて思う存分戦えないが、公戦なら思い切り戦える」との発言（『保元物語』・『愚管抄《ぐかんしょう》』）などに見られるように、私戦は公戦に比べ、価値が低いと見られていた。

しかし、第二に、私戦にも一定程度合戦のルールが存在した。『今昔物語集《こんじゃく》』や『奥州後三年記《おうしゅうごさんねんき》』等々から、軍使の安全保障、合戦の日時と場所の協定、非戦闘員の安全保障、降人《こうにん》の生命の保証、フェア・プレイの一騎打ち、おもだった敵をむやみに殺さない——といったルールが、確立度に強弱の差はあれ存在したことがうかがえる。東国の武士団同士の合戦では、敵の徹底的な殲滅《せんめつ》を第一義とせず、ある程度戦った後は平和な関係に戻ることが多かった。そうした関係の中では、あまり非道な振る舞いをすると、人望を失い孤立するなど、長期的には自己の利益に反する結果になるので、自己抑制が働き、おたがい自然にルールを守るようになるというわけである。

ところが、第三に、そのように自然発生的に形成された私戦のルールは、源平合戦期には崩壊してゆく。公戦は、一方的な正義の立場に立ち、相手の徹底的殲滅を図るので抑制が働かず、しかも、武士たちの所領獲得の欲求は公戦の論理によって正当化されるので、無制限の攻撃が行われる。石井説では、この第三のルール崩壊の位置に、則綱のだまし討ちなど、『平家物語』の武士たちが位置づけられることになる。

先に見た千葉徳爾説などでは、いまだルールが存在しない時代のように位置づけられていた則綱のだまし討ちは、石井紫郎説では一度成立したルールの崩壊としてとらえられるわけである。私戦におけるルールの形成は、法というもの一般の形成に関する骨太な理論に支えられていて説得力に富む上、多くの文献を駆使した緻密《ちみつ》な論証によって裏づけられ、周到に組み立てられている。

また、東国武士の世界を野蛮・無秩序と見なすような通念によらず、逆に東国の私戦の世界にこそ自然に形成された自律的秩序が存し、それを破ったのは正義を主張する公戦の論理なのだ——とする立論は、まことに興味深い。普遍的な正義をかざした戦争こそが、慣習的に形成されていた秩序を踏みにじり、大きな犠牲と不正を生む——という皮肉な構図は、現代の戦争の問題にも通ずるところがあるだろう。

ルール違反はなぜ多い

しかし、「私戦のルールの公戦による崩壊」という論理にも、疑問はある。まず、私戦のルールは、本当に武士の行動を制約していたのだろうか。第三章で見るように、石井紫郎によって合戦のルールが成立した舞台とされている平安時代の東国の武士たちを描く『今昔物語集』や『将門記《しょうもんき》』にも、皆殺しや徹底的な焼き払いが描かれるし、『保元物語』では、夜討ちが私戦の世界のこととらえられている。つまり、私戦の世界にルール違反は多かったようなのだ。もちろん、ルール違反が多いこととルールがないこととはまったく異なる。殺人を禁ずる法律があっても、殺人事件はしょっちゅう起きている。石井紫郎は、ルールの脆弱《ぜいじゃく》さをも指摘しつつ、ともかくもルールが存在したことを論ずるのであるから、その点に論理としての破綻《はたん》はない。しかしながら、源平合戦期の公戦について、だまし討ちなどの事例があることをもってルールの崩壊を認めるのであれば、私戦についてもルールの崩壊を認めねばならないのではないか。

この点、『今昔物語集』や『将門記』の描く武士に、ルールの遵守《じゅんしゅ》と無視の両面があるとして、その両面は共に「兵《つわもの》」＝私営田領主の性格に由来し、その後、合戦が軍功を目的とするようになるにつれて、ルールや儀礼が変質していったとする岡田清一の見解や、東国における私戦でも早くから手段を選ばない殺戮《さつりく》戦が行われており、源平合戦期との差異は大きくなかったとする元木泰雄の見解にも、注意すべきであろう。そのように考えれば、ルールを崩壊させたのは公戦の論理であったという把握には、やや一面的なきらいがあると思われる。

また、私戦・公戦の区別は、武家の棟梁《とうりょう》にとって、たとえば後三年合戦における八幡太郎源義家《よしいえ》にとっては、きわめて重要な問題だっただろうが、そうした区別の意識は、戦場の一般武士にどの程度共有されただろうか。ここで詳細を述べるゆとりはないが、『平家物語』諸本における「私戦」「公戦」の用例は少なく、「公戦」「私戦」の区別が、一般の武士たちに強く意識されていたという様子はうかがえない（佐伯真一「合戦のルールとだまし討ち」）。所領獲得の欲求、即ち功名《こうみょう》意識が武士たちを駆り立て、だまし討ちを含むルール違反を多発させた――という説明はうなずけるものだが、そうした攻撃性の解発が、「公戦」の意識によって生じたという様子は見えてこないのである。

もう一つ、石井紫郎に限らず、この問題に関する歴史学分野の研究は、なぜか『今昔物語集』や『平家物語』などを中心とし、平安中後期から鎌倉初期ぐらいまでを扱うものが多い。しかし、この時代の文献資料は、それほど豊富とはいえない。日本ではその後も合戦が続いたことはいうまでもなく、むしろ、合戦に関する文献が多く残されているのは、その後の戦国に至る時代である。考察を源平合戦期までで停止してしまうのでは、合戦の全体像は見えてこないのではあるまいか。

合戦に倫理は存在したのか

以上のような研究史を踏まえて、本書では、以下、日本の前近代の合戦において、敵・味方の間にルールや信義は成立していたのか、だまし討ちを非とし、正々堂々と戦うことを是とするような倫理観は存在したのか――といった問題を考えることを通じて、日本の兵や武士が、合戦の場でどのような倫理ないし行動原理に基づいて行動していたのかについて、考えたい。その考察は、戦争は果たして倫理を育てうるのか――という問いにつながってゆくはずである。

なお、「だまし討ち」という言葉には、しばしば、味方を出し抜く類《たぐい》の行為、たとえば宇治川《うじがわ》先陣《せんじん》をめぐる佐々木高綱《たかつな》の知略などの問題も含まれる。右に見た則綱と人見四郎の争いもそれに類するものであり、その種の味方をだます行為も、敵を討つだまし討ちと明らかに連続している問題だが、話の拡散を防ぐために、その種の行為についてはあまり取り上げない。

考察の材料とするのは文献資料であり、とりわけ軍記物語などの文学作品が多い。上代については『古事記《こじき》』などの神話をも用いる。これらの文献については、事実を伝えるものではないという批判が予想されるが、もちろん、筆者は、軍記物語などの記述を、ましてや神話をそのまま事実と考えているわけではない。しかし、ここで問題としたいのは、必ずしも「事実」としての事件ではなく、合戦に関わる意識、心性である。合戦がどのように感じられ、考えられていたか――という問題を考えるためには、それらの文献資料によるほかはない。あるいはまた、合戦の具体相を考えるということ自体、批判的な視点を保ちつつ軍記物語などの資料を検討するという作業抜きには、きわめて困難なのである。

さて、結論を多少先取りするようだが、筆者の考えでは、古代から近世に至るまで、だまし討ちは常に絶えない。おそらく、合戦のある時代には常にだまし討ちの類があったと思われる。もちろん、時代相などによって増減や質の変化はあろうが、文献によってそうした事例の増減を論ずることには慎重さが必要だろう。資料の多くは軍記物語などの文学作品であり、作品により、また異本によって相違も多く、描写次第で印象が大きく変化しうる点も、考慮の要がある。文献資料から探れるのは、掟《おきて》破りやだまし討ちの事例の現実的な増減よりも、むしろ、まずは、そうした現象をめぐる意識のあり方なのではないか。つまり、だまし討ちが知恵ある行為として肯定されたのか、よくないこととは思われつつも皆がしていたことなのか、まれに見る非道な行為として人々の軽蔑や非難を呼ぶことだったのか――というようなことである。

そして、さらに結論を先取りすれば、だまし討ちを無自覚に肯定する意識が古代に見られることは千葉徳爾の指摘するとおりだが、それを自覚的に肯定するような意識は、千葉徳爾の見通しとは逆に、中世の前半から後半へと時代が進むにつれて、しだいにはっきりと姿を現すようになる。鎌倉時代の『平家物語』や、南北朝時代の『太平記《たいへいき》』などの軍記物語では、だまし討ちは概ね論評抜きに記されるが、戦国時代から江戸初期ごろには、正面から堂々とだまし討ちや謀略を肯定する文献が多く出現し、だまし討ち肯定論は内容的にも発達をとげるのである。初期の「武士道」とは、むしろそのようなだまし討ち肯定の言説と、ごく親しいものだった。そして、江戸時代、儒教《じゅきょう》的倫理に基づく「士道《しどう》」が唱えられる中で、「武士道」は倫理性に乏しいとして、しばしば批判を浴びる（もっとも、「士道」の側からも、だまし討ちの類は必ずしも否定されないのだが）。ところが、明治時代には、「武士道」が、かつてとはまったく異なる相貌《そうぼう》を持って登場し、日本固有の伝統を強調する立場からも、西洋の価値観を受け入れる立場からも、おのおのなりに加工を施されて急成長し、瞬く間にかつての武士たちの実像を覆い隠すほどに大きくなった。戦後、「武士道」論の多くが消え去った後も、その影響はなお残り、武士の道徳性の過大評価などによって、今なお、戦場の実像を見えにくくしているように思われる。

以下、そのような展望に基づいて、時代をさかのぼり、まずは古代の神話的な世界から始めて、合戦に関わる意識の様相を見てゆくこととしたい。記述の順序はおおよそ時代順だが、論述の都合上、行きつ戻りつしながら進んでゆくことになる。

第一章　神話の戦争・征夷の戦争

奥州へと向かう源義家と郎等の藤原景通
（『前九年合戦絵詞』国立歴史民俗博物館蔵より）

I

神話世界のだまし討ち

合戦の原像

『常陸国風土記《ひたちのくにふどき》』茨城郡の条に、その土地の古老の語った話として記されている話を見てみよう。神話的な伝承なので、いつごろの時代を描いた話なのか、また、いつごろできた話なのか、絶対年代はわからない。ただ、日本国家が形成される途上の合戦の物語であり、『常陸国風土記』が成立した八世紀前半よりも前にできていた話であることは確かである。

昔、このあたりには国栖《くず》、またはツチグモともヤツカハギともいう、山の佐伯《さえき》・野の佐伯どもがいた。奴らは穴ぐらに住んでいて、人が来れば穴ぐらに入って隠れ、その人が去ってゆけばまた出て来るという具合で、すばしこく盗みなどを働く、狼や梟《おおかみふくろう》のような心根を持った、話の通じない連中であった。その時、黒坂命《くろさかのみこと》という将が、国栖(佐伯)どもの出かけている隙を狙《ねら》って、彼らのすみかの穴の中に茨《いばら》をしかけておいた上で、騎兵を使って彼らを追いかけた。いつものように穴ぐらに走り帰った国栖(佐伯)どもは、みな茨にひっかかり、突き刺されて死んでしまった。それから茨の名をとって、この地を茨城というのだ。

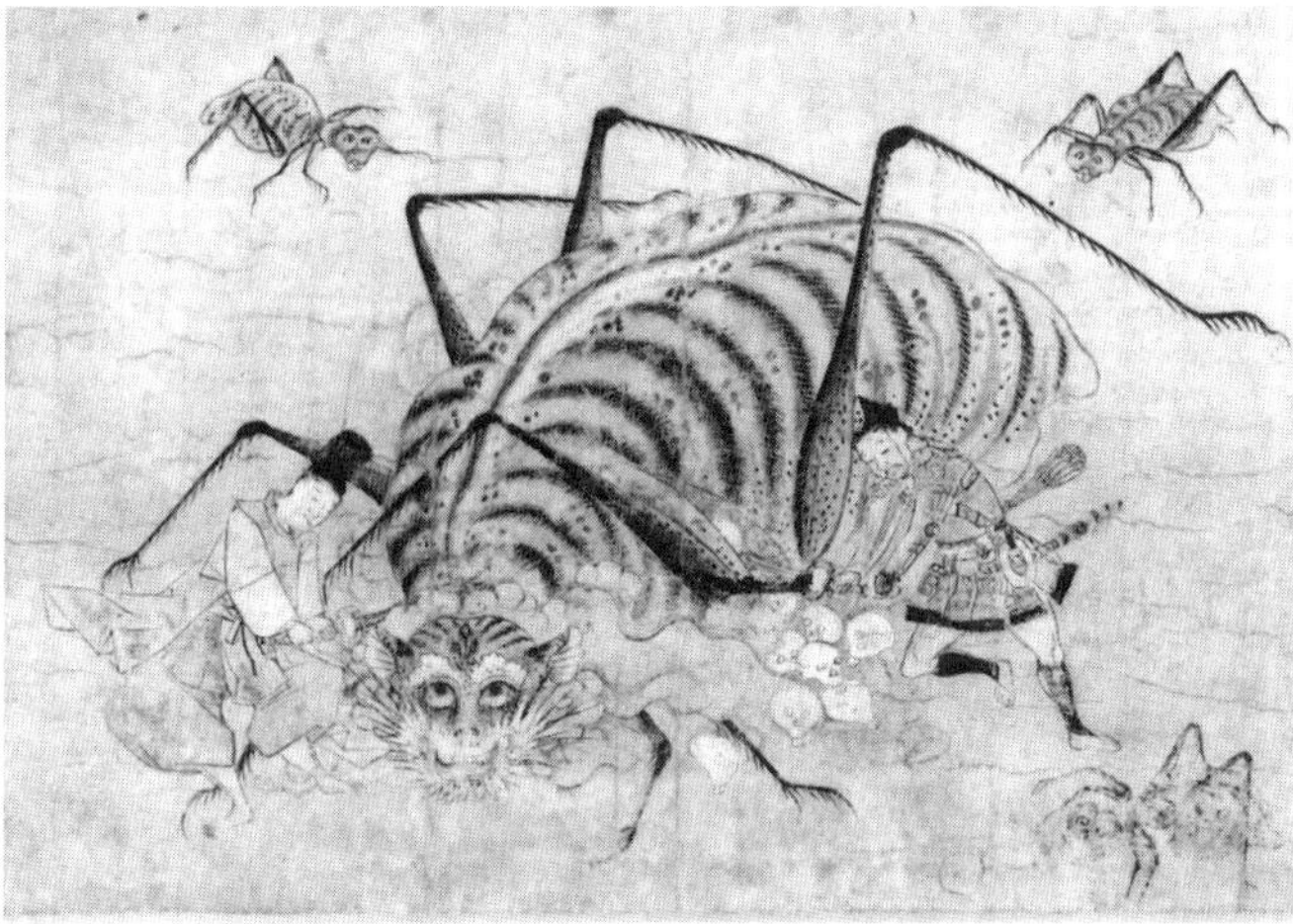

源頼光にとどめを刺される土蜘蛛。腹から数多くの髑髏が転がり出ている
(『土蜘蛛草紙』東京国立博物館蔵より)

「国栖」「ツチグモ」「ヤツカハギ」「佐伯」は、いずれも、大和《やまと》朝廷側の人々が、征服した先住民を呼んだ異称と見られ、『古事記』や『日本書紀』でもしばしば用いられる。大和朝廷側の目から見れば、なかなか服従しない野蛮な連中であった彼らを、黒坂命が策略を用いて討ったわけで、茨を用いて討ったので「茨城」の名がついたという、今では県名となっている「茨城」の地名起源説話でもある（もちろん実際には、地名が先にあって、その由来として起源説話が作られたのだが）。

人が来れば住居の穴ぐらに隠れ、人が去れば山野を自由に駆け回り、朝廷のいうことを聞かない、狼や梟のような人間――そんな野獣そのもののような存在を討つには、野獣をワナにかけるような策が用いられる。知恵ある人間の策の前に、野獣たちはついに退治される。そこには、人間と人間の対等な戦いという観念はなく、文化・文明の側にある人間が、自然・野蛮の側に属する獣を狩る、狩猟のような感覚が支配しているだろう。「ツチグモ」は、『風土記』などの世界では、一応、人間として描かれているが、中世には、土蜘蛛《つちぐも》退治の伝承が、蜘蛛そのものの姿をした怪物を退治する物語となってゆく（『土蜘蛛草紙』など）。そうした想像力の萌芽は、既にこうした伝承に求められるともいえるだろう。

戦争に関する原初の意識とは、このような、野獣を狩るという意識に近いものではなかったか。そして、野獣をワナにかけるような戦いの感覚は、だまし討ちを無条件に肯定する感覚につながっているように思われる。序章で見た、千葉徳爾の指摘する古代のだまし討ち肯定とは、このような世界のことであろう。

狩猟と戦争のあいだ

文化人類学者の大林太良は、日本古代を中心に、戦争に関する世界各地の具体例を検討して、次のように述べている。

未開民族や伝統的な社会には、自分たちだけが本当の人間で、他の民族は禽獣《きんじゅう》にもひとしきものだという観念があることは珍しくない。このような場合、自分たちとは全く種類を異にすると考えられている民族との戦争でも、このような物の考え方が出てくることがある。日本古代においても、異民族と考えられている敵は、まるで野獣を狩って仕止めるような方法で殺された。

大林は、その具体例として、右の『常陸国風土記』や、『日本書紀』の神武東征《じんむとうせい》の記述などを引き、

異族、ことに自分たちよりも劣っていると考えられた異族との戦争では、欺し討ちも正当であるし、また野獣のように殺すのも正当だという観念があったことは窺《うかが》うことができるのである。

と述べる。狩猟即ち野獣との戦いにおいては、「だまし討ち」という否定的なニュアンスを含んだ観念自体、成立しにくいだろう。野獣を捕獲するのにワナを用いることを卑怯《ひきょう》、悪徳と見る感覚は、あまり一般的ではあるまい。もっとも、千葉徳爾『たたかいの原像』によれば、日本人の狩猟は、特に大型獣を狩る場合、一対一の対決という面が強く、ワナや毒を用いるだまし討ちのような狩りは忌避されるというのだが、それはどれほど一般的な考え方なのであろうか。少なくとも『日本書紀』や『古事記』、『風土記』の合戦描写では、知恵ある人間が、愚かな野獣のごとき者たちを討ち取ることに、卑怯というような意識が生じている様子は窺いにくい。

フランスの思想家であるロジェ・カイヨワは、「歴史的にみると、戦争は、狩猟と武芸試合とのあいだを、また殺戮《さつりく》とスポーツとのあいだを、振り子のように揺れ動いている」と述べている

（『戦争論』）。つまり、原初の戦争が、野獣を狩るような一方的な殺戮として意識されるのに対して、対等な武人同士の戦いが発達してゆくと、戦いは一面ではスポーツの試合のような、力と技《わざ》の競い合いの様相を呈してくる。しかし、それは振り子のように、ある時はまた、ひたすら殺伐たる殺戮の方向に振れ、また戻り、揺れ動くのだという。そうした観点から見れば、本書は以下しばらくの間、狩猟の側の極に近い位置にある戦争について述べてゆくことになるだろう。

神武東征とだまし討ち

次に、『古事記』中巻、神武東征の神話を見てみよう。やはり神話であり、絶対年代を云々してもしかたがないが、和銅《わどう》五年（七一二）に撰進された『古事記』に見える話であり、背景に日本国家成立途上の戦いがあることはいうまでもない。

大和国の忍坂《おしさか》に至った神武天皇の軍勢を、「尾生《あ》る土雲《つちぐも》」である「八十建《やそたける》」が待っていた。「八十建」は、多くの勇猛な者たちの意であろう。「八」は日本の聖数であり、「八十《やそ》」は数多い意。「建《たける》」は勇猛な人の意である。そこで、神武天皇は一計を案じ、ヤソタケルらを宴会に招待した。宴会には「八十膳夫《やそかしはで》」つまり数多くの料理人がいたが、彼らは、実はみな刀を隠し持っていて、「歌を合図に一斉にヤソタケルらに斬りかかれ」という命令を受けていたのである。そこで、「忍坂の大室《おおむろ》屋《や》に　人多《さは》に来入り居《を》り　人多に来入り居りとも　みつみつし　久米《くめ》の子が　頭椎《くぶつつい》　石椎《いしつつい》もち撃ちてし止まむ……」という歌を合図に、神武天皇の軍勢は、一斉に刀を抜いて、ヤソタケルらを打ち殺した。『日本書紀』も、神武即位前紀戊午年《つちのえうまのとし》十月条に類似の話を載せる（ただし、『日本書紀』では「膳夫」の偽装については記さない）。「膳夫」を装った兵が、隠していた武器を持って敵に一斉に打ちかかる描写などは、序章でふれた吉田集而の紹介するイワム族の戦いを連想させるだろうが、類似の事例は世界に多いようである。

知恵と策略で敵を倒す

大林太良は、比較すべきものとして、中国雲南省南部の西双版納《シーサンパンナ》の事例を紹介している。この地方は、もともとタイ族の住む土地であったが、中国（漢族）の支配が進み、一九世紀後半に紛争が生じた。一八八四年、タイ族を攻めあぐねた中国兵（漢族）は、休戦を申し出、タイ族のリーダーを会談と宴会に招いた。しかし、やって来たタイ族のリーダーは、宴席で殺されてしまい、長を失ったタイ族は間もなく降伏したという。大林によれば、これは事件の一五年後、一八九九年にこの地方を旅行したイギリスのカレイ（Carey, F.W.）という人物によって報告されていることで、伝説ではなく、事実であろうという。そしてまた、そこから遠くない北部インドシナのムオング・ヨングには、タイ族が原住のカー族の酋長と従者を宴会に招き、毒酒を飲ませて皆殺しにした伝説もあるという。タイ族は、こうしただまし討ちの、加害者でも被害者でもあったのだろうか。

日本でも、寛文《かんぶん》九年（一六六九）、松前藩《まつまえ》に抗して蜂起したアイヌの英雄・シャクシャインは、和解を装った宴席におびき出され、酒に酔ったところを松前軍の指揮官である佐藤権左衛門らに殺害された（『松前町史』）。こうしたやり方は、おそらく、実際に世界各地で繰り返され、また、伝承として語られたのだろう。ただ、そうしただまし討ちによる勝利を誇らしげに語る人々は、時代と共にしだいに減少していったのかもしれないが。大林は、次のように述べる。

文化程度が異なっている民族が接触した場合、後来の文化的により高い民族が先住民を宴会に呼んで欺し討ちにするのは、しばしば採用された戦術と思われる。そして欺した方は、それを別に卑怯とは思わないで、むしろ自分たちの知恵がよりすぐれていることの証明として、誇りをもって伝承していくのである。

野獣をワナにかけるように、知恵・策略によって敵を倒すことをまったく恥とは思わず、むしろ誇りに思うような感覚は、おそらく、古くは世界中に存在したのであり、神武天皇の東征なども、それに近い感覚で描かれているると見てよいだろう。

神武東征からもう一つ例を拾っておこう。大和の宇陀《うだ》にエウカシ・オトウカシの兄弟がいた。進軍してきた神武天皇に対して、弟のオトウカシは従ったが、兄のエウカシは従わず、ワナをしかけた御殿を作って、神武天皇一行を討ち取ろうと待ち受けた。しかし、オトウカシが兄の計略を神武天皇に密告し、エウカシの計略は露見してしまった。すべてを知って、「おまえが作った御殿には、まずおまえが入ってみろ」と責める神武天皇の軍に追いつめられたエウカシは、自ら作ったワナに自らはまり、死んでしまった（『古事記』中巻、『日本書紀』即位前紀戊午年八月条）。ここでは、たがいに相手をワナにかけようとする戦いに、神武天皇側が勝利したというわけであろう。神武天皇の勝利は、知恵にまさる側の勝利として描かれているともいえようが、合戦そのものが、策略の戦いとして描かれているともいえようか。

ヤマトタケルのクマソタケル討伐

『古事記』と『日本書紀』における最大の英雄と呼ぶべきは、神武天皇なのか、あるいはヤマトタケルなのか。現代人が文学として鑑賞することのできる悲劇のヒーローといえば、間違いなくヤマトタケルであろう。そのヤマトタケルの戦いもまた、後代の感覚では正々堂々たる戦いとは言いがたい面を有している。『古事記』と『日本書紀』（いずれも景行《けいこう》天皇条）に記事があるが、以下、基本的には『古事記』によって見てゆくこととする。

ヤマトタケルは景行天皇の子で、もと小碓命《おうすのみこと》といった。兄・大碓命《おおうすのみこと》が朝夕の食事に出てこないので、教え諭せと父から命じられた小碓命は、兄を捕らえ、手足を引きちぎって殺してしまった。この乱暴な息子に恐れをなした景行天皇は、次々と危険な任務を与える。最初の任務は、九州のクマソタケルを討つことであった。

小碓命は、叔母・ヤマトヒメの衣装を賜って出かけていった。クマソタケルの家に着くと、おりしも新築祝いの宴会が近づいていたころで、小碓命はその日を待って、叔母から賜った衣装で美女の姿となり、女人たちに交じって宴席に入り込んだ。クマソタケル兄弟は、見慣れない美女に喜び、兄弟二人の間に小碓命を座らせて、宴席は大いに盛り上がった。宴たけなわとなったころ、小碓命は突然隠し持っていた剣を取り出して、クマソタケルの兄の胸を突き通した。弟は驚いて逃げたが、これも追いかけて討ち取った。クマソタケルの弟は、死に際に、苦しい息の下から、次のように述べた。

日本の西のほうには、私たち兄弟をおいて猛く強い者はありません。しかし、大和国には、あなたのように、私たちよりも強い方がいらっしゃったのでした。私の名をさしあげましょう。これから後は、ヤマトタケルの御子とお名乗りなさい。

それから、小碓命はヤマトタケルと名乗るようになったのである。

ここでヤマトタケルが女装したことを、単なる偽装とのみとらえてはなるまい。ヤマトタケルは、ヤマトヒメの衣装を身に付けることによって、ヤマトヒメの霊魂に守られていると見ることもできるからである。後に沖縄のオナリ神信仰の中に生き残ったような心性、親族の神聖な女性の協力・援助によってこそ、男性はことを成しとげられるという古代的な心性を、そこに読み取るべきだろう（吉井巌『ヤマトタケル』）。

しかし、それを認めた上で、やはりこれが偽装によるだまし討ちであることも忘れてはなるまい。

しかも、同時に注意すべきことは、クマソタケルが、だまし討ちに対して恨み言を言うどころか、ヤマトタケルの強さをたたえ、自らの名を奉っていることである。女装して宴席にもぐり込み、不意に刺し殺すというヤマトタケルの戦いは、卑怯な行為として非難されるどころか、強者としてたたえられていると読んでよかろう。

ヤマトタケルとイヅモタケル

クマソタケルを討ったヤマトタケルは、帰り道にも各地をコトムケ（征服）しながら、大和へ戻っていった。その途上、出雲《いずも》においてイヅモタケルを討った話は、クマソタケル討伐以上に露骨なだまし討ちである。

ヤマトタケルは、イヅモタケルを討とうとして、まず彼と友人になった。そして、ひそかに木刀を作っておき、共に斐伊《ひい》川で水浴びをして、イヅモタケルの太刀と自分の用意した木刀とを交換した。その上で剣術の試合を挑んだヤマトタケルは、木刀を持たされたイヅモタケルを簡単に打ち殺し、「やつめさす　イヅモタケルが　佩《は》ける刀《たち》　黒葛《つづら》多纏《さはま》き　さ身無しにあはれ」（イヅモタケルが持っている太刀は、外側の飾りばかり多いが、中身はないのが哀れなことだ）と歌ったというのである。

この話については、『日本書紀』と比べておく必要がある。『日本書紀』のヤマトタケルの叙述には、この話はない。ただ、崇神《すじん》天皇六〇年条に、イヅモノフルネ・イヒイリネ兄弟の話として、これにそっくりな話がある。出雲の神宝を大和朝廷に供出したことをめぐって、弟のイヒイリネと争いになったイヅモノフルネは、イヒイリネを水浴びに誘い、先に上がって弟の太刀を取ってしまった。驚いたイヒイリネも川から上がって太刀を取ったが、それは兄イヅモノフルネがあらかじめ作っておいた木刀であった。そこで兄は太刀を振るって弟を殺した。時の人は、「や雲たつ　イヅモタケルが　佩《は》ける太刀《たち》　黒葛《つづら》多《さは》巻《ま》き　さ身無しにあはれ」と歌った。この事件は朝廷に訴えられ、朝廷はイヅモノフルネを討った。先に見たエウカシ・オトウカシと同様に、大和朝廷に対して戦おうとする兄と、服従しようとする弟の争いの物語であるが、木刀を用いただまし討ちの話は、付属する歌を含めて、『古事記』の載せるヤマトタケルの話と、ほとんど同じ話といってよいだろう。

吉井巌が指摘しているように、イヅモノフルネの話は出雲地方の歴史と符節が合う面があり、この物語は、本来、出雲国内の争乱を語る物語であったものが、ヤマトタケルの物語の中に吸収されていったと見るべきであろう。ヤマトタケルによる日本列島各地の征服の物語が、実際にはある特定の個人の事績ではないだろうということは容易に想像がつくが、「ヤマトタケル」という巨人の物語が作られていく過程には、このように、国内各地の争乱の話などをも吸収していった一面が考えられるのである。

ということは、言い方を変えれば、このようなだまし討ちの物語が語られる淵源《えんげん》は、ヤマトタケルの個性に帰することができないのはもちろん、大和朝廷による征服の歴史のみに帰するわけにもゆかないのかもしれない。日本列島の各地において、合戦は、このような形で象徴的に語られていたのかもしれないわけである。そうした神話的な合戦の世界では、だまし討ちも非難さるべきものではなかったのだろう。

西征を終えて帰ると、休む間もなく東征に駆り出されたヤマトタケルは、東国からの帰途、疲れ果てた体を引きずって能煩野《のぼの》（鈴鹿峠《すずかとうげ》のあたり）に至る。そこからふるさとの大和をはるばる望んだヤマトタケルは、「やまとは　国のまほろば　たたなづく　青垣　山隠《ごも》れる　やまとしうるはし」、あるいは、「命の　全《また》けむ人は　畳薦《たたみこも》　平群《へぐり》の山の　熊白檮《くまかし》が葉を　髻華《うず》に挿せ　その子」などの絶唱を残して、ついに大和へ帰り着くことなく息絶える。妻子たちがやって来てその亡骸《なきがら》を葬ると、ヤマトタケルの魂は「八尋白智鳥《やひろしろちどり》」になって天に翔《かけ》り、飛び去っていったという。「ヤマトタケル」が、右に見たように多様な物語を吸収し、統合した人格であるとはいえ、この美しい幻想を残した悲劇の英雄と、だまし討ちの物語とは、現代人の目から見ると、いささかそぐわないように感じられる。しかし、当時の感覚としては、両者は特に矛盾するものではないのだろう。序章で見た、千葉徳爾のいう古代的なだまし討ち肯定とは、このような世界を指していたわけである。

2　征夷の戦争

さて、このように、疑問なくだまし討ちを肯定する神話的な物語は、どのような現実的基盤を持っていたのだろうか。前節で見た神話的な合戦の物語は、いつごろの戦いに基づいて、いつごろに作られたのか。そして、相手を野獣のように見なす意識とは、実際の戦いとどのように関わり、同様の意識はいつごろまで見られるのか。日本列島における戦いの歴史について、まずは簡単に振り返ってみよう。

日本における戦争

そもそも、日本列島では、いつごろから戦争があったのか。縄文《じょうもん》時代の人骨には、武器で傷つけられた傷痕がしばしば見られ、縄文晩期には戦争があった可能性を考えることもできるが、佐原真が「現状では、縄文時代に戦争があったとみるには充分ではない」と述べているのが、現在の通説的な見解であろう。大規模な環濠《かんごう》集落や武器、さらには明らかに意図的に殺害された人骨などの組み合わせにより、戦争の痕跡《こんせき》がはっきり現れはじめるのは、弥生《やよい》時代のことであるようだ。農耕の普及により、争奪戦を行うに足る財産が蓄積されるようになった弥生時代に、本格的な戦争が始まったというわけである。ただし、藤尾慎一郎や松木武彦は、財の蓄積だけではなく、戦いによってトラブルを解決するという思考を持った人々が、既に激しい戦争を行っていた大陸から渡って来たという事情をも考えている。

松木によれば、紀元前五〜前四世紀にまず九州北岸に、そして紀元前三世紀ごろには中国・四国から近畿・東海にまで、弥生農耕民の戦いが広がった。当初の戦いは石剣や石鏃《せきぞく》、つまり石器を武器として行われたようだが、その後、青銅へ、そして鉄へと、武器は急速に進化してゆく。そうした中で、戦死者と見られる遺骸《いがい》も多く発掘されている。石剣や銅剣が刺さった、あるいは多数の鏃《やじり》を打ち込まれた、二〇〇〇年ほども前の遺骨は、私たちの想像力をかきたてるが、彼らがどのような思いで戦い、死んでいったのか、私たちはその言葉を聞くことはできない。私たちが言葉を聞くことができるのは、そうした戦いの繰り返しの中から生まれた国家が、文字として残された記録の中に現れるようになってからである。

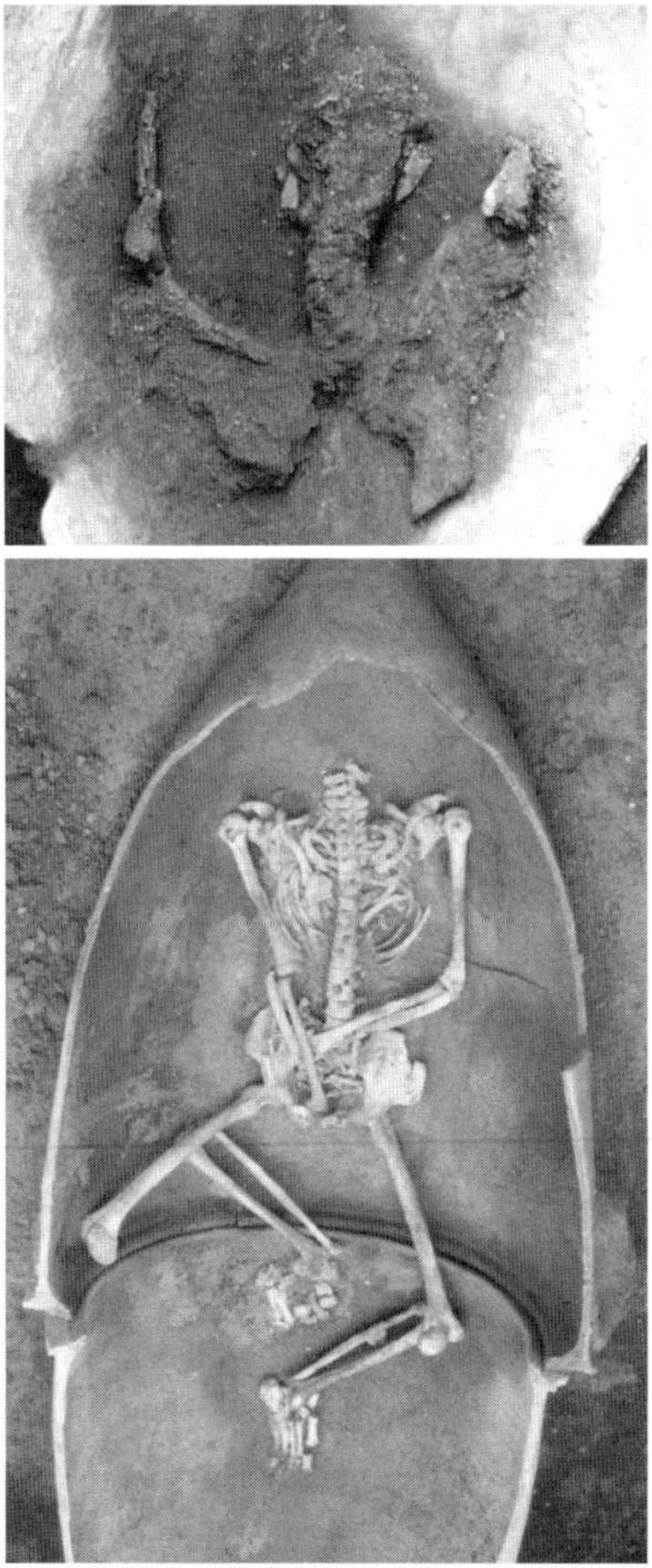

吉野ヶ里遺跡より出土した、鏃(やじり)が刺さった人骨（上）と、頭部のない人骨（下）(写真提供：佐賀県教育委員会)

日本国家の形成と「征夷」

「日本人」の対外的な発言として、現存する範囲でもっとも古いのは、中国の南北朝時代、宋《そう》に差し出した、倭王《わおう》・武《ぶ》の上表である。『宋書』夷蛮伝《いばんでん》の倭国条に、順帝の昇明二年（四七八）のこととして載せられている（なお、宋はいわゆる劉宋《りゅうそう》。日宋貿易で知られる後代の宋ではない。また、この史料はしばしば「『宋書』倭国伝」と呼ばれるが、『宋書』に「倭国伝」という巻はない。「夷蛮伝」の一部の、倭国について述べたくだりをこう呼んでいるもの）。それは同時に、「日本人」の戦争に関するもっとも古い発言でもある。

倭王・武は、讃・珍・済・興・武という、宋に使者を送った「倭の五王」の最後の王である。武より前の四人の王も使者を送ったし、また、さらにそれ以前、奴国《なこく》の王や邪馬台国《やまたいこく》の卑弥呼《ひみこ》が大陸に使者を送っていたことも有名だが、それらの使者の言葉は残っていない。邪馬台国などについて述べた『三国志』の魏書《ぎしょ》・東夷伝《とういでん》（いわゆる「魏志倭人伝《ぎしわじんでん》」）などが、中国側から見た倭人の記録であるのに対して、これは、日本側の文書の引用である（整った駢儷体《べんれいたい》の漢文で、当時の日本人が自分で書いた文章ではないだろうとされるが）。その冒頭に、有名な次の文がある。

封国《ほうこく》は偏遠《へんえん》にして、藩を外に作《な》す。昔より祖禰《そでい》躬《みづか》ら甲冑を擐《つらぬ》き、山川を跋渉《ばっしょう》し、寧処《ねいしょ》に遑《いとま》あらず。東は毛人を征すること五十五国、西は衆夷を服すること六十六国、渡りて海北を平《たいら》ぐること九十五国。

倭王・武は、「中国から冊封《さくほう》されているわが国は、はるか遠くの地において、皇帝陛下のために夷《い》狄《てき》に対する藩屏《はんぺい》となっておりまして、昔から先祖代々みずから甲冑をまとって、山や川をふみこえふみわたり、身を休めるいともなく戦って参りました」（西嶋定生の訳文による）と述べている。つまり、中華帝国に忠節を尽くす将として、四方の野蛮な民を征服して中国の版図《はんと》を広げてきたとの主張である。

倭王「武」とは、雄略《ゆうりゃく》天皇、即ち稲荷山《いなりやま》鉄剣銘で名高い「ワカタケル大王」のことであるとされる。西嶋定生が指摘するように、雄略天皇は、中国に送った書状の中では、中国王朝を中心とした「天下」の周縁に自己を位置づけ、中華帝国のために「夷」や「毛人」を討つと表現していたが、日本国内では、稲荷山鉄剣銘に明らかなように、自らの朝廷を中心に「天下」を考えていたようなのである。そして、大和朝廷が中国の藩屏という立場を捨てた後も、「夷」を征するという意識は残った。中国側から見れば、日本は依然として「東夷」「夷蛮」だったわけだが、大和朝廷は、そうした「華」対「夷」の構図を自己を中心とした形で模倣し、自らを「華」、その周辺に存在する民を「夷」と位置づけ、中国のためにではなく、自らの国家のために、「夷」を征する戦いを続けたわけである。中華帝国にならって出発した東夷の小帝国・日本にとっては、「夷」を「征」すること、即ち、後に定着した言葉でいえば「征夷」の戦いこそが、自己の国家を形成し、拡大してゆくための大きな課題であった。

日本古代の合戦を考えるには、その多くが「征夷」という枠組でとらえられるものであったことが重要であろう。文化の側に属する自分たちが、野生の側に属する「夷」「夷蛮」を討つ——という意識には、右で見てきた神話世界の合戦につながるものがあると思われる。神話世界を脱しても、野獣をワナにかけるような合戦の感覚は、なお見られるのではないか。

東北地方の征服戦争

前節で見たヤマトタケルの東征は、おおよそ現在の関東地方あたりまでを征服したことになっているが、後の観念によって拡大されたものであり、本来のヤマトタケルの物語は、相模《さがみ》や甲斐《かい》、現在の神奈川県や山梨県あたりを東限としたものではなかったかといわれている（吉井巌『ヤマトタケル』）。だとすれば、大和朝廷の支配が、いまだ関東地方に行き渡っていなかった時代を背景とするのだろうか。それがいつの時代なのかはわからないが、五世紀後半には、倭王・武、即ち雄略天皇の権力が、関東平野に及んでいたようである。そして、大和朝廷は、その支配領域をしだいに関東から東北へと広げていった。

遅くとも七世紀には、大和朝廷は東北地方の一部を支配していた。『日本書紀』には、七世紀後半から「道奥《みちのく》」「陸奥《みちのく》」「陸奥国《みちのくのくに》」の名が見える。陸奥国は、当初、現在の福島県と宮城・山形両県の南部あたりまでを含むものだったようである。近年の発掘成果によれば、陸奥国のひろがりは、七世紀末までには仙台平野以北までを含んでいたと考えるのが妥当であるという（工藤雅樹『蝦夷と東北古代史』)。和銅五年(七一二)には出羽《でわ》国が置かれ、陸奥国の日本海側の部分である最上《もがみ》・置賜《おきたま》両郡(現在の山形県)は、出羽に属した。神亀《じんき》元年(七二四)には、陸奥国府ならびに鎮守府《ちんじゅふ》として多《た》賀城《がじょう》が設置された(年代は多賀城碑による)。現在の仙台に近い宮城県多賀城市である。一方、出羽国では、当初は庄内地方にあった出羽柵《でわのさく》が、天平《てんぴょう》五、六年(七三三、四)ごろ、現在の秋田市に移り、後に秋田城となる。朝廷の支配はしだいに拡大した。

その後、桓武《かんむ》天皇(在位七八一〜八〇六)の時代には、坂上田村麻呂《さかのうえのたむらまろ》による征服が進む。延暦《えんりゃく》二一年(八〇二)には胆沢《いさわ》城(現、岩手県水沢市)が作られて、鎮守府はそこに移り、盛岡市あたりまでが朝廷の支配下に入った。大まかにいって、盛岡と秋田を結ぶ線より南側が朝廷の支配下に入ったわけだが、その後も、この線の南側において、元慶《がんぎょう》の乱(八七八年)、前九年《ぜんくねん》の役《えき》(一〇五六〜六四年)、後三年《ごさんねん》の役(一〇八三〜八七年)など、何度も大規模な反乱や合戦が起きている。さらに、平《ひら》泉《いずみ》を中心に独自の権勢をふるった奥州藤原氏が、鎌倉幕府によって文治《ぶんじ》五年(一一八九)に滅ぼされる。本州の北端までが均一な「日本」の国土と意識されるようになるのは、その後、鎌倉時代のことであろう。

奈良時代や平安時代といえば、『万葉集』や『源氏物語』が作られ、日本独自の文化が花開いた平和な時代——というイメージがある。都の貴族たちを中心に見る限り、それはさして誤っているわけではない。しかし、東北地方にとって、この時代は、朝廷や武士たちによる征服によって「日本」国家への同化が急速に進み、それに対する抵抗と服属、そして反乱と鎮圧の戦いが繰り返された、厳しい戦いの時代であった。

田村麻呂とアテルイ

このような東北の征服戦争は、どのように記述されたか。前節で見た『風土記』や『古事記』、『日本書紀』の神武天皇、ヤマトタケルの記述が、神話的・象徴的な記述だったのに対し、時代は既に日時や人名・地名のはっきりした、歴史記録を有する時代に入っている。しかし、これらの戦争の詳細な記録は少なく、具体的にどのような戦いが展開されたのか、詳細な実相は霧のかなたに隠れていて、現代の私たちがつぶさに観察することはできない。ここでは、記録や文学を残した者たちが、戦いを、あるいは敵の蝦夷《えみし》をどのように見ていたのか、そのイメージの問題を中心に考えてみよう。先に見たように、敵を、対等の人間ではなく、野獣のように見る感覚がどう受け継がれたか、そうした感覚の問題は、間接的ながら、戦いの実態にも関わると思われるからである。その意味で注目されるのは、まず、坂上田村麻呂とアテルイの戦いである。

奈良時代末期、大和朝廷の東北経営は大きく揺らいだ。伊治公呰麻呂《これはるのきみあざまろ》の乱(宝亀《ほうき》一一年＝七八〇)によって多賀城が炎上し、一時期、陸奥国は政治の機能を失ったようである(なお、「伊治」は、一般に「イジ」と読むが、工藤雅樹『蝦夷の古代史』によれば「コレハル」または「コレハリ」が正しいという)。この反乱をきっかけに、蝦夷(古代蝦夷)と朝廷の戦いが続いた。桓武天皇は武力をもって蝦夷を征服する方針を採ったが、蝦夷側の抵抗は激しく、延暦八年(七八九)には、紀古作美《きのこさみ》の率いる官軍が、アテルイ（阿弖流為。阿弖利為などとも表記される）の率いる蝦夷の軍によって大打撃を受ける。その後、戦いは一進一退を繰り返したようだが、最終的に朝廷側に勝利をもたらしたのが、坂上田村麻呂であった。田村麻呂は、延暦一三年（七九四）には副将軍として戦いに赴き、同一五年（七九六）には陸奥守・鎮守府将軍、同一六年（七九七）には征夷大将軍《せいいたいしょうぐん》に任命されて長い戦いを続けた。同二一年（八〇二）四月には、将であったアテルイとモレ（母礼）ら五〇〇人の蝦夷が投降し、田村麻呂はアテルイとモレを従えて、同年七月に京都に凱旋《がいせん》した。

蝦夷と戦う坂上田村麻呂
（『清水寺縁起絵巻』東京国立博物館蔵より）

『日本紀略《きりゃく》』によれば、この時、田村麻呂は、アテルイとモレの釈放を要請した。彼らを生きたまま帰し、蝦夷を懐柔したほうが、現地の安定につながるとしたのである。しかし、京都の公卿《くぎょう》たちは次のように述べて、田村麻呂の意見に強硬に反対した。

野生獣心、反覆定まりなし。たまたま朝威に縁《よ》りて此《こ》の梟帥《きょうすい》を獲《え》たり。縦《ほしいまま》に申請に依《よ》りて奥地に放還せば、所謂《いはゆる》虎を養ふの患《わざわ》ひを遺《のこ》すなり。

「蝦夷などというものは、野獣のような連中で、心は変わりやすく、信用できない。お前（田村麻呂）は、ちょっと手柄を立ててえらそうなことを言っているけれども、この野蛮人の親玉を捕らえたのは、朝廷の威光によることだ。せっかく捕らえたこいつらを、お前が言うように東北の現地に帰してやったりすれば、凶暴な虎をわざわざ養ってやるようなものだ」といったところだろうか。こうした公卿の意見によって、アテルイらは田村麻呂の助命嘆願もむなしく、河内国杜山《かわちのくにもりやま》で斬られたという。

この件については、田村麻呂とアテルイの間に和平の約束があった、あるいは、助命を前提に降伏したアテルイがだまされたのだろうといった推測もある。先に見たシャクシャインの最期などを重ね合わせれば、そうした想像を繰り広げることも容易である。だが、裏づけとなる史料がない以上、個人の心情の推測に寄りかかった想像は慎《つつし》むべきであり、だまし討ちがあったのかどうか、断定は困難としておくべきだろう（高橋崇『蝦夷《えみし》』）。

ただ、公卿たちの言葉として記録される「野生獣心」には注意しておきたい。自分たちの世界を天下の中心、人間・文化の側に置き、蝦夷をその対極の野獣のような存在と見なす感覚が表現されているわけである。こうした感覚のもとでは、仮に蝦夷をだまし討ちにする策が採られたとしても、さしたる罪悪感はなかったと見てよかろう。

もっとも、これは観念的な言葉であり、公卿たちも、実際には蝦夷に対する平和的な政策（懐柔策）も選択肢として存在することを承知した上での発言であって、もちろん、蝦夷を心から野獣と思っていたわけではあるまい。また、この時代の朝廷側の人々と蝦夷との関係は、常に戦いばかりだったわけではない。平和的な交易も多くなされていたはずであり、都の貴族たちは別として、現地では、人間同士の温かい交流もあったはずなのである。

しかし、にもかかわらず、坂上田村麻呂が、後代の文学や伝説に名将として多くの物語を伝えるのに対して、蝦夷の英雄だったはずのアテルイをたたえる伝承が一つも残っていないことは、合戦の精神史の問題としても、私たちの文学史の問題としても、考えておかねばならないことではないだろうか。

悪路王伝説

坂上田村麻呂（七五八～八一一）の蝦夷征討の成功は、田村麻呂個人の手柄というよりも、長年にわたって積み重ねた蝦夷との戦いの成果であって、田村麻呂はよい時期に将軍を務めたのだという見方もある（高橋崇『坂上田村麻呂』）。しかし、田村麻呂の理想化は、清水寺《きよみずでら》の創建もあって、早くから進んだ。既に平安初期には、嵯峨《さが》天皇御製ともいわれる『田村麻呂伝記』が作られており、その後も将軍の模範として諸書に記され、室町時代には『田村草子』や謡曲「田村」などで、伝説的な世界で巨大化された田村麻呂像が描かれる。そして、奥浄瑠璃《おくじょうるり》「田村三代記」などを経て、現在も各地に田村麻呂伝説が残るのである。

それに対して、紀古作美などの軍を打ち破り、田村麻呂と長年にわたって戦ったアテルイは、古代蝦夷の最大の英雄だったはずだが、英雄伝説的なものはまったくない。かろうじてアテルイと関連する可能性のある伝説を探すならば、そこに現れるのは、悪鬼・怪物としての悪路王《あくろおう》伝説である。「悪路王」は、『田村草子』等々の物語や各地の伝説に登場する悪役で、つむじ風となって女をさらうなどと、悪鬼の姿に描かれている。悪路王の伝説地として現在有名なのは、平泉の近くで観光コースにも組み込まれている達谷窟《たっこくのいわや》（岩手県西磐井《にしいわい》郡平泉町）であろう。やはり女をさらうなどの悪行を働き、坂上田村麻呂に滅ぼされたと伝えられている。

この悪路王の伝説として古いのは、『吾妻鏡《あずまかがみ》』文治五年（一一八九）九月二八日条である。源頼朝《よりとも》が奥州藤原氏を滅ぼした後、平泉や衣川《ころもがわ》周辺を巡覧し、鎌倉へ帰る途中のことであった。

> 御路次《おんろし》の間、一の青山《せいざん》に臨ましめたまひ、その号《な》を尋ねらるるのところ、田谷《たっこく》の窟なりと云々。これ、田村麿《たむらまろ》・利仁《としひと》等の将軍、綸命《りんめい》を奉りて夷を征するの時、賊主悪路王ならびに赤頭《あかがしら》等、塞を構ふるの岩屋なり。
> （国史大系による。原漢文）

「賊主」であった悪路王たちは、この岩屋に籠《こも》って戦ったが、田村麻呂や藤原利仁によって滅ぼされたという。利仁も鎮守府将軍を務めた著名な武将だが、その活躍は一〇世紀のことであり、田村麻呂と同時に戦ったとするのは時代が合わない。しかし、後代の物語や伝説では、しばしば田村麻呂と利仁が共に「夷」や「賊」を討ったとされる。つまり、『吾妻鏡』の記事は、既に後代の物語にも近い、多分に虚構を含んだ伝説となっているわけだが、「悪路王」が田村麻呂らに滅ぼされた奥州の人物だとされている点は、やはり注意すべきだろう。

「悪路王」の名の由来については、『発心集《ほっしんしゅう》』や『平家物語』に見える奥州の地名「あくろ」と関連づけて、蝦夷の長の名であったとする喜田貞吉の説と、「悪七兵衛景清《あくしちびょうえかげきよ》」やその恋人とされる「阿古屋（阿古王）」にも通じる、巫女《みこ》に関わる名であるとする柳田国男の説が分かれている（定村忠士『悪路王伝説』）。したがって、ただちにアテルイなど、実在した蝦夷と直結してはならないのだが、奥州の地にあって田村麻呂に滅ぼされたとあれば、やはりアテルイなど、征服された蝦夷となんらかの関連はあるものと考えるべきではなかろうか。つまり、「悪路王」がアテルイによってすべて説明できるわけではないが、そこにはアテルイなどの像も、いくぶんかは投影されていると考えるべきであろうと思われる。

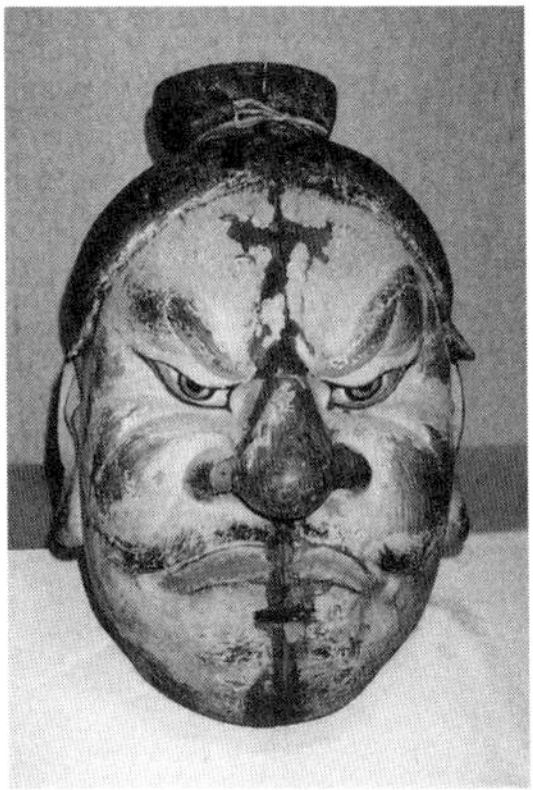
悪路王首像（鹿島神宮蔵）

しかし、それは「賊主」としての、悪鬼のような形象であった。「達谷窟」などの現地においても、現在に至るまで同様である。私たちは、私たちの祖先が古代に征服し、滅ぼして来た者たちの姿を、そのようにしか形象しえていないことを認識しておくべきだろう。近い時代に、同じように官軍によって討たれた藤原広嗣《ひろつぐ》や平将門《まさかど》は、その荒ぶる魂を恐れられ、神と祀《まつ》られると同時に、その魂を慰める物語が作られている。しかし、広嗣や将門は「日本人」の貴種であった。それに対して、「日本人」の枠外であったアテルイらについては、その人間性を語る文学などは作られなかったわけである。

そうした意味では、「悪路王」は、前節に見た「ツチグモ」とよく似ている。そのような意識の問題においては、神話的な合戦と古代東北における「征夷」の合戦との間に、連続性を見ることも可能であると思われる。つまり、合戦の実相は不明だが、これらの戦いをめぐる意識は、基本的にはだまし討ちを肯定する神話的な戦いの世界に近いところにとらえうるのではないだろうか。

3 「征夷」の変質

「夷を以て夷を撃つ」

アテルイが斬られてから七七年後、元慶二年（八七八）三月に、出羽国で元慶の乱が起こった。八世紀前半以来、出羽国における朝廷の拠点となっていた秋田城が、蝦夷の反乱によって攻め落とされ、城司の良岑近《よしみねのちかし》や出羽守の藤原興世《おきよ》は逃走した。朝廷はあわてて、陸奥国から救援の兵を差し向け、出羽国の兵と共に鎮圧に向かったが、その軍も、現地の天候と地形を知り抜いた蝦夷の前に大敗し、将軍らは命からがら逃げ帰ってくる有様だった。その時、この乱の鎮圧に向かったのが藤原保則《やすのり》（八二五〜八九五）である。以下は、三善清行《みよしきよゆき》が、保則の没後、延喜《えんぎ》七年（九〇七）に完成させた『藤原保則伝』によって述べる（岩波思想大系『古代政治社会思想』に基づき、現代語訳を掲げる）。『藤原保則伝』によれば、蝦夷の反乱の手強さに驚いた摂政・藤原基経《もとつね》は、藤原保則に将として赴任するよう要請した。武人ではないからと、一度は固辞した保則だが、自分の策を容れてもらえるなら、と要請に応じた。その策とは、次のようなものであった。

これまで逆らうことのなかった蝦夷が、今回はなぜこのような騒ぎを起こしたか。それは、秋田城司の良岑近が苛斂誅求《かれんちゅうきゅう》の悪政を行ったためです。力で蝦夷を攻めても勝利は困難です。むしろ、義と徳を以て臨み、彼らの「野心」を変えさせることが大切です。

「野心」は、今日の用法のような「意欲的」といった肯定的な意味合いではない。アテルイに用いられた「野生獣心」のような、「野生の心」「獣のような心」の意である。しかし、アテルイがそのような心の持ち主として斬られたのに対して、保則は、善政・徳治によって蝦夷の「野心」をなだめようというのである。

保則の提言を、単純に進歩的だとか平和主義だとかととらえては誤りである。強攻策と懐柔策は、こうした対蛮夷政策において、常に選択肢として存在するものであり、保則の主張は懐柔策の方向に振り子が揺れただけと評することもできる。現に、保則は、「徳治によっても帰服しない者には兵威を以て臨む」として、大将に小野春風《おののはるかぜ》を推薦し、精鋭を率いて赴いたのであり、アメとムチの双方を忘れてはいない。だが、この保則の策が基経に認められたことは、アテルイに対する公卿たちの反応と比べれば、多少の変化を感じ取ることもできよう。

保則は春風らと共に、出羽の現地へ急行した。蝦夷の兵が待ち受ける中に、恐れる風もなく入っていった保則は、まず、蝦夷の陣中に小野春風を使者として送った。春風は、幼いころから蝦夷の地に暮らしていて、「夷語」を操ることができたからである。春風が蝦夷たちに対して「夷語」を用いつつ、保則の善政の方針を述べると、蝦夷の長たちは、たちまちに頭を下げ、感謝して言った。「私共が反逆したのは、良岑近の悪政のためです。おっしゃるような善政が行われるならば、武器を捨てて、朝廷の方針に従います」。蝦夷たちは喜んで保則に従った。もっとも、蝦夷の長の中に、二人だけ保則に従わない者があった。それをどうするかと尋ねた保則に対して、蝦夷の長たちは、やがて二人の首を持って来たのである。こうして、保則はその年のうちに乱を鎮圧した。

『藤原保則伝』は、このように語っているのだが、実際にこのようなきれいごとで事がすんだとは思えない。蝦夷との戦いが皆無だったわけではあるまい。特に、服従した蝦夷が、服従しない蝦夷を討ったという最後の部分は、蝦夷たちの自発的な行動のように描かれているけれども、正史である『日本三代実録』の元慶二年九月五日条には、このあたりの政策について、「夷を以て夷を撃つは、古《いにしえ》の上計なり」とある。朝廷に帰順する勢力を利用して、反抗する勢力を討つ——それは、エウカシ・オトウカシなどにも見られた、常套的な政策だったはずである。

「夷語」を話す蝦夷

しかし、保則や春風が実際にどのような戦いをしたのか、その詳細はなお不明である。ここでは、むしろ、春風が「夷語」を解したと記されていることに注目しておきたい。つまり、保則らの言葉は、そのままでは蝦夷たちには通じなかったのである。春風の父は、弘仁《こうにん》四年（八一三）に奥州の反乱を鎮めた石雄《いわお》であり、兄の春枝《はるえだ》も陸奥権守《ごんのかみ》であった（『三代実録』貞観《じょうがん》一二年三月二九日条）。春風自身も奥州暮らしの経験に富んでいたはずで、それゆえに「夷語」にも親しんでいたわけであろう。現地に住んで「夷語」を習得した例としては、『類聚国史《るいじゅうこくし》』巻八七に、延暦一八年（七九九）、「久しく賊地に住んで能く夷語を習」った陸奥国新田《にった》郡の弓削部虎麻呂《ゆげべのとらまろ》が、その妻と共に日向国《ひゅうがのくに》に流されたという記事があることも知られている。

後に、南北朝時代の『諏訪《すわ》大明神《だいみょうじん》絵詞《えことば》』には、日本国家の外の蝦夷《えぞ》（中世蝦夷）の中にも、「日の本唐子《からこ》の二類」は「九訳を重ぬとも語話を通じ難し」、「渡党《わたりとう》」は「言語俚野《りや》なりと云とも大半は相通ず」と、言語の通じる者と通じない者がいたと記される。八～九世紀ごろの蝦夷《えみし》（古代蝦夷）は、日本国家の統治下に入ってはいても、なお、「夷語」を用いる者があったわけだろう。では、それはどのような言葉だったのか。

古代蝦夷を現在のアイヌ民族の祖先と考えるか、それとも辺境にいた日本人（辺民）と考えるかは、長く議論の続いている大問題である。蝦夷辺民説に立てば、「夷語」を方言とする解釈がありえないわけではないだろう。しかし、東北地方にアイヌ語地名が残ることなどを考え合わせれば、やはりアイヌ語との関わりを考えるのが妥当だろう（工藤雅樹『蝦夷の古代史』）。

アイヌ語に近い言葉であったとすれば、日本語を用いる朝廷側の者たちと、話し合うことは難しかったに違いない。相手の心情を理解し、死を悼むなどという感情が自然にわいてくることも、なかなか難しいだろう。そうした戦争においては、武器を交えて戦いながらも、たがいに相手を尊敬し合う――などという、スポーツのような感情が生まれる基盤が整っていたとは、考えにくいわけである。先にふれたカイヨワの整理によっていえば、これらの合戦をめぐる意識は、やはり武芸試合ではなく、狩猟・殺戮の側に近いところにあるのではないか。ごく大まかな判断だが、田村麻呂とアテルイとの戦いや、藤原保則・小野春風と蝦夷との戦いのあり方は、そのような背景のもとで考えられねばなるまい。

前九年の役

元慶の乱から二世紀近くを経た一一世紀後半、陸奥国を長い戦乱に巻き込んだ前九年の役（一二年合戦）は、初期軍記物語の一つ、『陸奥話記《むつわき》』を生んだ。主として『陸奥話記』によりながら、まず、乱の概略を簡単に振り返ってみよう（本文は現代思潮社・新撰古典文庫による。原漢文）。前九年の役に登場する現地勢力は、奥六郡《おくろくぐん》の豪族、安倍頼良《あべのよりよし》である。奥六郡とは現岩手県内陸部、北上川《きたかみがわ》中流域をいう。そこに、この時代、半ば独立的・自治的とさえいえるような勢力を築いたのが安倍氏であった。安倍氏の出自は、朝廷に服属した蝦夷の子孫とも、地方官などとしてこの地に下ってきた

阿久利河畔で、藤原光貞・元貞を襲う安倍貞任
（『前九年合戦絵詞』東京国立博物館蔵より）

者とも考えられ、明らかではないが、アテルイとモレや、『藤原保則伝』の名も知れぬ夷とは異なり、「日本」風の名を持つ一族であることに注意しておきたい。

永承《えいしょう》六年（一〇五一）、陸奥守藤原登任《なりとう》が安倍頼良と戦って大敗し、源頼義《よりよし》が陸奥守として赴任した。一旦は平和が訪れたが、頼義が陸奥守の任期を終えて帰洛《きらく》しようとした天喜《てんぎ》四年（一〇五六）、阿久利《あくと》河事件が起き、合戦が始まった。頼義は、関東から多くの軍兵を集め、安倍氏を攻めたが、現地勢力をまとめきれず、戦いは困難を極めた。頼良（改名して頼時）の没後、跡を継いだ貞任《さだとう》の率いる安倍氏優勢のまま長い戦いとなったが、頼義は、出羽の豪族・清原氏に応援を頼み、康平《こうへい》五年（一〇六二）八月に清原氏の軍勢が到着して、戦況は逆転する。同年九月、小松の柵・衣川の関・鳥海《とりうみ》の柵と、次々に攻め落とされた安倍氏は、一族を率いて最後の砦・厨川《くりやがわ》の柵にたてこもる。厨川は要害の地で、頼義の軍は攻略に苦労するが、八幡大菩薩の加護を得て火を放つことにより、ついに安倍氏を滅ぼした。かくして、康平六年には、貞任らの首を都へ送り、翌康平七年、頼義が帰洛、長い戦乱も終結したのである。

『陸奥話記』――軍記物語の成立

さて、この乱の全貌《ぜんぼう》を描いた『陸奥話記』だが、ここでは、その末尾部分に注目しておきたい。敗れた安倍氏側の人々の姿を描くエピソードが、いくつも見出せるからである。

厨川の柵の戦いで、安倍氏の敗戦が明らかとなったところで、安倍氏の陣から、貞任の子の千世童子が斬って出る。一三歳の童だが、容貌美麗であり、また勇敢に戦った。この少年を捕らえた頼義は、助命を考えたが、「小義を思ひて巨害を忘るることなかれ」という清原武則《たけのり》の進言によって、惜しみつつこれを斬った。

また、城中には美しく装った数十人の美女がいて、引きずり出されて頼義軍の将兵に分配されたが、それより前に、安倍則任《のりとう》の妻は、三歳の男児を抱き、「君まさに没せんとす。妾《せふ》独り生くることを得ず。請ふ、君の前に先づ死なん」との言葉を残して、深淵に身を投げて死んだ。人々はこれを「烈女」と評した。

さらに、貞任の首を京都に運んだ担夫《たんぷ》（荷物担ぎの雑役夫）は、もと貞任の従者であった。入洛を前に、この男は、貞任の首の姿を整えるために髪をくしけずろうとして、櫛《くし》を求めた。「自分が持っている櫛があるだろう。それを使えばよいではないか」と言われ、この男は櫛を出して貞任の髪をとかしながら、嗚咽《おえつ》して言った。「貞任殿がご存命の時、私は天を仰ぐように殿を仰いでおりました。私のこの垢《あか》じみた汚い櫛で、主君の髪をくしけずるようなことがあろうとは、思いもよりませんでした」。周囲の人々は、この忠義な担夫に涙を落としたのである。

『陸奥話記』は、この話の後、夷を征した源頼義の功績を、和漢の征夷の名将と比較しつつ賞賛して、物語を終えている。野蛮な夷を討った英雄的な将軍をたたえて終わるその構成は、まぎれもなく「征夷」の物語のそれである。しかし、「征夷」の合戦として描かれる内質は、野獣を狩るような視点から描かれた物語とは大きく異なり、敵の安倍氏側の人々、しかもその中でも身分の低い担夫にさえも、人間性を認めるものであった。ここに、私たちは、「征夷」という観念が大きな変化をとげていることを認めねばならない。そして、その変化によってこそ、『陸奥話記』は軍記物語として成立しえたのであろう。敵を同等の人間として見るという視点を欠き、敗者への思いを盛り込みにくいものであった「征夷」という枠組みを基本的には受け継ぎながらも、「夷」を人間として見つめる視点を獲得することによって成立したのが、『陸奥話記』なのである（佐伯真一「「朝敵」

奥州へと向かう将軍源頼義
（『前九年合戦絵詞』国立歴史民俗博物館蔵より）

以前」)。

『陸奥話記』がそうした視点を獲得しえた原因は、作品の末尾で作者が述べている、「国解《こくげ》の文を抄《しょう》し、衆口《しゅうこう》の話を拾」って記したというような、多角的な視点を取り入れうる作品形成の方法にもあっただろうが、それ以前の問題として、「夷」にあたる安倍氏が、もはや「夷」として「日本人」と決定的に区別される存在ではなかったという要因が大きいだろう。

「夷」の変質

『藤原保則伝』に登場した、「夷語」を話す蝦夷とは異なり、『陸奥話記』における安倍氏には朝廷側の「日本人」と言語・文化などにおいて異質な様相はうかがえない。それは、おそらく『陸奥話記』だけの問題ではない。

鎌倉時代の『古今著聞集《ここんちょもんじゅう》』巻九に記された、有名な説話がある。衣川の戦いの後、敗走する安倍貞任を追って、源義家が「衣のたてはほころびにけり」と連歌を詠みかけると、貞任は「年をへし糸のみだれのくるしさに」と、上の句を付けた。これを聞いた義家は、弓につがえた矢を外して帰っていったというのである。『古今著聞集』における義家には、大江匡房《おおえのまさふさ》から兵法を学んだおかげで、雁《がん》が列を乱したのを見て伏兵を見破ったという説話もある。文武両道の名将として形象されているわけである。貞任との連歌の話も、いかにも文武両道の義家を讃美する物語であって、とうてい実話とは思われない。だが、この説話は、安倍貞任が連歌を詠み交わしうる人物として描かれているという点で注目される話でもある。大和朝廷風の文化を解する貞任は、義家との間で心の通い合いがありえたという感覚を伝えているのである。事実はともあれ、安倍氏に対する視線のあり方を、ここからうかがうことは可能だろう。敵はもはや理解不能な野獣のごとき「夷」ではないのだ。「東夷」の蔑称《べっしょう》はこの後の時代にも残るし、「征夷大将軍」の名は長く幕末まで続くが、「夷」の認識や「征夷」の観念の内質は、この段階で既に大きな変質をとげていると考えられるのである。

奥州の勢力が、このように朝廷側と等質の人間として形象されるようになった――とは、相互理解が進んだとか、人間が理性的に進歩したなどというようなおめでたい話では、もちろんない。朝廷側の征服が進んだことにより、「日本」風の言語と文化によって本州の北端近くまでが制圧された結果として、「夷」が「日本の内側」の人間として認識されるようになったというだけのことである。しかしながら、そうした統一の後には、敵も味方も等質な、同じ言語・文化を有する武人同士の合戦が成り立つ。それは、野獣のような敵をワナにかけるとイメージされるような合戦とは、異質な基盤を用意しているのではないか。カイヨワのいう振り子は、だまし討ちを無条件に肯定する狩猟・殺戮の側から、正々堂々とした武芸試合の方向へと揺れているようである。第二章では、そのような様相を見てゆきたい。

第二章　戦場のフェア・プレイ

一ノ谷合戦で必死に防戦する平氏方の武士たち
（『平家物語絵巻』［財］林原美術館蔵より）

1　フェア・プレイと合戦のルール

兵たちの戦い――源充と平良文

正確な年代は不明だが、おそらく一〇世紀の前半、坂東《ばんどう》平野の片隅で、男同士のさわやかな決闘があった。『今昔物語集』巻二五―第三話の伝える、源　充《みなもとのみつる》と平　良文《たいらのよしふみ》の戦いである。

「充」の名は、史料によっては「宛《あつる》」とある。「充」と「宛」の草体は誤りやすく、むしろ「宛」のほうが正しいのかもしれないが、ここでは『今昔物語集』の多くの諸本の表記に従っておく。充は嵯峨源氏。嵯峨天皇の子、左大臣源融《とおる》の子孫で、融―昇《のぼる》―仕《つかふ》―充―綱《つな》と代々一字名を名乗る一族である。武蔵国箕田《みた》に住み、箕田源氏と称した。子の渡辺綱は羅生門《らしょうもん》の鬼退治の話で知られる。

一方、平良文は桓武平氏。桓武天皇―葛原《かずらわら》親王―高見《たかみおう》王―高望王《たかもちおう》（平高望）―平国香《くにか》という、『平家物語』の冒頭で名高い系図の、高望王の子、国香の弟にあたる。村岡五郎と称した。いずれも皇孫だが、数代を経て、東国の武士（軍事貴族）となっていた。

この二人は「兵の道《つわもの》」即ち武士としての力を競い、腕自慢をして張り合ううちに、しだいに仲が悪くなり、ついに、広い野原に出て決着をつけようということになった。約束の日時に、二人はどちらも五、六〇〇人の兵を連れて、野原に現れた。両軍は一〇〇メートル余りを隔てて楯を並べ、使者を交換した。使者となった兵がたがいに敵陣から帰る時に、両軍から矢を射かけるのだが、後ろから飛んでくる矢におびえて振り返ったりせず、悠然と自陣に戻ってくるのが剛の者であった。

さて、使者の交換もすみ、いざ戦いという時になって、良文のほうから声をかけた。「今日の合戦は、俺たちがおたがいに相手の腕前を知りたいと思ってのことだ。どちらも兵を用いずに、一騎打ちで勝負を決めようじゃないか」。充もこれに賛成し、郎等《ろうどう》たちをとどめて進み出、一騎打ちが始まった。たがいに馬を走らせて接近し、ちょうどよい角度で矢を射ては、すれ違う。また走り帰っては射合う。良文は充の胴体の真ん中を射たが、充は馬から落ちんばかりに身をかわして矢を避けたので、矢は太刀の金具に当たった。一方、充が良文の胴体の真ん中を射ると、良文も巧みに避けたので、矢は腰刀を差す皮帯に当たった。こうして何度も繰り返すうちに、良文が充に言った。「弓矢の腕前はよくわかった。おたがい立派なもんだ。もうやめようじゃないか。先祖代々の敵というわけではなし、殺し合うまでもないだろう」。充もそう思っていたところだった。双方の兵も皆喜び、たがいに兵を引いて去って行った。それからは、充と良文はたがいにまったく心を隔てることなく、仲よく暮らした。昔の兵《つわもの》は、こういうものであった、という話である。

青春ドラマでも見ているような、実にさわやかな対決である。第一章で見たカイヨワの言葉を借りれば、狩猟・殺戮とは反対の、武芸試合・スポーツの側の極を示すような話といえよう。隙あらば相手を殺戮することしか考えないような戦いとはまったく異なり、力のある相手に対してはそれにふさわしい尊敬を払って紳士的に戦い、戦いが終われば親しく暮らすこともある——そのような関係が、平安中期の東国の武士の間に成立していたようなのである。それは、「夷」との戦いとは異なり、最初から同じ文化の中で生まれ育ち、近隣に暮らしてたがいの素姓も熟知しており、戦いが終わればたちまち仲間同士になれるような、武士と武士の間に生まれた関係である。

ただし、二点ほど注意しておきたいことがある。一つは、この話に見られる「兵《つわもの》の道」という言葉をルールやモラルなどの意味で理解する歴史家が案外多く、さらには、この言葉が一人歩きすることによって、後世の「武士道」のごとき「兵の道」なる道徳が、平安時代に存在していたかのように理解する傾向さえ、ないではないようだが、そうした解釈は誤りだということである。本話に見える「兵の道を挑みける」という語句は、たとえば岩波新古典大系が「武芸や武勇を競い合っていたが」と注するように、武士としての能力を競い合っていたというだけのことで、武士独特の道徳などと解する余地はない（『今昔物語集』にはほかにも「兵ノ道」の用例が多いが、同様）。

また、もう一つ、『今昔物語集』編者が、「昔の兵《つはもの》此《か》く有りける」、即ち「昔の兵《つわもの》は、こういうものであった」と評している点に注意しておきたい。この話のモデルとなる事件があったとすれば、それはおそらく一〇世紀前半のことだろうが、『今昔物語集』が成立したのは、おそらく一二世紀前半のことであり、その間には、大まかに二世紀ほどの年月が流れている。『今昔物語集』編者はその年月の流れを意識して「昔の兵」といったのだろうが、うがった見方をすれば、『今昔物語集』編者の見ている「今の兵」即ち現実の武士は、充や良文のような者たちではなかったのだ——ともいえよう。さらにいえば、この種の「昔」を懐かしむ物言いは、往々にして実際以上に過去を美化する傾向を伴う。後で見るように、平安時代の現実の武士たちの戦いを、皆このようなものだと考えるのは誤りである。

しかし、この話のモデルとなるような戦いが実在したことはとりあえず認められよう。いや、もし仮にそれをも疑うとしても、このような戦いを美しいと感じる価値観が成立していたことは間違いない。本書の立場からいえば、そのことこそが重要である。

合戦のルールが生まれる

さて、本書の序章でふれた石井紫郎は、充と良文のような東国の対等な武士同士の戦いを主要な考察対象として、合戦のルールの成立について考えた。近隣の武士との間に争いが生じた時に、武士はそれをどう解決するか。手段を選ばず、たとえば暗殺によって敵を滅ぼした場合は、曾我《そが》兄弟の敵《かたき》討ちのような報復合戦を呼ぶ。このように、正常な社会生活の枠を逸脱し、社会的非難を受けるようなことをすれば、長期的に見て結局は自己の利益に反する結果になる可能性が強い。報復合戦の連鎖を避け、いずれは平和を回復せねばならないとの前提に立つならば、相手との関係を決定的に破壊しないように、戦いは一定のルールの枠内でなされねばならない。そのように、ルールを守った正々堂々とした戦いにより、武士としての名誉を守る家という名声を確立することは、子孫にとってもプラスに働く。そこで、合戦においても社会の通念に反する行為は自然に抑制され、合戦のルールが生まれる――石井紫郎の説を単純に要約すれば、このようになろうか。法というものがどのように発生するか、基本的な理論を踏まえた説得力ある議論といえよう。

このような考え方に基づき、石井紫郎は、平安時代から『平家物語』あたりまでの文献から、次のようなルールを抽出した。①時間と場所の設定、②軍使の交換、③名乗り、④一騎打ち、⑤おもだった敵をむやみに殺さない、⑥非戦闘員の安全保障、⑦降人の保護の七種類である。これらがどの程度守られたか、そのルールとしての強弱には差があるが、破られがちなルールであっても、それを守る者が賞賛されるという意味では、ルールとして存在したのだとされる。

これらのルールは多様な問題に関わっているが、①と②は主として合戦の日時や場所の設定、またその開始方法などに関するルール、③と④は戦いの具体的な方法に関するルール、⑤・⑥・⑦は敵の安全・保護に関するルールといえようか。結論を先にいえば、筆者は、④一騎打ちルールの存在は認めず、また、③名乗りをルールと呼ぶことについては否定的だが、そのほかについては、ルールの存在を一応認めてよいと考えている。しかし、その実相はさまざまである。以下、おのおのについて順に検討するが、④一騎打ちのみ、論述の都合で次節にまわす。

合戦の日時と場所を決める

大きな合戦がある時には、いつどこで相まみえるか、充と良文の戦いでも見たように、事前に軍使を交換して日時と場所を決定しておく習慣があったことは確実である。たとえば「七日の卯《う》の刻に一ノ谷の東西の木戸口にて、源平矢合せとこそ定めけれ」というように、軍記物語には、合戦の開始時刻と場所を定めた記述がしばしば見える。日時をどのようにして決めたのか、詳細な過程は不明だが、当然、事前に双方から軍使を出して交渉したものであろう。充と良文の合戦では、場所と日時を定める事前の軍使とは別に、合戦の開始直前に改めて軍使を交換するさまが描かれるが、このような開戦直前の軍使については、軍記物語にはあまり描かれない。

軍使交換のルールに関する著名な事例が、平家軍が水鳥の羽音に驚いて逃げたというので有名な、治承《じしょう》四年（一一八〇）の富士川合戦に見られる。延慶本『平家物語』によれば、都から下ってきた平家軍に対し、頼朝は雑色《ぞうしき》新先生《しんせんじょう》なる者に八人を率いさせ、平家の陣に軍使として送った。しかし、平家はこの軍使に返事をせず、使者を捕らえて全員の首を斬ってしまった。これを聞いた頼朝は、「昔も今も軍使の首を斬るなどということは聞いたことがない。平家は既に運が尽きたのだ」と述べ、軍兵はいよいよ頼朝に帰服したという。

この件は事実だったようで、中山忠親《ただちか》の日記『山槐記《さんかいき》』にも、伝聞として記されている（治承四年一一月六日条）。延慶本『平家物語』は、平家が使者を斬った理由を記さないが、『山槐記』によれば、平家軍の大将であった維盛《これもり》が、副将であった忠清《ただきよ》に相談したところ、忠清は、「兵法では使者を斬りません。しかし、それは私戦の時のルールです。今、我々は追討使として来ているのですから、敵に返答する必要などありません。頼朝陣営の様子を問いただしてから斬ってしまいましょう」と述べ、そのとおりにしたが、これを非難する者もあったという。忠清の言い分は、現代でいえば警察が犯人とは取引をしないというようなもので、理屈としてはそれなりに筋が通っているが、

夜討ちを進言する為朝（中央上）（『保元物語』無刊記版本、盛岡市中央公民館蔵より）

武士たちには受け入れられなかったのだろう。延慶本『平家物語』からも、『山槐記』からも、この忠清の処置は評判が悪かったことがうかがえる。

序章で述べたように、石井紫郎は、この事例を重要な根拠として「私戦」と「公戦」の意識の相違を考え、ルール破りの要因として重視したのだが、現場の武士たちが忠清の処置を批判的に見ていたのだとすれば、「公戦においては私戦のルールは通用しない」という考え方は、一般にはあまり受け入れられなかったと考えるべきだろう。

ともあれ、合戦は、多くの場合、直前に和睦《わぼく》する可能性などもあり、軍使を無事に交換することは相互に必要だったろうから、このルールが比較的よく守られたことは想像にかたくない。ただし、説話集や軍記物語などに見る事例としては、事前に定めた約束を破ったり、あるいは予告なしに奇襲や夜討ちをかけた事例も多い。第三章で見るように、『今昔物語集』巻二五―五話では、平維茂《これもち》と争った藤原諸任《もろとう》は、一度は使者を出して合戦の日時まで定めたのに、自軍が不利と見て合戦をやめ、和睦したふりをしておいて、ある夜ふけに突然襲いかかるという卑怯な手口を見せている。また、『平家物語』の描く義経は、屋島《やしま》合戦のように少数の手勢《てぜい》で突然襲いかかる奇襲戦法の名手であった。

義経は一ノ谷合戦の前哨戦である三草山《みくさやま》合戦では夜討ちをかけているが、夜討ちも軍記物語に例が多い。保元の乱では、崇徳院《すとくいん》側・後白河《ごしらかわ》天皇側の双方で武士が夜討ちを提案したが、崇徳院側では藤原頼長《よりなが》がそれを拒否したのに対し、後白河天皇側はその案を採用して夜討ちをかけ、勝利したとされる。その際、頼長が夜討ちを拒否した言葉の中には、「夜討ちなどというのは、一〇騎や二〇騎の私事の場合にやることだ」というのがある（『保元物語』）。在地の武士たちの小規模な私戦では、しばしば夜討ちが行われていたと考えてもよいだろう。在地の武士だけではなく、身分の高い都の武士である源三位《げんざんみ》頼政《よりまさ》も、以仁王の乱の際に、園城寺《おんじょうじ》の悪僧と共に平家の本拠地・六波羅《ろくはら》に夜討ちをかけようとして失敗している（『平家物語』）。なお、夜討ちについては、「昼の合戦のルール」とは異なる「夜のルール」があり、その中では夜討ちも許されていたのだとする笠松宏至の見解もある。興味深いが、そもそも「昼の合戦のルール」の過大評価から出発しているのではないかという疑問を禁じえない。

つまり、軍使を交換して合戦の日時を設定するといったルールが存在したことは確かであり、軍使の安全はかなりの程度守られただろうが、あらかじめ設定した予定に従って合戦を行うというルールは必ずしも守られず、問答無用で突然襲いかかるような戦法がしばしば取られたことも、十分想像できるわけである。

名乗りと言葉戦い

武士たちが、合戦の現場でしばしば大音声《だいおんじょう》で名乗りを上げたことは、ほぼ疑いない。その意味では、名乗りは日本の合戦における習慣であったことは確かだが、これをルールと呼ぶのは疑問である。とりわけ、名乗りを、一騎打ちのつり合った組み合わせを決めるためのルールだと考えるのには賛成できない。次節で見るように、おそらく、平安時代の合戦は一騎打ち中心であったという誤った観念があり、名乗りについてもそれに引きずられて解されてきたものであろう。軍記物語を読んでいれば、別段、一騎打ちに展開するような場面ではないところでも名乗りはしばしばなされるし、名乗った結果として身分の低い相手を「合わぬ敵」と決めつけることはよくあるが、それによって実際に対戦が拒否されているような例はあまり見当たらないのである。

たとえば、『保元物語』の源為朝《ためとも》は、平清盛《きよもり》の郎等の伊藤景綱《かげつな》に対して、「源平は共に天皇家の子孫だが、平家が桓武天皇から何代も経ているのに対して、源氏は清和天皇から九代目である。だから、おまえの主人である清盛だって、俺にとっては合わぬ敵だ。ましてその郎等などは相手にならない、さっさと引き退け」と言うのだが、伊藤景綱は笑って「おたがいに郎等が敵の将を射なければ、戦にならないではありませんか」と言い返した後、自らの功名を誇って名乗り、為朝に矢を放った（岩波新大系に収められた半井本《なからいぼん》による）。この場合の為朝の言葉などは、つり合わぬ敵を忌避しているというよりは、一種の言葉戦いによって、戦わずして敵を圧倒しようとしているととらえうるのではないだろうか。

戦場における名乗りとおそらく深い関係にあるのが、双方の陣から声の大きく弁の立つ者が出てきて言い合いをする、「言葉戦い」である。たとえば屋島合戦において、『平家物語』の多くの諸本では、義経の名乗りが、そのまま言葉戦いに展開する。屋島合戦に実際にこのような場面があったかどうか、筆者は疑いを持っているが、それはここでは問わないこととしよう。

屋島にあった平家の御所を焼き払った義経が、海上に逃げた平家と対陣する構図の中で、平家の側から越中次郎兵衛盛嗣《もりつぐ》が源氏の大将は誰かと問いかける。義経側から伊勢三郎義盛《いせさぶろうよしもり》が「頼朝殿の御弟、九郎判官《くろうほうがん》殿である」と答えると、盛嗣は、「義経っていうのは、平治の乱で孤児になり、鞍《くら》馬《ま》の稚児《ちご》になったあげく、金商人《こがねあきんど》の家来になって、食料を担いで奥州によろよろ落ちていった、あの小僧か」と悪口する。伊勢三郎は負けずに、「そういうお前たちは、倶梨迦羅《くりから》合戦で負けて、北陸道を乞食をしながら逃げ上った奴らか」と言う。盛嗣は、「何だと、おまえは鈴鹿山の山賊ではないか」と、今度は伊勢三郎の素姓を暴く。そうこうしているうちに、源氏の側から盛嗣に矢を射かける者が出てきて、合戦が始まる。このような言葉戦いは名乗りの延長上にとらええようが、一騎打ちの相手を決めるというような意味はまったくない。

言葉戦いと言霊信仰

藤木久志が詳しく考察しているように、言葉戦いは、戦国期に至るまで実際に広く行われたようであり、また、現在に至る民間の習俗にも通じ、さらに世界的にも類例のある、広い基盤を有したものと見られる。その根本にあるのは、おそらく、言葉は現実に力を持つとする、言霊《ことだま》信仰的な考え方であろう。第一章で見たヤマトタケルの戦いは、しばしば「言向《ことむ》け平和《やわ》す」と表現される。古くは、正しく強い神や王の言葉をもって、まつろわぬ神々や蛮族の言葉を圧倒することが、戦いであると観念されたのである。兵藤裕己が、『平家物語』の土蜘蛛退治の記述でも、まず「宣旨《せんじ》をよみかけ」たとあることに注意し、「それは軍記物語にみられる合戦前の名のり、口争いなどとも系譜的に一つだが、そのような戦闘では、武力が行使されるまえに、まず身体に宿る威霊どうしの示威的戦闘が戦われたのである」と記すとおりだろう。

実際、『続日本紀《しょくにほんぎ》』天平一二年（七四〇）一〇月九日条によれば、藤原広嗣《ひろつぐ》の乱の最大の山場となった板櫃河《いたびつがわ》の戦いは、官軍側が広嗣に従う兵に投降を呼びかけると、広嗣が陣頭に現れ、朝廷に対する叛意《はんい》はないと言うのだが、官軍側に「それならなぜ兵を率いて来たのだ」と言われると、広嗣は答弁できず、すごすご引き下がった。そのやりとりを見ていた隼人《はやと》などが官軍側へ投降し、それで勝負が決まったかのように描かれる。しかし、一万人を率いて反乱を起こした広嗣が、わざわざ陣頭へ出てきながら、この程度の質問に一言も答えられず、しかもそれによって勝敗が決まったとは、そう簡単には信じられない。

実際には、乱の成否は、石や矢が乱れ飛ぶ合戦場面において決したのではないかと想像されるのだが、『続日本紀』本文による限り、勝敗を分けたのは、いわば言論戦であった。このような描き方には、朝廷側の正しい言葉こそが乱を鎮めた、さらにいえば、朝廷の徳や神の威光を負った言葉が広嗣の邪悪な言葉を打ち破ったことこそ、戦いの決め手だったのだという観念が、いくぶんかは働きかけ、言葉戦いの本来の面影を伝えているのではないか。そして、名乗りという行為も、起源的にはそれに類似する面を持っていたと思うのである。

しかし、平安末期の合戦場面では、もはやそうした観念が前面に出てくることはない。名乗りは、その場に応じて現実的な機能を負わされている。名乗りによって、一騎打ちの相手が選ばれるという場合もあっただろうが、『平家物語』などを見ている限りでは、名乗りの現実的な機能は、むしろ功名争いとの関連にあろう。序章で見た盛俊・則綱の戦いでも、敵の名乗りをきちんと聞いておかないと功名がとげられないという言葉があったが、先陣争いなどでは、とにかく名乗りを上げることが肝要である。

たとえば一ノ谷合戦の前夜、熊谷直実《くまがいなおざね》は、勝手な単独行動で、深夜に西の木戸口にたどり着いた。味方は一人も到着していないが、熊谷は、「先陣をとげたいと思っている者は多いはずで、その辺にも控えているかもしれない」と、息子の直家《なおいえ》と共に大声で名乗ったが、平家には相手にされない。そのうち、平山季重《ひらやますえしげ》など、味方のライバルが到着し、ようよう夜が明けたころ、熊谷は、平山たちの前でもう一度名乗り、先陣の功名が自分のものであることを確認する。あるいはまた、佐々木・梶原《かじわら》の先陣争いで有名な宇治川《うじがわ》合戦では、名馬生数寄《いけずき》に乗ってみごと先陣をとげた佐々木四郎高綱が高らかに名乗りを上げたのはともかくとして、渡河の途中でおぼれかけ、畠山重忠《はたけやましげただ》に陸上に投げ上げてもらった大串《おおぐし》次郎《じろう》重親《しげちか》までが先陣の名乗りを上げて、敵味方に笑われるという場面もある。このような場合、名乗りはむしろ功名を確認する手段である。しかし、それは、功名争いが合戦の重要な要素となった時代に、名乗りに付加された側面ではないだろうか。

つまり、名乗りは現実的な機能に還元することのできない、古い起源を有する行為であると思われる。それが、功名の宣言や確認、敵の威圧、戦意の高揚など、現実的な種々の機能を担うようになり、そのうちの一つとして、一騎打ちの際に相手を選ぶことに利用できる面もあった――というようなことではないか。

降人を助ける

平安時代ごろの合戦において、さまざまな理由で敵を助けた例は多い。たとえば、『将門記』では、将門が少数の勢によって叔父（実は伯父か）の良兼《よしかね》の大軍を打ち破りながら、「（親戚を殺害するならば）もののそしり遠近にあらむか」と、世間の評判を気にして命を助けたという。このように、世間一般の道徳は戦場においてもある程度は抑止力として働いたはずであり、また、武士同士のつながりが敗者の助命につながることもある。

敵味方に分かれた武士同士が、実は縁戚関係などで結ばれていて相互に助け合うことは少なくない。『平家物語』において、木曾《きそ》義仲《よしなか》の四天王の一人といわれた樋口《ひぐち》次郎兼光《かねみつ》は、義仲が死んだ後で少数の手勢を連れて都に帰り、東国の軍勢と対戦したが、かねて縁戚関係のある児玉党《こだまとう》が使者を立てて、命を助けるという条件で投降させた。その時、児玉党の者たちは、「我々が武士同士のつきあいをするのは、もしもの時にひとまず命を助かろうと思うためである」と話し合ったという。運悪く敵味方に分かれた場合も、つながりのある武士同士は相互に助け合ったわけである。また、宇都宮朝綱《うつのみやともつな》は、頼朝挙兵の時に在京していて、一族が頼朝側に付いたというので平家に捕らえられた。その時、平貞能《さだよし》が朝綱を預かって親切にもてなしたので、後に貞能が平家一門から離れた時には宇都宮を頼ったという（両者は縁戚関係があったともいわれる）。

これらは、一般社会の倫理や人間関係が、戦場においても抑止力として働く例というべきだろうが、戦場独特の論理というべきものとして、勇敢で立派な振る舞いをした敵を助けたいという心情が記されることもある。第一章で見たように、厨川の戦いで奮戦した安倍氏の少年・千世童子を捕らえた頼義は助命を考えたというし、語り本の『平家物語』では、妹尾《せのお》太郎兼康《かねやす》を討った木曾義仲や、一ノ谷で河原兄弟を討った平知盛《とももり》が、共に「あっぱれ剛の者である。かれらの命を助けたかったのに」と言ったとされる。いずれも実際には助けられなかったケースであり、また類型的表現ともいえるが、『吾妻鏡』文治五年（一一八九）九月七日条によれば、奥州藤原氏を滅ぼした際に捕らえた藤原泰衡《やすひら》の郎等・由利《ゆり》八郎は、尋問に対して堂々たる態度で答え、命を許された。捕虜となった者も必ずしも斬首されたわけではなく、こうした美談風の助命も実際にあったものと思われる。

隣接する問題として、降参した敵、降人《こうにん》は保護すべきだという観念も確かに存在したようである。序章で見た則綱も、語り本では、盛俊との取引に失敗し、「降人の首を取るという法がありますか」

武衡の最期。片膚を脱ぎ、髪をかき上げ、前に垂らしている（『後三年合戦絵詞』東京国立博物館蔵より）

と、降伏を告げて助かったとされている。『奥州後三年記』によれば、清原武衡《たけひら》は、捕らえられて斬られる間際に命乞いをした。そこで、新羅《しんら》三郎義光《よしみつ》は、兄の八幡太郎義家に、「降人を助けるのは昔からのならいです。武衡を斬るのはどうでしょうか」と問うたが、義家は怒って、「降人というのは、戦場を逃れ、罪を悔いて自ら首を差し出してくるのを言うのだ。武衡は、戦って生け捕りにされた後になって、見苦しく命を惜しんでいるだけだ。こんなものは降人とはいわない」と答え、首を斬ったという。降人の定義については相当に揺れがありそうだが、ともあれ、「降人を助ける」というルール自体は存在したわけである。後代、『太平記』にも、降人を助けた例が散見される。

非戦闘員は保護されたのか

古活字本『保元物語』によれば、為朝は、死ぬ直前に、「私はこれまでずいぶん多くの人間を殺してきたが、『分の敵』は討っても、『非分の物』は討たなかった」と述べたという。何が「分の敵」であり、「非分の物」なのか、厳密な解釈は難しいが、戦場で敵対する者を殺すのは武士としてやむをえないとしても、それ以外の者、無力な者を無意味に殺戮したりしなかったというのであろう。もっとも、この記事は『保元物語』の古態本にはない。『保元物語』にも諸本があるが、古活字本はその中であまり古いものではなく、『保元物語』に本来あった記事とは考えにくいわけである。まして、為朝が実際にこう言ったと考えることは難しい。だが、為朝が実際にそう言ったかどうかは別として、また、後の時代の加筆であるにせよ、「敵を討つことはしかたないが、自分に刃向かう者以外の人間を必要もなく殺すべきではない」という倫理観が、中世に存在していたことは確かだろう。右に見た捕虜や降人などの問題にも通じるが、むやみに人を殺すことが肯定されていたわけではない。

しかし、『将門記』の焼き打ち場面や『平治物語』の三条殿焼き打ちなどでは、多くの罪のない男女が焼き殺されるさまが描かれてもいる。特に、『将門記』は、作品冒頭から、将門が敵の源扶《たすく》の勢力範囲の家々を焼き払う場面を描く。「野本・石田・大串・取木等の宅より始めて、与力の人々の小宅に至るまで」、あるいは「筑波《つくば》・真壁《まかべ》・新治《にいはり》三ヶ郡の伴類《ばんるい》の舎宅五百余家」が、片端から焼き払われ、家族の命や財産を失って泣き叫ぶ人々の悲しみから物語を始めているのである。その後、将門と伯父良兼との戦いでは、子飼《こがい》の渡《わたし》の戦や堀越の渡の戦で勝った良兼の軍が将門の根拠地を焼き払うが、弓袋山《ゆぶくろやま》の戦の前後には将門が良兼の根拠地を焼き払っている。将門が川口村の戦で貞盛《さだもり》に敗れた後では、貞盛の軍が将門の根拠地を焼き払っている。そのほか、常陸国衙《ひたちこくが》の攻略などでも火災が描かれ、およそ合戦のたびに焼き打ちがなされているような印象を受ける。

藤原秀郷（左）と対面する平将門（右）（『俵藤太物語絵巻』群馬県立歴史博物館蔵より）

しかも、『将門記』の合戦の場合、合戦に勝つために火をつけたというよりは、合戦に勝利した後、しばしば広範囲にわたって放火してまわったようなのである。『将門記』に繰り返し描かれる放火の多くは、このように敵の勢力範囲一帯を焼き払うことそのものを目的とした、焼き打ち戦術と見られる（ちなみに、こうした戦術の名称として「焦土戦術」の語を用いるのは誤り。「焦土戦術」は敵に利用されないように自分の領土を焼き払う意である）。この時代には、武士が勢力範囲の公民を「伴類」として戦闘に動員したため、伴類の家々を焼き払うことは、現代戦争の工業地帯の爆撃と同様、当然の戦術であったといわれる（福田豊彦『平将門の乱』）。「非戦闘員」の定義が難しいということでもあるわけだが、こうした焼き打ちが当然の戦術であったとすれば、非戦闘員の安全保障などという感覚が、さして強いものであったとは思えない。

また、『平家物語』で、北陸合戦に向かう平家軍が、合戦に向かう途次、街道で片端から兵糧を徴発して人々を苦しめたことが描かれるように、合戦に際しては、誰彼かまわない略奪がつきものだったようである。食糧をはじめ、牛馬、住宅、そして人間を連れ去ることも多く行われていたと見られることについては、戸田芳実・川合康・藤木久志などの研究がある。戦争に略奪が付随するというよりも、藤木久志によれば、「古代末以来、中世を通じて、どの戦いにも一貫して、物や人を奪うことを主な目的とした、略奪戦争という本性が隠されていたことは確実」であるという。それに伴って一般民衆の殺傷がなかったはずもない。非戦闘員の殺害は、よいこととされたわけではないだろうが、珍しいことでもなかったと考えておくべきだろう。

女性は保護されたのか

関連して、女性の保護にふれておく。右のような焼き打ちによる集団虐殺の場合はともかくとして、『平家物語』で、二位殿時子《にいどのときこ》が娘の建礼門院徳子《けんれいもんいんとくこ》に「女は殺さぬならひなれば」と語っているように、女性の命は助けるのが習慣であったことは、まず認めてよいだろう。身分の高い女性については陵辱《りょうじょく》もしないのが、将としての理想的な振る舞いと意識されていたことも、一応認められよう。『将門記』には、将門が関東を制圧した後、敵対する平貞盛や源扶の妻を捕らえた話がある。将門は彼女らを助けるように命令を下したが、時すでに遅く、女たちは捕らえた兵によって陵辱されていた。しかし、将門の武将たちも「貞盛の罪は妻の罪ではない」と述べ、将門は「流浪する女人は本籍地に帰してやるのが、法の例である」と、女たちを送り届けた。

また、『今昔物語集』巻二五―五話では、藤原諸任の卑劣な襲撃を受けた平維茂が諸任に反撃する際、諸任の妻に女房一人を付け、姿があらわにならぬように配慮して保護した上で、「女には手をかけるな、男はすべて殺せ」と命じ、諸任の家の者たちを滅ぼした。維茂は、強くて思慮深い上に女性に優しい、理想的な将であるわけだが、いいかえれば、これを理想とする倫理観が存在したということでもある。ただ、この話の諸任の妻は橘好則《たちばなのよしのり》の妹で、好則は維茂と親しい。その点の配慮も働いていることは忘れてはなるまい。

一方では、第一章でも見たように、前九年の役では、厨川の柵で安倍氏が滅亡した際、城内にいた美女数十人を引き出して将兵に分配したと『陸奥話記』に記される。また、後三年の役でも、『奥州後三年記』によれば、金沢《かねざわ》の柵から脱出した婦女子を片端から捕らえて殺し、婦女子が柵内にとどまるようにして陣中の食料の窮乏を早めたとか、柵が落ちた時には城中の美女を兵が争って捕らえ、陣中に連れてきたという。これらの場合は、安倍氏や清原氏は滅亡してしまうわけなので、その後、現地の一族に配慮する必要はなく、女性たちは戦利品として自由に扱えるのであろう。

また、『平家物語』諸本の壇ノ浦《だんのうら》合戦で、平知盛《とももり》が女房たちに形勢を問われて「めづらしき東男をこそ御覧ぜられ候はめ」と言った話は有名である。「御覧ぜられ」は、男女の交わりを意味する。「これからは、今まで御覧になったこともない、野蛮な東男どもと暮らさねばなりません」と、覚悟を促したわけである。『平家物語』は女房たちの運命を具体的にはほとんど描かないが、おそらく、壇ノ浦合戦の後には、建礼門院などごく一部の高貴な女性を除いて、『陸奥話記』や『奥州後三年記』に類するような光景が展開された可能性が強い。

上は、義家の郎等に殺された安倍氏方の女性と幼子（『後三年合戦絵詞』東京国立博物館蔵より）。下は、女房たちに敗戦を告げる知盛（『平家物語絵巻』［財］林原美術館蔵より）

『保元物語』以降の軍記物語は、合戦の副産物としてありがちなレイプの問題には概してふれることが少なく、実態についてはわかりにくいのだが、延慶本『平家物語』に見える樋口兼光の話は参考になろう。先に見たように、兼光は児玉党の世話で助命されたはずだったのだが、結局斬られた。なぜか。延慶本によれば、後白河院と戦った前年の法住寺《ほうじゅうじ》合戦の際、兼光は、御所の身分ある女房を捕らえて衣装をはぎ取り、自分の宿所に五、六日監禁したのだという。それを恨んでいた女房が、同僚の女房たちを語らい、「兼光を斬らないなら私たちが身を投げます」と訴えたため、ついに助命は果たせなかったというわけである。兼光がたまたま好色だったのだという考え方もできないわけではなかろうが、むしろ、兼光は在地の合戦の習慣をそのまま都に持ち込んで、後白河院の御所にいた身分ある女房にまで手を出してしまった、それが命取りになった――と考えるほうが、わかりやすいように思う。後代、『甲陽軍鑑《こうようぐんかん》』に、「馬・女など乱取りにつかみ」などと描かれるのは雑兵のしわざだろうが、戦国時代の戦場が略奪に満ちていたことについては、藤木久志の研究に詳しい。平安末期の戦場がそれとまったく異なるものだったとは考えにくいだろう。

『将門記』や『今昔物語集』の話のような東国の近隣の武士同士の合戦の場合、相互に縁戚関係が張りめぐらされていて、敗者側の女性といっても、勝者側にとって親しい一族、あるいは中立的な立場の家の出身者である場合も少なくないだろう。ちょっと戦に勝ったからといって、敗者側の女性を好き勝手に扱うことは、思わぬ方面に敵を作ることにもなりかねない。そうした人間関係による制約なしに女性保護というルールが守られえたのかどうか、維茂のような理想的な振る舞いがどの程度一般的だったのかは、疑わしい感もある。縁故関係のからまない敵との戦いや、敵を全体として滅ぼしてしまうような戦いでは、女性の生命は奪わないとしても、レイプの対象としたり、戦利品として扱うような行為はごく普通のことであったと想像すべきではないか。この点は、ルールは一応あったと言いうるにしても、その程度のルールであったと考えておく。

2　一騎打ち幻想

一騎打ちはルールか

以上見てきたように、筆者は、石井紫郎の指摘したルールの多くについて、その拘束力の強弱は別として、ルールないし価値観の存在は認める。また、名乗りをルールと考えることには否定的だが、名乗りの習慣の存在自体は確実である。だが、一騎打ちについてだけは別である。平安時代の合戦は一騎打ちを中心としたという考え方は根強いが、近藤好和の批判もあるように、それは確実なことではない。さらに、一騎打ちで戦うのが合戦のルールであり、大勢で一人を討つのはルール違反だったなどと考えるのは、明らかに誤りである。少し極端にいえば、「昔の合戦は、身分の釣り合う者同士の一対一の戦いが原則であり、武士たちはたがいに名乗り合って適当な相手を捜し、よい相手が見つかってはじめて、おもむろに戦いはじめるのであった」などと考えている人も、皆

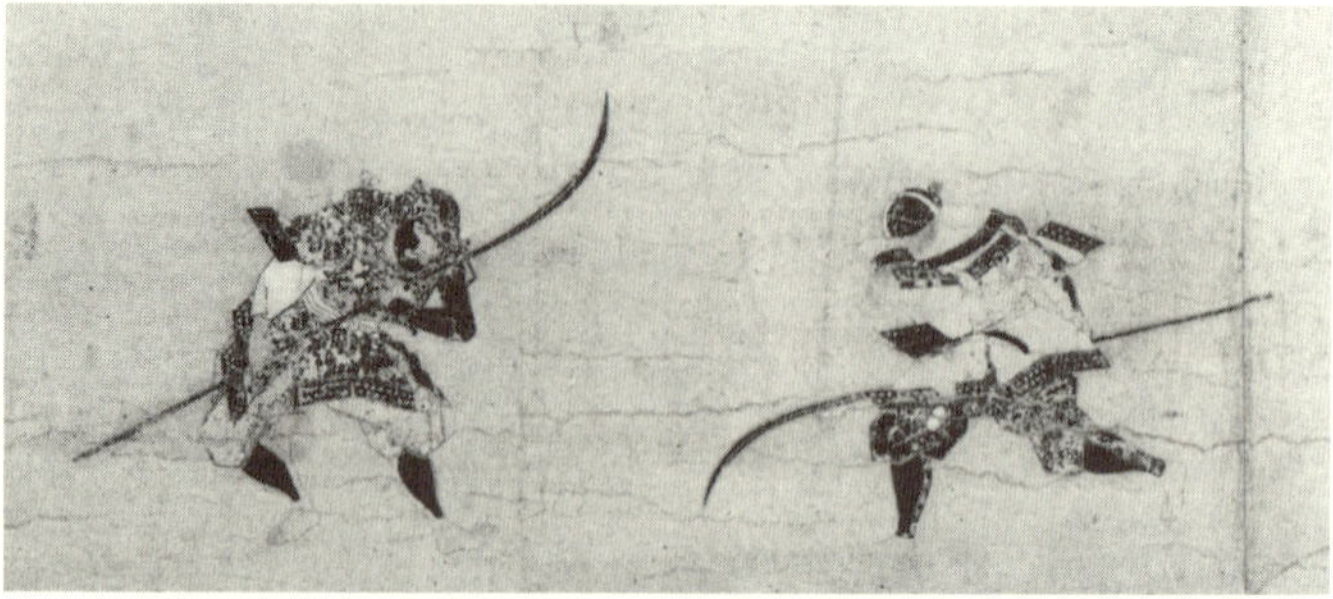

対峙する亀次と鬼武。右手が義家軍の鬼武、左手が武衡軍の亀次
(『後三年合戦絵詞』東京国立博物館蔵より)

無ではないようである。しかし、集団見合いで似合いの相手を探す男女のように、武士たちがたがいに釣り合う敵を見つけるまでは戦闘もせず、あちこちで名乗り合ったり、対戦を断られたりしながら戦場をうろつきまわる——などという情景は、漫画というしかない。

一騎打ちの典型を示しているような充・良文の戦いも、近藤好和が指摘しているように、最初は集団で戦う予定で両軍が集まったのである。そのまま進めば合戦が始まるはずで、そのつもりで軍使も交換された。しかし、そこで良文が声をかけ、合戦をやめて、二人だけの決闘になったのである。そこから先は通常の合戦ではない。二人の決闘が、当時の武士の戦いを代表しているといってよいのは、この話が騎射戦の技術を活写している点である。馬で駆け寄っては相手を射る攻撃、また体をよじるようにして矢を避ける防御の様子を、『今昔物語集』はみごとに描き出している。しかし、そうした技術の精髄が描き出されているからといって、これが合戦の全体像だと思ってしまうとするならば、それは、たとえば名選手によるＰＫ戦をサッカーの全体像だと思い込んでしまうような誤解である。

合戦の一局面として一騎打ちの形が生じることは、実際にも少なくなかっただろう。軍記物語にも一騎打ちはしばしば描かれる。特に『保元物語』には、為朝を中心とした一騎打ちの描写が多い。だが、たとえば『奥州後三年記』に描かれる亀次と鬼武の一騎打ちは（一対一だが、徒歩《かち》立ちの戦いなので、厳密には一騎打ちではないが）、持久戦になって戦闘がやんだ時に徒然を慰めようとして行われたと描かれるもので、合戦の中心的な場面ではない。また、『平家物語』の描く一騎打ちは、たとえば熊谷が敦盛《あつもり》を討つ場面のように、合戦の大勢が決した後で大将首を狙うような場面が多く、合戦の主要部分はむしろ集団戦であるように読める。「いや、軍記物語が描く時代より以前には一騎打ちの時代があったのだ」という意見もあるのだろうが、証明不可能な仮説といわざるをえない。個々の一騎打ちのみによって終始した合戦を描くような文献は存在しないし、一騎打ちが減少しているると見るべき証拠も見当たらないからである。

ただし、たとえば『陸奥話記』の義家や『保元物語』の為朝が、豪腕を振るって孤軍奮闘するように、個々人の強弓の能力などが戦いに大きな威力を発揮したことは事実だろう。そうした意味で、平安～鎌倉時代ごろの合戦が、戦国時代ごろの合戦に比べて、個人技に頼る傾向が強かったことは確実である。そのような意味でならば、「多少極端な言いかたをすれば、当時のたたかいは一対一の一騎打ちの集合なのである」（石井進『鎌倉幕府』）という表現も、正しいかもしれない。しかし、「組織的戦術が未発達で、個人技に頼る傾向が強い」ということと、「一対一で対決するのがルールである」ということとは、まったく違う。前者は少なくとも平安時代ごろまでの合戦について確かに認められる傾向だろうが、後者はその傾向に対する誤解から生まれた虚構であろう。もちろん、乱戦の中でたがいに相手の首を狙う一対一の組み打ちなどはしばしば描かれるが、それは決して、一対一の戦いが理想ないし基準だったとか、ましてルールだったなどということではない。

増える組み打ちの戦

軍記物語に一騎打ちがしばしば描かれる大きな要因は、源平合戦などの時代には功名を狙った組み打ちの戦が増加しているためであろう。馬を並べて敵と組み合い、共に馬から落ちて、敵をねじ伏せて首を取る――しばしばそのように描かれる組み打ちの戦は、馬を並べるところから始まる性格上、一対一の戦いになりやすい。また、手柄が誰のものかを明確にするために、なるべく単独で敵を討つという傾向もあろう。しかし、組み打ちにおいても、一対一で戦うのがルールであるというわけではない。目の前で自分の主君や縁者が敵と組み合っているのに、「戦いは一対一がルールだから」と、指をくわえて見ているなどということは、現実の戦場ではあるわけもない。

たとえば、一ノ谷合戦において、薩摩守忠度は、岡部六野太《おかべのろくやた》を組み伏せて首を取ろうとしたが、六野太の童が駆けつけて忠度の右腕を打ち落とした。忠度はそこで戦いをあきらめ、念仏を唱えて首を斬らせた（『平家物語』諸本）。神戸市内や明石《あかし》市内に「腕塚」の伝承を残す、著名な話である。また、延慶本『平家物語』などが描く石橋山合戦では、俣野《またの》五郎は、兄の大庭《おおば》三郎に「佐奈田与一《さなだのよいち》

後ろから馬上の敵の首を取ろうとする騎馬武者などが描かれている
（『太平記絵巻』三時知恩寺蔵より）

を狙え。組み打ちになったら俺も落ち合うぞ」と言われ、佐奈田与一と組む。しかし、逆に組み伏せられてしまった俣野は、大声で味方に「続けや続けや」と呼びかけた。俣野のいとこの長尾新五《ながおしんご》がやってきたが、暗闇の中だったため、組み合っている二人のどちらが俣野かわからない。「上が敵か、下が敵か」と尋ねる長尾新五に、佐奈田与一は「上が俣野だ」、俣野五郎は「下が俣野だ」と声々に答えるという珍妙な場面が展開された末、長尾新五は蹴り倒されるが、今度はその弟の新六がやって来て、ついに佐奈田与一の首を取ったのである。このように、組み打ちの戦いも、展開次第では、複数で一人の首を取ることになる。

『源平盛衰記』の北陸合戦（巻二九）には、「戦は、後続の郎等が来るのを待ってから、敵に組むものだ」という南保家隆《なんぼういえたか》の言葉もあり、むしろ、組み打ちでもできるだけ味方の加勢を期待するのが常識と見るべきだろう。もちろん、複数でかかれば勝てると決まった

組み合う佐奈田与一と俣野五郎。右は助太刀に来た長尾新五
（寛文五年版『源平盛衰記』版本より）

ものでもない。『保元物語』の高間《たかま》四郎は、金子十郎に組み伏せられ、これを助けようと駆けつけた兄の高間三郎も、高間四郎を押さえつけたままの金子十郎に刺されて倒れる。四郎の首も取られて、兄弟揃って一人の敵に討たれてしまうわけである。

なお、源平合戦期が過渡期であるとすれば、「集団戦」が普及した時代にあたるはずの蒙古《もうこ》襲来の際にも、銅鑼《どら》や太鼓の音によって組織的に進退する蒙古軍に対して、個人単位で功名を争う日本の武士たちが苦戦したことは有名な話である。

日本の戦の如く、相互名乗り合ひて、高名不覚は一人宛の勝負と思ふ処、此の合戦は大勢一度に寄り合ひて、足手の動《はたら》く処に我も我もと取り付きて、押し殺し、虜《いけど》りけり。

（『八幡愚童訓《はちまんぐどうくん》』甲本・上巻）

日本の武士たちが、たがいに名乗り合って、高名も不覚も一人ずつの勝負だと思っていたのに、蒙古軍は大勢が一度に寄り合って、足や手の動く処に我も我もと取り付いて、押し殺したり、生け捕ったりしたのだという。だが、これも、一人ずつの手柄の有無（高名・不覚）にこだわって、組織的な行動が取れない日本の武士たちに対して、蒙古軍が集団で組織的に襲いかかってきた意と読めよう。蒙古襲来は未曾有の国難であったが、日本の武士たちの意識としては、やはり個々の功名を競う戦いであったことは、この合戦の最大の資料である『蒙古襲来絵詞』が、竹崎季長《たけざきすえなが》の功名を証明するために作られたという一事をもってしても明らかであろう。ここでいわれている問題は、蒙古軍の組織性に対して、日本の武士は一人一人の功名を競って思い思いに戦ったというところにあったはずであり、日本の武士たちは集団で一人を襲ったりしなかったなどというわけではない。

「取りこめて」討つ

蒙古襲来以前の日本の武士たちも、もちろん、集団で一人の敵を、あるいは多数で少数の敵を討つことを普通に行っていた。そうでなければ、多数の軍勢を集める意味はないのだから、当たり前の話だが。

たとえば、『平家物語』が描く「木曾最期」の戦闘場面を見てみよう。今井兼平《かねひら》と出会って三〇〇余騎の手勢を得た木曾義仲は、「この勢あらば、などか最後のいくさせざるべき」と、最後のハレの戦への意欲を奮い起こし、高らかに名乗りを上げて、六〇〇〇余騎を擁する敵・一条次郎忠頼《ただより》の勢の中に突進する。忠頼は、敵の大将軍と見て、「大勢の中に取りこめて」討ち取ろうとするが、義仲を討ち取ることはできなかった。しかし、忠頼の大軍の中を駆け抜けると、義仲勢の三〇〇余騎は五〇余騎に減っていた。義仲はなおもひるまず、次々と敵の大勢の中を駆け抜けてゆくが、そのたびに軍勢は減ってゆく。最後に、今井兼平とたった二騎になった義仲は、立派な最期をとげるように兼平に説得され、自害するために松原に向かって走り去る。兼平は、義仲が自害する時間を稼ぐために、たった一騎で五〇騎を相手に奮戦する。敵は兼平が手強いと見て遠巻きに囲み、「中に取りこめ、雨の降るやうに」射て、兼平を倒そうとする（以上、語り本によるが、諸本概ね同様）。

このように、少数の敵を大勢が「取りこめて」（取り囲んで）討つのはごく普通のことであって、一騎打ちのルールに反するなどという理屈はまったく存在しない。義仲も、生涯最後の堂々たる合戦をとげようという一心で戦っているのだから、もし合戦の理想が一騎打ちであるならば、最後に一騎打ちを試みそうなものだが、たとえば、一条次郎忠頼ならば相手にとって不足はないと「甲斐《かい》の一条次郎とこそ聞け、たがひによいかたきぞ」と呼びかけはするものの、別段、忠頼と一騎打ちをするわけではない。集団で敵の集団の中に突撃し、馬上から弓を射ながら駆け抜けるのである。この時代の合戦の基本は集団の騎射戦であることが、ここにも表れているだろう。

また、この場面の義仲は、少数で敵の大軍の中に突撃してゆくが、それは死を覚悟しているからであって、普通は少数で多数に立ち向かうことは避ける。「取りこめられて」討たれてしまう危険性が強いからである。たとえば、頼朝挙兵直後の小坪坂《こつぼざか》合戦では、敵の三浦の軍勢を多数と見た畠山重忠が、「大勢に取籠《とりこめ》られては叶《かな》ふまじ」と、引き退いたという場面がある（延慶本など。なお、畠山は頼朝挙兵直後は平家側に付き、頼朝側の三浦と戦った）。こちらが少数なのに、大勢の敵に取り囲まれては勝ち目がないから、そうならないように逃げるわけである。同様の場面はいくらでもある。

もちろん、時には少数で多数に立ち向かう危険を冒さねばならない場合もある。たとえば、一ノ谷合戦の「二度懸《にどのかけ》」。梶原景時《かげとき》は、五〇〇余騎で平家陣に突撃して戦い、五〇騎ほどに減少して一度は引き上げた。ところが、息子の景季《かげすえ》がいないのに気づいた景時は、再び平家陣に突撃する。今度は最初から少数で突進してきた景時の部隊を、平知盛率いる平家の大軍は、「大勢のなかに取りこめて」討とうとする。梶原景時はその中を必死で駆けまわり、ついに景季を発見する。景季は馬を射られて徒歩立《かちだ》ちになり、「敵五人がなかに取りこめられ」、必死で戦っているところであった。景時は急いで息子を救出し、自陣に帰って行った（語り本によるが、諸本概ね同様）。

これらの例を見れば明らかなように、騎射であろうが徒歩立ちであろうが、大勢で少数の敵を「取りこめて」討つのはごく普通の行為であり、ルール違反でも何でもない。合戦である以上、当然ではないか。これを、かつての一騎打ちという定式が崩れた結果と見るのは無理であろう。少数の敵を「取りこめて」討つことが、かつて存在したルールに背くというような口ぶりは、どこを探しても見つけることができない。なお、『源平盛衰記《げんぺいじょうすいき》』では、次に扱う「真光故実《さねみつこじつ》」の中に、「敵一人をあまたして射るべからず」という言葉があるが、これは、「矢をむだに使ってたがいに射合い、誤って怪我をするな」という言葉に続くことから明らかなように、同士討ちをせずに効率的に戦うための指示であって、倫理的問題をいったものではない。また、例外のように見える記事に、『太平記』の描く阿保《あぼ》・秋山の一騎打ちがあるが、これについては次節「戦いの倫理の起源」で述べる。

真光故実

さて、一騎打ちがルールであるかのように考えられた原因の一つに、延慶本や『源平盛衰記』など、読み本系の『平家物語』に見える、三浦真光《さねみつ》（実光とも）の言葉、近藤好和の命名によれば「真光故実」がある。頼朝挙兵直後の小坪坂の合戦において、若武者の和田義盛《よしもり》が、「楯を突いて遠矢を射合う戦は何度も経験があるが、馬を走らせて組み打ちに至る接近戦は初めてだ。どう戦ったらよいのか」と尋ねたのに対して、古兵《ふるつわもの》の三浦真光が答えた言葉だが、その中に、次のような部分がある。

昔様《むかしやう》には馬を射る事はせざりけれども、中比《なかごろ》よりは先づしや馬の太腹を射つれば、はねおとされてかち立ちになり候ふ。近代はやうもなく押し並べて組みて、中に落ちぬれば太刀・腰刀にて勝負は候ふ也。

「昔は馬を射たりすることはありませんでしたが、中ごろからはまず馬を射て、落馬したところを狙うようになりました。さらに近代では、いきなり馬を押し並べて敵を引きずり落とし、組み打ちに持ち込んで太刀や腰刀で勝負をするようになりました」というのである。「昔」「中比」「近代」が、それぞれいつごろを指すのか、絶対年代は明らかではないし、そもそも三浦真光なる人物は伝未詳で、このような発言をしたかどうか、事実はもとより不明である。だが、物語に受け入れられている様子から見て、おそらく、当時の通念に近い内容と見てよいだろう。平安時代の武士たちの戦闘法の変化を物語る証言として、歴史学において重視されてきたものであり、しばらく、この記事について考えてみたい。

石井進は、この証言や、先に見た充・良文の説話などによって、日本の合戦は、馬上で弓を射る充と良文のような古典的な個人騎馬戦から、後に集団戦へと変化してゆくのであり、源平合戦の時代はその過渡期であると推定し、その後の研究に大きな影響を与えた。既に見たように、個人技重視から組織的集団戦へという大まかな構図としては、現在も傾聴すべきものがあろうが、真光の証言自体は、かつての戦いが個人戦であったとも、その後の戦いが集団戦になったとも述べてはいない。ただ、馬上から弓矢でたがいの身体を狙う戦法から、敵を馬から落とす戦法へ、さらに騎射戦抜きにいきなり組み打ちに持ち込む戦法へ、という変化が語られているだけである。

この証言を一騎打ちと結びつけるのは、真光の、「かつては馬を狙ったりはしなかった」という言葉を、「昔は卑怯な手段を避けて正々堂々と戦ったのだ」と解することによるのだろう。「かつては一対一の堂々たる騎射戦をしていたのに、その後、まず相手を馬から射落として、自分の安全を確保してから戦おうとするようになった」というように。しかし、それは「馬を射るようになった」という「中比」の変化だけを問題とした解釈であり、その解釈では、その後さらに、「いきなり組み打ちを挑むようになった」という変化への説明がつかない。組み打ちの戦《いくさ》は、騎射戦よりもむしろ一対一の戦いになりやすく、また、危険な戦いである。組み打ちの戦が、和解が成立でもしない限り、どちらかが敵の首を取るまで終わらないことは、序章で取り上げた盛俊・則綱の戦いでも見たとおりである。組み打ちをするよりは、遠くから矢を射かけ合っているほうがはるかに安全だったはずである。したがって、「真光故実」を「昔の堂々たる戦い」からの変化を言うものとする解釈は成り立たない。むしろ、考えるべきは、なぜいきなり組み打ちをするようになったかである。

功名のための首取り

武士たちはなぜ騎射戦抜きの組み打ちをするようになったのか。最近では、源平合戦期（治承・寿永期）の戦闘を騎射戦の衰退期と見て、「弓馬のわざ」に慣れない者たちが大量に合戦に参加するようになったための戦闘法の変化と考える、川合康や高橋昌明の議論がある。しかし、一方、源平合戦期も依然として騎射戦はさかんであったとする近藤好和や鈴木眞哉の意見もあり、近藤好和は、盛衰記の本文では、時代的変化をいうわけではなく、甲冑の防御力の向上をいう文脈であることなどに注意している。このように、「真光故実」から引き出しうるのは、どちらかといえば、合戦のルールの問題というよりも、戦闘方法や技術などの問題であるようだ。筆者は、組み打ちの戦が増えたという証言の背景として、しばしば指摘されるように、この時代には敵の首を取る戦が増加したという点を重視したい。

注意すべきは、真光に尋ねた若武者義盛が、「楯突く戦《いくさ》は何度も経験がある」と述べていることである。やはり矢戦《やいくさ》は多かったわけで（なお、義盛が弓の名手だったことを語る逸話が『平家物語』諸本の壇ノ浦合戦に見られる）、楯を突いて遠くから矢を射かけ合ういくさは、日常的にしばしば繰り広げられていたわけである。それは、充と良文がまさに始めようとして、とりやめたいくさの形でもある。

組み打ちをする武士
（『平家物語絵巻』［財］林原美術館蔵より）

遠くからの矢戦では殺傷力は低く、戦いに決着がつかないではないか——との疑問もあるようだが、そもそも合戦の目的は、必ずしも敵を殺すことではあるまい。対等な武士同士の自然発生的な戦いでは、領地をめぐる小規模な争い、ちょっとした喧嘩《けんか》の類など、必ずしも敵を殺さなくても、敵をその場から駆逐し、できれば強い恐怖感を与えて、二度とその場に近づかせないようにすれば、十分に目的は達せられる——そのような、いわば小競り合いで治まるケースのほうが、件数としては多かったと考えるのが自然であろう。そのような目的のいくさならば、必ずしも敵の首を取る必要はなく、遠くからの矢戦だけでも十分であったと想像される。「楯突く戦」ではおさまらず、入り乱れた戦いになったとしても、「敵を殺す」「傷を負わせる」「駆逐する」のいずれでもよいのであれば、貴重な矢種で狙うのは、当然、敵の身体であったろう。馬を射たり、組み打ちを挑んだりするのは、確実に敵を殺し、さらには首を取ることが必要な場合の戦い方なのである。

在地の自然発生的な合戦でも、もちろん、敵の命を狙い、首を取ることはあったはずだが、合戦といえば必ず敵の首を狙っていたというわけではなく、むしろ、しばしば繰り返していたのは、敵を駆逐すればすむような矢戦であり、だからこそ、義盛も、「楯突く戦」なら、何度も経験していたというわけであろう。しかし、義盛が小坪坂でこれから繰り広げようとしていた合戦は、そうしたものではなかった。朝廷・平氏政権に背いて兵を挙げた天下の謀反人である源頼朝に荷担して、朝廷側の多くの武士たちを倒さねばならない合戦であり、当然、「楯突く戦」だけではすまない、首の取り合いに至ることの予想される合戦であった。もし義盛が討ち取られれば、その首は、頼朝に味方した謀反人の一味としてさらされ、あるいは京都に送られていたかもしれない。真光の答えは、そうした性格の合戦における戦い方を問うた質問への答えだったのである。

なお、首を取るという行為そのものは、黒田日出男が指摘するように奈良時代や平安初期の対蝦夷戦などにおいても見られ、その起源は、軍神への生け贄《にえ》（黒田日出男「首を懸ける」）、狩猟民としての習俗（五味文彦『武士と文士の中世史』）などといったところにさかのぼるかもしれない。ただ、起源はともかくとして、平安末期の武士たちにとって、首を取るという行為の目的は、ほとんど功名にあったと見てよいだろう。このころから、「功名」は合戦における武士たちの行動を律する、最重要のキー・ワードになってゆくのである。

恩賞をめざす戦い

武士たちが自己の財産や家族などを守るために自ら戦う合戦が、直接的で明確な目的に支えられているのに対して、大規模な勢力同士がぶつかり合う合戦では、合戦全体の目的は、個々の武士には直接関わりのない次元にある。武士たちは、多くの場合、一人一人の敵には何の恨みも憎しみもない。ただ、手柄を上げて有力な棟梁に評価してもらい、恩賞によって自己の生活を保障してもらうという、間接的・抽象的な目的のために戦っているのである。軍記物語が描くのは、後者のような合戦である。したがって、序章で見た則綱のように、軍記物語には、この「功名＝恩賞」への熱烈な欲求によって激しく戦う武士たちが数多く登場する。反面、熊谷直実が嘆いたように、何の恨みもない敦盛の首を取らねばならないのも、「功名＝恩賞」のためであった。最初から敵の首を狙う、組み打ち狙いの戦法が増加した背景には、そのような合戦の増加という問題が考えられるのではないか。

筆者は、「真光故実」が一騎打ちルールの崩壊を示しているとは考えないが、充と良文の一騎打ちのような戦いと、『平家物語』などが描くような功名を狙う戦いとでは、武士たちが合戦に参加する目的が異なっていることは見ておく必要があると考える。充と良文の戦いのように、戦うことも和解することもまったく本人たちの意志に任されていて、敵が憎ければ戦い、わかりあえば手を握る——そんな自由な戦いから、大武士団の棟梁のもとで恩賞のために功名をめざす戦いへ。そのような武士たちの意識の変化が、合戦のルールを支える基盤そのものを変質させている可能性は十分に考えられよう。そうした意味では、石井紫郎の「私戦から公戦への変化によるルール崩壊」という議論は、やはり継承すべき重要な論点を含んでいると思われる。大規模な政治勢力のぶつかり合う合戦の中で、充と良文のような爽快《そうかい》な対決が、あえなく消えていったという見方については筆者も賛成だが、それは「一騎打ちルールの崩壊」などという問題ではなく、合戦の目的そのものに関わる変化だと考えるわけである。

武士たちの行動原理をつかむ

さて、以上見てきたように、筆者は「一騎打ちルール」の存在を認めず、また「名乗り」をルールととらえることには否定的だが、それ以外については、石井紫郎の提起したルールないし価値観の存在を、一応は認めたいと考える。だが、ルールが存在したとしても、それが守られたかどうかは、別問題である。石井紫郎自身も述べているように、かなり脆弱なルールも少なくないようである。戦闘方法の変化の中で、踏みにじられていったルールもあるのかもしれない。だが、そうであっても、そうした倫理観ないし道義的感覚が存在したこと自体は認められよう。ルール違反の事例によって「武士たちはそれほど倫理的ではなかった」とする批判に対しては、「ルールはあった、ただし脆弱なルールだったのだ」という言い方で、一応、論理としての整合性を保つことができる。

しかしながら、そのような言い方では、武士たちの生態の分析としてはやや物足りない感もある。「一応は存在したが、しばしば破られた脆弱なルール」を抽出するだけでは、戦場における武士たちの行動原理をつかむことはできないのではないか。戦場の倫理について、もう少し別な角度から考えてみたい。

3　戦いの倫理の起源

兵の名誉と行動原理

石井紫郎の理論は、勢力の均衡、平和の回復を前提とした戦いの中では、一般的な社会道徳に近い倫理が、戦場にも適用されるという発想を根幹としていた。手段を選ばずに敵を滅ぼしたとしても、それによって名誉を失い、社会的非難を浴びて孤立してしまえば、長期的には不利になる――それは、一つの武士団を率いた「将」の立場、あるいは領主・統治者の立場での発想というべきではないか。そうした意味での倫理は、たとえば「仁」や「義」や「信」といった言葉で表されるような徳目に関わるだろう。敵との間の信義、即ち合戦の日時や場所の設定や軍使の安全などを守り、必要以上に被害者を出さず、堂々と戦う――そのような名誉ある武将が人望を集め、武士団の指導者として有力な存在となりうることは想像できる。

しかし、功名を目標に、見も知らぬ相手と戦う現場の兵たちが、命に代えて大事にしていた「名誉」とは、そうしたものだろうか。筆者が軍記物語などを読んで得た感触とは、微妙にずれている感もある。後方で采配を振るうのではなく、最前線で弓矢や刀剣を握って戦っている兵たちが、何をおいても守ろうとしている名誉とは、そうした一般的な道徳ではなく、「剛」や「勇」といった言葉で表現される勇敢さ、あるいは強さ、たけだけしさであり、また、仲間を裏切らないという意味での「信」であるように思われる。そして、戦場の倫理として発達していったのは、むしろ、そのような兵の行動原理に基づくものだったのではないだろうか。

阿保・秋山の河原軍

『平家物語』などが描く時代以前に一騎打ちの時代があったという説については、前節で疑問を呈したが、「源平合戦期は一騎打ちから集団戦への過渡期である」という説がもし正しいとすれば、一騎打ちの時代がとうに終わり、集団戦の時代に入っているはずの南北朝時代の『太平記』に、一騎打ちの典型を示しているかのように見える話がある。巻二九「阿保・秋山河原軍《かはらいくさ》の事」である。

観応《かんのう》の擾乱《じょうらん》で、足利尊氏《あしかがたかうじ》と弟の直義《ただよし》が対立し、直義が南朝と合体した観応二年（一三五一）。この時、直義方の桃井直常《もものいただつね》が都を占領した。尊氏の嫡子義詮《よしあきら》は都を追われたが、駆けつけた尊氏軍と合流して再び都に攻め上り、桃井軍と四条河原で対戦した。現在は京都最大の繁華街となっている四条河原町や先斗町《ぽんとちょう》に近い鴨川の河原あたりは、この当時は文字どおりの河原だったが、しばしば

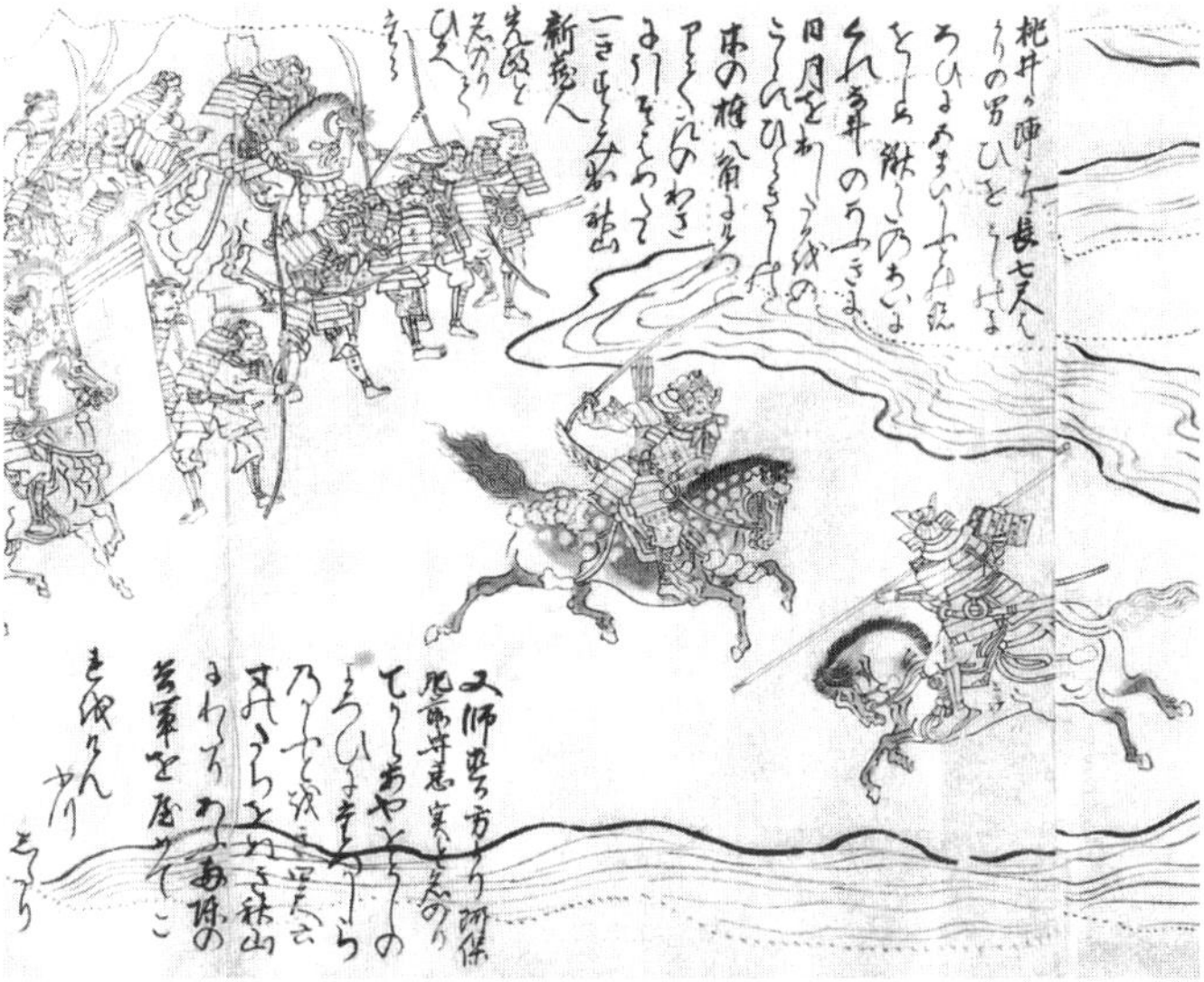

秋山光政と阿保忠実の一騎打ち（『太平記絵巻』［模本］東京国立博物館蔵より）

桟敷を作って「河原者」たちの田楽などが行われる、人目を集める芸能の場であった。そこで行われた合戦も、人々の注目を集めるものだった。

まず、桃井軍の中から、七尺もある長身で髭黒《ひげぐろ》に血眼《ちまなこ》、兜《かぶと》に紅の扇を付けて、一丈（三メートル）余りの樫《かし》の木の棒を持った秋山光《みつ》政《まさ》が、ただ一騎河原おもてに登場して名乗りを上げ、「幼年から兵法を学び、鞍馬山の天《てん》狗《ぐ》たちが義経に教えた兵法は、すべて心得ている」と揚言し、「我と思はん人々はこれへ出よ、はなやかな打ち物の戦いをして、見物衆の眠りをさまそうではないか」と呼びかける。

尊氏側の武士たちはためらっていたが、やがて高師直《こうのもろなお》の軍の中から、阿保忠実《ただざね》が四尺六寸（約一メートル四〇センチ）の大太刀を持って現れ、「兵法を心得ているなどと言っても、畳の上の水練ではしかたあるまい。真の勇士は経験から学ぶものだ。私は書物など読んではいないが、三〇〇回以上の合戦を経験しているぞ」と言い返して、馬をしずしずと歩ませた。両軍の兵も、「数万の見物衆」も、かたずを呑んでこれを見守った。近くまで寄り合った阿保と秋山は、にっこり笑って戦った。秋山が樫の棒で打ちかかれば阿保は太刀で受け流し、阿保が太刀で打ちかかれば秋山は棒で打って太刀をそらす。三度ぶつかり、三度離れたと見えた瞬間、秋山の棒は半分ほど折れ、阿保の太刀も鍔《つば》のもとから折れてしまった。高師直はこれを見て、「体力勝負になれば阿保は不利だ、阿保を守れ、秋山を射落とせ」と下知《げち》し、精兵が雨の降るように秋山を射たが、秋山は折れ残った棒で矢を次々と叩き落とし、阿保は情けある者で、味方を制して矢面に立ちふさがった。これほどの名人をむざむざ射殺すことを惜しんだのである。やがて二人は勝負がつかないまま双方に退いたが、この名勝負は評判になり、寺や神社に奉納する絵馬や、扇や団扇《うちわ》に描くバサラ絵の題材にも、皆が「阿保・秋山の河原軍《いくさ》」を描かせたのである。

芸能としての一騎打ち

一見して、『今昔物語集』の充・良文の戦いや、『奥州後三年記』の亀次・鬼武の戦いを思わせるような一騎打ちだが、充・良文が騎射、亀次・鬼武が徒歩の長刀による戦いであったのに対して、これは馬上で打ち物を用いる戦いであり、しかも片や一丈余りの樫の棒、片や四尺六寸の大太刀というあたりが、いかにも『太平記』の時代を感じさせる。なお、「打ち物」とは、太刀や長刀など、敵を打ち、あるいは斬る武器をいう。太刀はこのころ、馬上の斬撃戦のためなのか、徒歩の戦いの増加によるのか、長大化したようで、『平家物語』の世界では「大太刀」といっても三尺五寸（約一〇五センチ）程度だったが、『太平記』では四尺（約一メートル二〇センチ）以上の太刀が珍しくない。

また、充・良文や亀次・鬼武の一騎打ちが、通常の形態の合戦を中止して、あるいはその合間に、あえて行われた特殊な戦いだったのに対して、これは実際の合戦のさなかに行われたとされ、しかも味方の加勢を拒否するという行動を見せており、一見、合戦のさなかにおける典型的な一騎打ちの姿を示しているように見える。しかし、これを「一騎打ちのルール」による行動と見てよいのだろうか。

「阿保・秋山の河原軍」を読んでいて、充・良文の一騎打ちと印象が異なるのは、単に騎射と馬上打ち物という具体的な戦闘形態だけではない。充と良文が、東国の一角の野原で、誰の目も意識せず、自分たちさえ納得がゆけばよいと思って戦っているのに対して、阿保・秋山は、四条河原という芸能の舞台で、「見物衆の眠りさまさん」と、「数万の見物衆」を意識して戦い、その姿は「バサラ絵」に描かれて人気の的となったという。「バサラ絵」は現存せず、具体的にどのようなものだったかはわからないが、おそらく、華美な服装などをいう「バサラ」の精神を体現した、あまり高尚な趣味ではない、派手で大衆的な絵だったことが想像される。流行の題材を取り入れて人目を引くように描かれるという意味では、現代の雑誌のグラビアやテレビのCMなどにも通じるようなものだったのではないだろうか。

そのように考えてくると、味方の矢を制した阿保の行動は、一騎打ちの良識というよりも、大向こうを意識して自己の強さや勇敢さを誇示する、演劇的所作のようにも見えてくるのである。「正々堂々とした一騎打ち」は、社会一般の道徳に通じる良識というよりは、強く美しい戦士を演ずる自己顕示の精神によってもなされる、あるいは、そうした戦いを芸能や競技のように鑑賞する視点から語られる――少なくとも、そのような場合があることを認めておくべきだろう。このような一騎打ちを賞讃する精神が、南北朝期に存在したことは確かだが、それは、どちらかといえば、現実の戦場よりも、芸能の世界を主な基盤としていたのではないだろうか。

「悪しう候、浄妙房」

合戦が、人目を意識した、一種の競技ないし芸能のように語られる例は少なくない。というよりも、スポーツの競技、あるいはサーカスや曲芸のように語られる合戦物語は、軍記物語の合戦叙述の有力な一角を占めている。

『平家物語』の橋合戦を例に取ろう。治承四年（一一八〇）、平家政権に背いて兵を挙げた以仁王《もちひとおう》は、園城寺《おんじょうじ》から南都《なんと》へ逃げようとする途中、疲労のため宇《う》治平等院《じびょうどういん》に入って休み、その手勢は宇治橋の橋板を三間引きはがして平家の軍勢を待ち受けた。そこへ平家の軍勢二万八〇〇〇余騎が押し寄せ、園城寺の悪僧《あくそう》と源頼政《よりまさ》の手勢からなる以仁王の軍勢との間で、橋桁《はしげた》の骨組しか残っていない橋の中央部を舞台に、派手な合戦が展開される。しかし、実際にはこの時の平家軍は三〇〇余騎ほどであったようで、舞台設定そのものに大きな誇張がある。その誇張の上に立って、多分に空想的ともいえるような曲技が、次々に披露されるのである。

　たとえば、五智院《ごちいん》の但馬《たじま》という悪僧は、自分に向かって飛んでくる矢を、上のほうに飛んでくる矢はかいくぐり、下のほうに飛んでくる矢は飛び越え、真ん中に飛んでくる矢は長刀で切って落とすという軽業《かるわざ》で、「矢切の但馬」というあだ名を付けられたという。これは語り本の描写だが、延慶本では、「矢切の但馬明禅《みょうぜん》」は、長刀を水車のようにまわして、飛んでくる矢を片端から四方にはじき飛ばしたという。長刀を水車のようにまわしている絵が『石山寺縁起《いしやまでらえんぎ》絵巻』に見られるが、

長刀を水車のように回転させる僧徒
（『石山寺縁起絵巻』石山寺蔵より）

そのようなスタイルで飛んでくる矢を防ぎ、敵味方に賞賛されたというのである。そんなことが可能かどうかも大いに疑問だが、矢を防ぐなら楯を持てばよいだけの話で、何も長刀をまわしてみせる必要はない。現実の合戦の場でそんなことをしていたとは思えない、サーカスのような曲技である（佐伯真一「異能の悪僧達」）。

　後世にもっと有名になったのが、浄妙房明秀《じょうみょうぼうみょうしゅう》と一来法師《いちらいほうし》の戦いである。浄妙房明秀は、百発百中の弓射を見せた後、長刀で戦い、長刀が折れれば太刀で、太刀が折れれば腰刀で奮戦

していた。後ろに続いていた一来法師は、浄妙房の前に出ようとしたが、橋桁の上ではすれ違うこともできず、「悪《あ》しう候（失礼しますよ）、浄妙房」と、浄妙の肩を躍り越えて前方に出て戦ったというのである。歩いて渡ることさえ恐ろしい、むき出しの橋桁の上、しかも前方からは敵の矢が飛んでくる、そんな中で肩を躍り越えたというのは十分に軽業、曲芸の類だが、後世の絵ではさらに曲技ぶりが強調され、一来は浄妙房の肩の上で宙返りをしているように描かれる。そして、そのような図柄は、祇園《ぎおん》祭の山鉾《やまぼこ》の一つ、「浄妙山」にも継承されるのである。

自己顕示の精神

『平家物語』などの合戦が、正々堂々たるフェア・プレイという印象を与えるのは、こうした妙技を語る場面にも一因があるだろうが、そうした場面は、合戦の現実を伝えようとする語り口ではなく、私たちがスポーツやサーカスの妙技を楽しむように、合戦の場の離れ技を誇大に語り、楽しもうとする語り口によって演出されたものであるといえよう。言い換えれば、祭りや芸能の場にふさわしいような語り口である。そうした語りが発生する原因の一つは、合戦を物語として語り、聞くということが、祭りの場にふさわしいような娯楽であったことだろう。現代人がスポーツをテレビ中継やグラビア雑誌で楽しむように、中世の合戦の物語は語られ、絵に描かれ、作り物に作られて、人々の目や耳を楽しませた。「作り物」とは、人形やさまざまの景物を細工で作り、祭礼の出し物などにしたもの。祇園祭だけではなく、祭礼には、しばしば、那須与一《なすのよいち》などの派手な合戦場面が作り物として登場したのである。

では、合戦がそのように語られるのはなぜか。おそらくは合戦そのものが祝祭に通じる側面を持っているはずで、第一章でふれた、カイヨワの言う戦争のスポーツ・武芸試合に通う側面とは、そうした問題を含めて考えられねばなるまい。だが、ここでは、その問題には深入りしない。合戦を物語として面白く語る琵琶法師などの語り手以前に、武士や悪僧自身が自己の戦いを誇大に語ったところに、おそらく合戦物語の一つの源流があり、それが、戦場における武士の行動原理の問題につながっていると思われる点に注意したいのである。

祇園祭の山鉾に残る浄妙房の逸話

合戦現場の武士にとって、もっとも必要な名誉とは、強さや勇敢さについての評判だっただろう。「名誉」と言えば抽象的だが、その起源は、おそらく戦場で生き延びるための必要から発している。動物は戦う時にできるだけ自分を強そうに見せる。たとえば、猫は全身の毛を逆立てて背を丸め、尻尾を竹ぼうきのように太くする。自分の体を最大限、大きく見せているのである。それと同じように、合戦がいまだ個人技に頼っていた時代、敵と対面する時にもっとも重要なことの一つは、戦う前から敵を威圧すること、精神的に敵に呑まれないことであっただろう。「この男には勝てそうもない」あるいは「この男と戦うのは危険だ」と相手に思わせれば、命をかけた戦場では、それだけで有利になったと想像してもよいだろう。技能や力が強いという評価はもちろん、決して後へ引かない剛の者である、向こう見ずで何をしでかすかわからない男だといった勇気についての評判も、自分を守ることにつながったはずなのである。

そのような自己顕示の精神、言い換えればほかの武士たちに侮《あなど》られまいとする精神こそ、武士の名誉の感情、ひいては戦場における倫理の一つの淵源なのではあるまいか。

同僚たちの評判

先に見てきたような「合戦のルール」は、次の第三章でも見るように、軍記物語などにおいて、しばしば破られる。しかし、軍記物語では、たとえば合戦の日時や場を定めるルールを破る奇襲や夜討ちは非難されないし、虚言を弄するだまし討ちでさえも必ずしも非難されない。序章で見た則綱にも、諸本を通じて批判の言葉はないのである。第三章で検討するが、武士たちがルール破りやだまし討ちへの批判を気にしていた様子はあまり見えない。彼らが恐れているのは、それよりも、裏切り者や臆病者と見なされて、仲間の間で軽蔑されることであるようなのだ。

『平家物語』において戦場での振る舞いを非難されている人物は、重衡《しげひら》の乳母子の盛長《もりなが》、以仁王の乳母子の宗信《むねのぶ》、そして平家の総大将の宗盛《むねもり》などであろう。盛長は一ノ谷合戦で主君である重衡に

伊勢義盛に引き揚げられる宗盛と清宗父子（『平家物語絵巻』［財］林原美術館蔵より）

乗り換えの馬を差し出すべきところ、馬を渡さず、重衡を見捨てて逃げた。宗信は武士ではないが、以仁王の最期に立ち会うことができず、近くの池の中に隠れていて、臆病者の烙印《らくいん》を押された。そして、宗盛は壇ノ浦合戦において皆が海中に沈んでゆく中、総大将でありながら、息子の清宗《きよむね》と共に海に沈まずに泳ぎまわって引き揚げられ、命を惜しむ臆病者のきわみとされたのである。

一方、『保元物語』において、豪勇の鎮西八郎為朝に挑戦した、山田小三郎是行《これゆき》という果敢な小身の武士がいる。為朝の強弓を恐れて逃げる清盛勢の中から、ただ一人進み出て名乗りを上げた是行は、引っ込みがつかなくなって、たった一人の従者に語る。

心がはやるままに、えらそうなことを言ってしまった。男が一度あんなことを言ってしまって、もし何もしないで戻ろうものなら、清盛殿の目もさることながら、同僚たちに何と言われるか。「おい、為朝にどこを射られたって？　傷口を見せてくれよ」などと皮肉を言われたり、「みんながついて来てくれたら突撃しよう、そうでなければやめておこう――と思っていたのか」と正面から尋ねられたりしたら、俺の名誉は台なしになってしまう。

是行にとって恐ろしいのは同僚たちの評判であった。臆病者と思われるぐらいなら死んだほうがましだ。そう思った是行は、言葉どおり為朝と渡り合い、あえなく討たれてしまうのである。このように、合戦現場の兵たちは、臆病者、裏切者と見られることを恐れた。それは、「忠義」などというよりも、むしろ素朴な名誉と紐帯《ちゅうたい》の感情といえようか。

こうした素朴な感情が発展をとげたところに、戦場の経験などない人間にも強く共感できる武士たちの行動描写を生み出しているのが、『平家物語』であろう。たとえば、有名な巻九「木曽最期」の段。戦い抜いて、乳母子の兼平《かねひら》とたった二人きりになった時、「日ごろは何とも思わぬ鎧《よろい》が、今日は重くなった」と弱音をもらす義仲を、乳母子の兼平は、兄のような立場で励まし、立派な自害をとげさせようとする。「弓矢取りというものは、日ごろどんなに名誉の存在であっても、最後に不覚を取ってしまえば、すべてが台なしになってしまいます。つまらない武士の郎等に討ち取られてはいけません。立派に自害なさってください」と言う。不覚を取るとは、名もない武士の郎等に敗れることによって、それまで築き上げてきた名誉の強者の名を失い、一気につまらぬ弱者に堕してしまうことであった。兼平の論理は、まさに、強さを誇る行動原理が、戦場における行動様式として定着していることをうかがわせる。同時に、身を挺《てい》して義仲を守り、義仲が討たれればただちに自害する兼平の行動は、乳母子としての紐帯を何よりも大事にする倫理を示しているといえよう。

紐帯か忠義か

なお、ここで「紐帯」という言葉を用いる理由は、『平家物語』の武士たちが命をかけているのは、必ずしも「忠義」ではないからである。兼平の行動は主君への「忠義」とも呼べようが、単なる忠義ではない。幼いころから兄弟のように共に過ごした家族のような愛情と、主君への忠義とが相半ばしているのが、『平家物語』の描く、あるべき乳母子関係であろう。そして、乳母子だけが命をかけるわけではない。先に見たように、梶原景時は息子を救い出すために命をかけた。

もっとはっきりと息子のために命を捨てた人物に、巻八「妹尾《せのお》最期」の妹尾太郎兼康《かねやす》がいる。兼康は、北陸合戦で義仲に捕らわれていたが、平家につくために兵を挙げた（第三章2節参照）。妹尾は地元でなけなしの手勢を集めて義仲勢と戦うが敗れ、平家の根拠地・屋島を指して落ちてゆこうとする。ところが、兼康の子の小太郎宗康《むねやす》は、若いのに太り過ぎで一〇〇メートルも走れないという不肖の息子であった。当初の目的どおり屋島へ逃れようとすれば、息子を置いてゆかねばならないが、兼康は「千万の敵に向かって戦う時は四方が晴れた気持ちだが、今度は小太郎を捨ててゆくせいか、目の前が真っ暗で見えない」と語り、「もし私が生き延びたとしても、『六〇歳を越えた身

奮戦する妹尾太郎兼康。左下に見えるのは、小太郎宗康の首
(『平家物語絵巻』[財]林原美術館蔵より)

で命を惜しみ、たった一人の息子を捨てて逃げてきたのか』と、同僚たちに言われるのが恥ずかしい」と述べて引き返し、小太郎と共に討死をとげる。

『平家物語』の武士たちは、このように、主君のために息子の首を差し出すような江戸時代の浄瑠璃・歌舞伎の世界とは異なって、息子を大事にする。息子を捨てて自分の命を惜しむ者も軽蔑されるのであり、そうして名誉を失うよりは死を選ぶわけである。同僚の評判を恐れるのは山田是行と同じだが、ここでは主として、家族の紐帯を軽んじて命を惜しむことが恥とされている点には注意しておきたい。彼らの行動の根本的な原理は、恐ろしさのあまり敵に背を向けたり、親子兄弟や長年にわたる主君を捨てるような、臆病者や裏切者を嫌い、命を惜しまずに戦う、強く勇敢な武者をよしとするところにあるといえるだろう。

ともあれ、『平家物語』は、このようにして、家族や主君に対する命をかけた愛情、あるいは名誉を守る奮戦などを描き出し、現代人の共感をも十分に呼ぶ文学たりえている。しかし、万人の共感を呼ぶ文学として美しく昇華される以前の、武士の行動原理の淵源をたどれば、強者としての名誉、そして人間関係の紐帯を守る名誉を志向する、戦場で戦う者たちに特有の素朴で強い感情にたどり着くように思われるのである。

ヤクザの行動原理

先に見た「合戦のルール」が、平和な社会の均衡を前提とし、一般社会の道徳と相似形のものだったのに対して、強さや勇敢さを誇り、仲間の紐帯を重んずる感情、そしてその発展としての倫理は、戦場で生き延びようとするところから発した感覚や倫理であり、必ずしも社会一般の道徳と同様のものではない。強さを誇る（敵に侮られない）ことと、味方を裏切らないこと――この二つをきわめて重視する生き方を現代にもっともよく引き継いでいるのは、あるいはヤクザの世界であるかもしれない。もちろん、軍記物語の描く武士たちをヤクザ扱いしようというのではないし、現代のヤクザが何かしらの倫理に潔癖に生きているというのでもない。行動原理の源泉の問題である。たとえば、できる限り自分を強く見せるように装い、自分を軽んじた者（たとえすれ違いざまに肩がふれただけであっても）とは徹底的に対決し、また、親分や上位者を裏切ることは決して許されない――

そうしたヤクザの行動原理と重ね合わせて見ると、武士たちの行動は理解しやすい面があると思う。

武士とヤクザを重ねる議論は、とっぴなものに聞こえるかもしれないが、別段目新しいものではない。古くは、陸奥国泉藩主で藩政改革に努めたことで知られる本多忠籌《ただかず》（一七三九〜一八一二）の『匡正論《きょうせいろん》』が、「武道」を唱える武士たちを描いた表現の中に、「今士の武道なりと称せるところは、俠客《きょうかく》の気ありて、勇を尚《たっと》び、死を厭《いと》はず」（『武士道叢書』による）云々と、「武道」と「俠客の気」を重ねた例がある。第四章で述べるが、「武道」は「武士道」とほぼ同義の言葉であり、「武道」「武士道」を唱えた者たちは、しばしばヤクザに似た特徴を持つ。

また、新渡戸稲造《にとべいなぞう》に先んじてキリスト教の立場から「武士道」を称揚した植村正久《うえむらまさひさ》は、「源平時代」の武士を、

さながら関東に跋扈《ばっこ》せる長脇差の親分と子分の関係に於ける、また神田の兄貴的の義理人情に厚きと、一般倫理上頗《すこぶ》る曖昧《あいまい》なる所あり。泥棒にても義理人情なくんば、其の社会は成立すべからず。（「基督教《キリスト》の武士道」明治三十一年＝一八九八年）

と評している。

その後、「武士道」を讃美する論調がさかんになる中で、歴史学者として知られる津田左右吉《つだそうきち》は、大正五年（一九一六）に刊行された大著『文学に現はれたる我が国民思想の研究』において、「武士

は本来良民の間から生まれたものとはいはれない」との考えに基づいて、次のように述べた。

後に至つて彼等の間に一種の美しい気風習慣の生じたのは、徳川時代の博徒の間に犠牲的精神や、団結心や、または任俠《にんきょう》の気象《きしょう》などが発達し、また何《いづ》れの時代、何れの国でも、盗賊などの仲間には一種の厳格な道徳が行はれてゐると同様である。

津田は、新渡戸稲造『武士道』に対しても批判的な書評を書いている（以上、第四章参照）。

武士とヤクザを重ねてみると

さらにその後、折口信夫《おりくちしのぶ》「ごろつきの話」（昭和三年＝一九二八）は、武士を漂泊民の系譜に立つ存在と考え、山鹿素行《やまがそこう》以前の「武士道」は「ごろつきの道徳」だと言い切っている。折口が、武士を山伏などの漂泊民の系譜に立つものとしたのはやや一面的な論理であり、「武士」を「山ぶし」「野ぶし」の当て字とまでいうのは明らかに誤りだが、武士の心性の一面として無頼《ぶらい》の民につながるものを見て取ったのは、さすがに鋭い。

しかし、このような声は、「日本古来の武士道」をほめたたえる大合唱の前にかき消され、大きな影響力を持ちえなかったようである。さらに、第二次世界大戦後はマルクス主義的な歴史観のもとで、勃興《ぼっこう》期の武士は、腐敗した貴族階級を打ち倒してゆく、歴史の進歩を担った階級と位置づけられ、やはり肯定的に扱われた。歴史観そのものは戦前とはまったく違うのだが、素朴で力強く健康、質実剛健というように描き出された武士像は、一面では戦前の「武士道」論に近いともいえよう。そうした中では、津田や折口のような武士観はほとんど継承されなかったといってよいだろう。

だが、最近では、歴史学者の中に、武士と暴力団の共通性を指摘する保立道久や野口実などの議論がある。保立道久は、武士は犯罪なしには生きられず、武力編成の実態も犯罪者あるいはヤクザ集団に近いとする。さらに、東国武士の暴力的で野蛮・残酷な面を批判する野口実は、八幡太郎義家を広域暴力団の組長にたとえた。

筆者の場合、ここで武士＝ヤクザ論を展開したり、武士を批判することを目的としているわけではない。ヤクザを例に引くと武士の精神を理解しやすいというのは、私たちが彼らから遠い平和な社会に生きているためかもしれない。第四章で見るように、戦国時代に生まれた「武士道」は、たとえば、ちょっとしたことですぐに殺し合う「喧嘩好き」の精神を含んでおり、これはヤクザにそっくりだと、私たちには感じられる。しかし、名誉を失うよりも戦いや死を選ぶ精神は、平和な江戸時代の、儒教道徳を身に付けた武士たちにも受け継がれているし、さらにいえば、日本の武士だけのものでもない。ヨーロッパの騎士たちが育てた文化も、侮辱に対しては過敏に反応し、名誉を守るための決闘などを好む面を持っていた。たとえば、幕末に来日したシーボルトは科学者として名高いが、学生時代の決闘で、顔に三三ヶ所もの傷を負っていたという（呉秀三『シーボルト先生』）。頬に傷があるといえば、ついヤクザを連想してしまうような感覚では律しきれない文化もあることは、承知しておくべきだろう。

しかしながら、そうしたことを承知の上でいうわけだが、武士の行動原理を理解しようとすれば、ヤクザになぞらえる見方に有効性があることも、やはり認めざるをえない。重要なポイントは、彼らの行動原理を形成する倫理は、平和な社会で醸成された倫理とは違うのではないかということである。社会一般の倫理道徳に近い石井紫郎風の「合戦のルール」は、戦場においても武士たちの行動を制約したことはあっただろうが、おそらくそれは外側からの制約、しかもあまり強くはない制約にとどまったのであって、武士たちを内側から突き動かしていたのは、むしろ一般的な道徳とは異なり、それゆえに時には反社会的でもありうるような、戦場から生まれた倫理だったのではないだろうか。そうした倫理が、虚偽の肯定などにおいて社会一般の倫理道徳とは異なる価値観を確立してゆく様相は次の第三章で、さらに、そうした倫理の発展としてとらえうる「武士道」が、やがて平和な社会を前提とした儒学などの倫理道徳との間で葛藤《かっとう》を演じるさまは、第四章で見てゆくことになる。

シーボルト像。川原慶賀筆
(長崎県立長崎図書館蔵)

戦場独特の倫理感覚

以上、本章で見てきたところをまとめておこう。東国の自立した、そしてたがいに縁故関係も多く、仲間意識の強い武士団同士の合戦においては、社会一般の道徳に近い倫理感覚に基づく合戦のルールが自然に形成され、実際の戦場にもある程度適用されていたものと見られる。しかし、それは脆弱なルールにすぎず、武士たちの心、特に現場で戦う兵の心を深く支配したものではなかった。武士たちが行動原理としていたのは、むしろ、敵に侮られない、味方を裏切らないという、素朴な名誉と紐帯の感情に発する、戦場独特の倫理感覚であった。そして、合戦が、自立した武士同士の自由な戦いの場から、棟梁のもとで功名を競う場になり、さらに見知らぬ敵ともしばしば戦う全国規模の合戦が増えてゆくにつれて、戦場独特の倫理感覚が発達し、平和な社会の倫理道徳とはまったく異なる価値観の体系を作ってゆく。次章ではそうした様相を見てゆくこととしたい。

第三章　掟破りの武士たち

高師直が派遣した追手と戦う塩冶判官高貞の一族
（『太平記絵巻』三時知恩寺蔵より）

1　フェア・プレイとだまし討ち

諸任の皆殺し

第二章で見たように、東国の武士たちの私戦の世界には、脆弱ながら合戦のルールが存在したようだが、私戦の世界を充と良文のような爽快な戦いのみによって代表させるわけにもゆかないようである。前章でもふれた『今昔物語集』巻二五―第五話は、藤原諸任が、卑怯な手段で平維茂（余五将軍）を討とうとしたが、逆に討たれた話である。

舞台は一〇世紀後半だろうか。二人は土地の争いから戦うことになり、合戦の日時と場所を定めたが、諸任は自軍が劣勢と見て和平を申し込んだ。そこで合戦は中止となり、維茂は本国に帰った。ところが、和平を申し込んだはずの諸任は、ある夜ふけに突然夜討ちをかけた。維茂の館を取り囲んで火をかけ、逃げ出す者は射殺した。焼跡には、子供も入れて八〇余の焼死体があったという。無差別の殺戮、皆殺しである。維茂も当然死んだものだろうと思って、諸任は去って行ったが、その首を確認しなかったのは致命的な手抜かりだった。維茂はかろうじてその場を逃れると、残った郎等を集めて、勝ち誇って酔いつぶれていた諸任に奇襲をかけ、ただちに復讐をとげた。維茂は諸任の首を取ったが、しかしその館の女性たちには手を出さず、諸任の妻を無事に保護して実家に送り返したのである。

　諸任は和平を申し込んでおいてだまし討ちを行い、非戦闘員をも無差別に殺戮したわけで、前章で見た「合戦のルール」を踏みにじる行動を見せている。だが、この説話の諸任は、実力もなければ知恵もなく、卑怯な手段で勝とうとするが油断して討たれてしまうという、いいところが一つもない典型的な悪役であり、可能な限りルールを守ってみごとに振る舞った善玉・維茂の引き立て役でしかないことには、注意しておかねばなるまい。この説話は、むしろ、ルールを破る悪役が滅びるさまを描いた話ともいえるわけである。その意味では、むしろルール破りを通じてルールの存在を描いているという見方さえ、できないわけではない。

　しかしながら、そういってしまうのも問題がある。右の要約では省略したが、諸任が維茂の館を夜討ちした後、妻の兄で、大君と呼ばれる地元の有力者であった橘好則《よしのり》の家に立ち寄った。そこで、夜討ちの件を報告したのだが、好則は、諸任が維茂の首を確認していないことを責めはしても、夜討ちをかけたこと自体については一言も責めていないのである。生きるか死ぬかという瀬戸際では、倫理的な問題など話さない、ハードボイルドの世界なのだといってしまえばそれまでだが、やはり「合戦のルール」はそれほど強い規制力を持っていないようにも感じられる。そして、『今昔物語集』の世界を離れて平安中期の東国武士一般を見てゆこうとすれば、諸任と維茂のどちらが普通の姿に近いのか、判断はそう簡単ではない。

『将門記』に描かれた合戦

平安中期の合戦を描く文学資料として、『今昔物語集』巻二五と並ぶ存在は、一〇世紀前半の平将門の戦いを描いた『将門記』である。『将門記』に広範囲の焼き打ちなどによって苦しむ人々の姿が多く描かれることは、第二章1節で見たとおりであり、『将門記』からは、平安中期の東国武士たちに非戦闘員の保護というような感覚が強かったとは思えない。一方、軍使の交換や合戦の日時の設定については、あまり明確には描かれないものの、一応は守られているようで、常陸国衙《こくが》攻略の前には使者の交換を経て合戦しているし、将門の最後の戦となった川口村の戦が「十四日未《ひつじ》申《さる》の剋《こく》を以て」合戦したと描かれるのは、日時や場所をあらかじめ定めた合戦だったということだろう。しかしながら、良兼は、子春丸《こはるまる》を間諜《かんちょう》に使って石井の営所に夜討ちをかけてもいる。これは失敗して、将門に追い散らされてしまうのだが、もしこれが成功していれば、諸任の夜討ちのような展開になっていた可能性もないではない。

『将門記』を見ていると、平安時代中期の東国の、縁故関係のある武士同士の戦いも、充と良文のようなフェア・プレイの精神に満ちていたとは必ずしも考えられない。諸任のような振る舞いも、珍しいことではなかったのかもしれない。『保元物語』では、夜討ちが私戦の世界のこととととらえられていることは第二章でも見たとおりである。ただ、繰り返しになるが、それらのルール破りについては、「ルールはあった。しかし、それを破る者もいる」という理屈でも説明できる。現代の新聞から殺人事件の事例をどれだけたくさん拾い出しても、殺人を禁ずる法律がなかったということとにはならないのと同じである。問題は、「ルール破りやだまし討ちは、どのように意識されているか」というように立てられねばならないのだが、平安中期については、それはなかなか難しい問いである。

武士一般の意識を問えるか

平安中期の合戦に関する意識を探るのが難しい理由の一つは、意識を探ろうとすれば文学作品に頼らざるをえないのだが、その場合に主たる資料となる『今昔物語集』と『将門記』とで、合戦の描き方が相当に違うということである。

『今昔物語集』巻二五は武士（『今昔物語集』自身の用語でいえば「兵《つはもの》」）の説話を集めている。そこには、笛を吹きながら悠然と歩いているだけで盗人の袴垂《はかまだれ》を威圧した藤原保昌《やすまさ》の説話や、無言のうちにぴったりと息を合わせて馬盗人を退治した源頼信・頼義父子の説話など、みごとな「兵《つはもの》の心ばへ」を語る物語が並んでいる。第三話（充と良文）や、第五話（維茂）で、強く正しい颯爽《さっそう》とした武士の姿が前面に出てくるのも、そうした性格に関わるだろう。

一方、『将門記』は、現在の文学史では、軍記物語の原点に位置づけられる作品だが、『平家物語』を典型とするような後代の軍記物語とは、さまざまな面で異なっている。その一つに、武士や合戦に対する批判的な視点を保っていることが挙げられよう。たとえば、『将門記』は末尾部分で、主人公というべき将門を、「一生合戦に明け暮れ、学問をせずに武芸ばかりをもてあそんでいた」

と批判する。勇猛果敢な武士の賞賛にはいまだあまりのめり込まず、合戦の外側から武士を眺める視点を確保しているのである。焼き打ち戦術に苦しむ人々の姿をとらええたのも、一つにはそうした視点に関わるものであろう。『平家物語』では、たとえば、夜中の行軍に明かりが乏しいという理由だけで沿道の民家に放火してゆく義経の行動を無批判に描いているが、『将門記』の作者であれば、それによって苦しむ人々の姿を描いたかもしれない。

このように、『今昔物語集』と『将門記』とでは性格が異なり、しかも、おそらくどちらも武士自身の視点に立って記されたものではない。どちらが当時の武士一般の意識に近いのかという問いに答えることは至難のわざである。さらに、両者を併せても、資料の量はごく少ない。「武士一般の意識」の問題を本格的に扱いうるのは、やはり、文献が豊富な平安末期から中世の合戦であろう。第二章で見てきたような「脆弱なルール」が、平安中期ごろまでの東国の私戦において、武士たちの心をどこまで深く支配しえていたのかについては、容易に答えが出せない。平安末期以降の資料からの類推を中心に、第一章で見たような征夷の合戦に関わる意識をも考慮に入れつつ、想像してゆくしかないように思われる。

『平家物語』に描かれただまし討ち

平安末期以降の合戦を描く軍記物語では、だまし討ちの例が少なくない。『平家物語』については序章でも述べたが、そこで見た盛俊最期以外の、だまし討ちや虚偽・謀計の話について、いくつ

横田河原合戦で、四方の山々から赤旗を掲げながら平家方に接近する義仲の軍勢
（『平家物語絵巻』［財］林原美術館蔵より）

か見てみよう。

まずは、巻六「横田河原合戦」における義仲軍の奇襲である。

治承五年（一一八一）六月、平家に反旗を翻していた木曾義仲を討つべく、城《じょう》長茂《ながもち》の大軍が越後《えちご》から信濃《しなの》に攻め込んできた。当時、城氏は大勢力で、義仲の何倍もの兵力を有して信濃に侵入したようである。城氏の軍が現在の長野市篠ノ井《しののい》にあたる千曲川《ちくまがわ》西岸、横田河原に陣を取ったところへ、平家の赤旗を掲げる武士たちの一群がやって来た。味方の到着と見て城氏軍が喜んでいると、その一群は、ごく近くまで来たところで突然赤旗を捨て、代わりに源氏の白旗を掲げて、一気に城氏軍に襲いかかったのである。問題の部隊は、実は義仲に味方をする井上光盛《みつもり》の軍勢であり、油断していた城氏の軍はたちまち敗れてしまった。諸本に異同は多いが、右のような内容は、覚一本《かくいちぼん》や延慶本など、多くの『平家物語』諸本に共通している。味方を装って近づいてから襲いかかるわけだから、歴然たるだまし討ちである。

次に、巻八「妹尾最期」における妹尾太郎兼康の倉光《くらみつ》討ち。寿永《じゅえい》二年（一一八三）、木曾義仲が平家を追い落として都に入り、さらに西国《さいごく》進出を狙っていたころのこと。妹尾太郎兼康は備中《びっちゅう》の武士で、平家側の有力な武士だったが、北陸合戦で義仲に捕られ、義仲のもとで働いていた。しかし、うわべは義仲に心から従ったように見せながら、実は義仲に一矢《いっし》を報いて、それを手みやげに、屋島へ逃れている平家軍に合流しようとひそかに狙っていたのである。兼康は義仲に、自分の出身地である備中への道案内役を務めようと申し出た。兼康を信じた義仲は、部下の倉光三郎成氏《なりうじ》を兼康と共に備中に下した。ところが、兼康は、備中に入る直前、備前《びぜん》国三石の宿で酒宴を開き、泥酔した倉光の一行を全員刺し殺してしまったのである。

その後の兼康の活躍については、第二章3節で見たとおりである。兼康は、奮戦の末、息子と共に討死をとげたのだが、義仲は自分をだました兼康の死を惜しみ、生かしておきたい兵だったと語ったという（以上、語り本系の覚一本による）。兼康は田舎武士で、『平家物語』の中でそれほど目立つ存在ではないが、おそらく兼康の地元から生まれたこの話の中では一種の英雄であり、共感と同情

倉光の一行に襲いかかる妹尾兼康たち（『平家物語絵巻』［財］林原美術館蔵より）

を込めて描かれている。そうした話の中で、だまし討ちが描かれていることには注意しておかねばなるまい。

もう一つ、巻一一「志度《しど》合戦」における伊勢三郎の田内左衛門教《でんないさえもんのり》能《よし》生け捕りも、虚偽・謀計を用いた例といえよう。

元暦《げんりゃく》二年（一一八五）二月、義経は、平家が都落ち以来根拠地にしていた屋島を急襲し、御所などを焼き払って、平家を陸上から追い出した。平家があっけなく敗れた原因の一つは、平家を支えてきた地元の豪族・阿波民部重能《あわみんぶしげよし》の軍勢の多くが、重能の子・田内左衛門教能に率いられて伊予《いよ》の河野氏を攻めに行って留守だったことだが、翌日、その軍勢三〇〇〇余騎が屋島を指して戻ってきた。その勢をなんとかしろと義経に命じられたのが伊勢三郎義盛《よしもり》であった。義盛は、後代では弁慶ほど有名ではないが、『平家物語』では義経の手勢の中でもっとも活躍する。『平家物語』以外の文献にもわずかながら記されていて、実在を確かめられる人物でもある。第二章でふれた屋島合戦の言葉戦いでは、もとは鈴鹿山の山賊であったといわれている。

さて、義盛は、たった一六騎、しかも「白装束」即ち丸腰で出か

田内教能（左）に、戦況をいつわって伝え、降伏を迫る義盛（『平家物語絵巻』［財］林原美術館蔵より）

けていった（「白装束」を喪服と解する注釈が多いが疑問。非武装の意だろう）。義盛は、教能に使いを出し、「昨日、屋島の平家の勢は、我々義経軍に討たれて壊滅してしまいました。安徳《あんとく》天皇は入水《じゅすい》され、宗盛殿父子は生け捕られています。あなたの父上・重能殿は降伏して私が預かっていますが、『息子の教能が明日は合戦して討たれてしまうだろう』とお嘆きになっています。私は、それがお気の毒で、ここまで参ったのです。降伏して父上に今一度お目にかかるか、合戦して討たれるか、それはあなたのお考え次第です」と、義経の勝利を誇大に伝えて、教能に降伏を迫った。屋島合戦の正確な情報を得ていなかった教能は、義盛の弁舌に乗せられて、おめおめと降伏してしまった。

実際には、平家軍は屋島の陣地から追い出されただけで、人的被害はさしたることはなかったようである。一方、義経の軍勢は少数で、しかも強行軍で疲れ果てていた。教能の三〇〇〇余騎と戦っていたらどうなったかわからない。しかし、ポーカーにたとえれば安い手でブラフをかけて相手を降りさせてしまうように、義盛は教能の軍勢を戦わずして生け捕ってしまったというわけである。

このように、『平家物語』の描く武士たちは、しばしば計略ないし謀略を用いて勝利している。

伊勢三郎義盛などは、いかにも油断のならない知謀の男として描かれているが、謀略を用いる武士も、計略のあり方も、それが用いられる状況も、さまざまである。一部の特殊な武士がこういうことをするというような印象ではない。

なお、東国武士に儀礼的ルールの無視が多く、それは異文化の蝦夷との戦いの中で東国武士が身に付けた行動様式ではないかという、山本幸司の論がある。儀礼という視点からの問題なので、本書とは微妙にずれるが、蝦夷との戦いに関連づけることには筆者はあまり賛成しない。右の例でいえば兼康は西国武士、義盛は伊勢出身で、特に東国武士だけがだまし討ちをするわけではないし、もし東国武士に多いとしても、『平家物語』の世界では主として功名意識との関連で考えるべきだろう。異文化の敵に対してしばしばだまし討ちが用いられることはおそらく確かで、本書でも第一章で見てきたとおりである。しかし、それだけがだまし討ちを発達させるわけではない。本州の北端まで「日本」として統一された国内の戦いの中で、この後、だまし討ちの精神はたくましく発達してゆくのである。

「だまし討ち」の実相

とはいえ、右に例を挙げた「だまし討ち」の実相がどのようなものであったか、判断はなかなか難しい。『平家物語』諸本には相違が多いし、そもそも現存諸本がどの程度史実を伝えているのかも測りがたいからである。そのためもあって、どこまでを「だまし討ち」と呼んでよいのかということ自体、微妙な問題を含んでいる。

たとえば、「横田河原合戦」の場合、現存諸本には赤旗の偽装を記すものが多いが、中には南都本や屋代本《やしろぼん》のように、赤旗の偽装を記さず、単に七手に分けた軍勢が一斉に旗を揚げて鬨《とき》を作り、大勢に見せかけた——とする異本もある。これなら「だまし討ち」というよりも、単なる奇襲である。これらの異本は、本文を簡略化したために本来の形を失ってしまっただけかもしれないし、筆者自身はどちらかといえばその判断に傾くのだが、とはいえ、どちらが事実に近いのか、確実に証明できる史料はない。

また、兼康の場合、酒宴を催して倉光三郎を酔わせて討ち取る覚一本では、いかにも「だまし討ち」だが、倉光を突然夜討ちにする延慶本では、「倉光ヲバスカシ置テ（だまして）」といった描写はあるものの、必ずしも「だまし討ち」という印象を受けない。しかも、そもそも、正規の合戦ではなく、それまで従っていた義仲を裏切って反旗を翻す場面なので、最初の行動はどうしても「だまし討ち」風にならざるをえないという言い方もできよう。

また、伊勢三郎義盛の場合、敵を討ち取らずに生け捕りにしている上に、その後、生け捕られた兵たちが、「遠国の者どもは、誰をたれとかおもひまゐらせ候べき（誰が主君でもよいのです）」などと言って義経勢に加わってしまうこともあって、敵を欺く場面はともかくとして、結果的にはあまりあくどい印象はない。そのため、「だまし討ち」という言葉にはふさわしくない感もある。

そのように見てくると、『平家物語』などをもとにして「だまし討ち」の実相を探ることは案外難しく、書き手（語り手）のさじ加減一つで、印象は大きく左右されることに注意すべきだろう。また、そのようなことを考えているうちに、「だまし討ち」とは何かという定義自体も、だんだんぼやけてくるのである。

『平家物語』の立場

しかし、ともあれ、『平家物語』に「だまし討ち」的な事例が多いことは疑いない。しかも、右の例に見るように、それらは必ずしも批判的な目で見られているわけではない。序章に見た「越中前司最期」の猪俣則綱でさえ、特に批判を浴びているわけではないのである。

また、味方に対するはかりごと、手柄を立てるために用いる嘘《うそ》の類は、ここでは「だまし討ち」の範疇に入れていないが、これも隣接する問題ではあろう。たとえば、佐々木四郎高綱《たかつな》が、梶原源太景季《かげすえ》と宇治川の先陣を争った時、梶原に「馬の腹帯がのびていますよ」と声をかけ、梶原がそれを締め直している間に追い抜いたのは有名な話である（巻九「宇治川先陣」）。一方、その兄の佐々木三郎盛綱《もりつな》は、藤戸《ふじと》合戦の先陣の話で知られる。備前国の藤戸（現在の岡山県、児島半島）で狭い海峡を挟んで平家と対陣している時、盛綱は、地元の漁師に衣類などを与えて、海の中に馬で渡れる浅瀬のありかを尋ねた。ところが、浅瀬を教わった盛綱は、この秘密を他の武士にも教えられたら自分が手柄を独占できないと、この漁師を刺し殺してしまったというのである（巻一〇「藤戸」）。

高綱の宇治川先陣は、まったく批判的色彩などない、明るい武勇談、功名談である。盛綱のほう

先陣争いをする高綱と景季
（延宝五年版『平家物語』版本より）

はいささか陰惨な話であり、後に作られた謡曲「藤戸」では、漁師の亡霊やその母が盛綱に恨みを述べる場面も描かれるのだが、『平家物語』では、特に盛綱に対して批判的な言辞はなく、盛綱の功名談として完結する形になっている。『平家物語』が全体として、佐々木一族を好意的に扱っていることを考慮に入れるとしても、こうした行為が批判的に扱われているとはいえないわけである。

　このように、戦場におけるだまし討ちや謀計《ぼうけい》、嘘の類について、『平家物語』諸本はほとんど批判をしない。これをどのように考えたらよいだろうか。

　一つの説明は、これらの話の多くが、だました側、それによって勝利した側の視点から語られているということである。序章で述べたように、『平家物語』は編集された作品という面が強く、たとえば盛俊最期は猪俣党の武士が語った話、妹尾最期は兼康の地元の人々が語った話がもとになっている可能性が強い。だとすれば、その話の中で、則綱や兼康は好意的に扱われていたはずである。『平家物語』の一部分となってからも、そのような本来の性格を色濃く残しているために、則綱や兼康に対する好意的な見方が残っているのではないか——これは一つの有力な説明である。

だまし討ちを否定しないのはなぜか

しかしながら、その説明だけでは十分な説得力を持つとはいいにくい。もともとの話はそのようなものであったとしても、『平家物語』という作品が成立するまでには、そうしたさまざまな話を継ぎ合わせ、編集した作者あるいは編者と呼ぶべき者の営みがあったことは疑いない。さらに、数多い現存諸本に至るまでには、何段階もの編集がなされ、何人もの作者・編者が存在したはずである。その過程で、作者・編者にとってあまりにも価値観に合わない話は、捨てられるなり、批判的な論評を付け加えられるなりしていてもよいはずである。それが何もないということは、だまし討ちを肯定したり、肯定しないまでも特に批判しないという感覚が、当時の常識からそう外れてはいないということを意味しているのではないか。

また、別な説明もありえよう。『平家物語』の作者・編者として想定されるような人物は、おそらく貴族や僧侶《そうりょ》であって、合戦現場に立ったような経験はなく、「武士は戦場で如何に振る舞うべきか」というような問いには根本的に関心が薄いので、そうした論評はしていないのだ――というような説明である。これも一面正しいはずで、諸行無常を唱えて始まる『平家物語』は、合戦を物語の中心に据えていながら、一面では、そもそも合戦という行為そのものを突き放しているところがある。『将門記』などに比べれば、勇猛果敢な武士が肯定的に扱われ、武士の視点で合戦を描いてはいるが、それは右にも見たように、現地で生まれたような話が取り込まれたからであって、作者・編者自身の意識の中では、堂々たる突撃だろうと、卑怯なだまし討ちだろうと、しょせんは迷妄の世界で罪深い殺生をしている無益なわざに過ぎない。自己の実力で敵を討ち取ろうとする勇猛な心も、欲得ずくで汚ない手段をいとわない卑しい心も、「恐ろしき心」として一括されてしまう――そんな面も、『平家物語』にあることは否定できない。

しかしながら、これもまた十分な説明ではない。『平家物語』の場合、合戦における個々の武士の行動に対していちいち批判を挟むことは多くはないのだが、第二章でも見たように、たとえば、重衡を捨てた後藤盛長や、壇ノ浦における宗盛らに対しては、諸本を通じて批判的な姿勢がはっきり見える。それに比べれば、やはりだまし討ちに対する批判が薄いことは認めねばなるまい。

では、どう考えるか。より根本的な説明としては、おそらく、当時の武士を中心とした社会一般の感覚として、虚偽・謀計を用いて敵を討つことは、それほど強い非難の対象にはならなかったのであり、『平家物語』はそうした感覚を反映しているのだ――と考えておくのが、もっとも妥当であると思われる。だまし討ちへの批判が見られないのは、『平家物語』だけではないからである。

『吾妻鏡』に描かれただまし討ち

源平合戦期に、だまし討ちと呼ぶべき事例が必ずしも否定的な目で見られていたわけではないことは、鎌倉幕府の公式歴史書である『吾妻鏡』からもわかる。ここでは、治承四年(一一八〇)一一月四日条を中心に取り上げてみよう。

この年の八月に挙兵した頼朝は、石橋山で敗れたものの房総に逃れてたちまち勢力を伸ばし、関東を席巻する。あわてて派遣された平家の軍勢も、「水鳥の羽音に驚いて逃げた」といわれる富士川合戦で撃退し、今にも京都へ攻め上るかに見えた。しかし、頼朝は、逃げる平家軍を追って上京しなかった。その理由はいくつかあろうが、一つには、関東にはいまだ頼朝に帰服しない勢力が確固として存在することだった。その最有力の一つが、常陸の佐竹《さたけ》氏であった。佐竹氏は清和源氏で新羅三郎義光の子孫、頼朝とは同族ながら敵対関係にあった。

頼朝は佐竹攻略を企図して常陸に赴いたが、国内は佐竹の郎従で満ちている。これをどう攻めるか、群議をこらした末、頼朝はまず上総権介広常《かずさごんのすけひろつね》を遣わして佐竹氏と交渉させた。佐竹氏には、太郎義政《よしまさ》と、四郎隆義《たかよし》及びその子の秀義《ひでよし》の勢力があったが、より勢力の大きい隆義・秀義父子は既に平家方についていて、交渉に応じず、秀義は金砂城《かなさじょう》に引き籠ってしまった（隆義は在京中だった）。しかし、太郎義政は広常の誘いに乗ってやって来た。ところが、義政が大矢橋にやって来たところ、頼朝はその家人《けにん》たちを遠ざけて義政一人を橋の中央に招き、そこへ広常が襲いかかって義政を殺害してしまったのである。交渉と見せかけて襲いかかったわけで、どう見てもだまし討ちであろう。主を殺された家人たちは、降伏したり逃走したりして、四散してしまった。

この話で注目されるのは、まず、頼朝対佐竹という大勢力同士の衝突にだまし討ちが用いられている点である。これほど政治的な意味の大きい舞台においてこのような手段が取られているわけだから、おそらく、より小さな戦い、あるいは個人の功名をめぐる問題などに際して、だまし討ちが多用されたことは想像にかたくない。また、それが鎌倉幕府の公式歴史書である『吾妻鏡』の記述において、特に隠そうとされた様子もなく、堂々と記述されている点も注意すべきだろう。直接に手を下した広常は、この後間もなく粛清されてしまう人物だが、広常の行動が頼朝の命令によったものであることは明記されている。おそらく、『吾妻鏡』の編者にとって、この件は特に恥ずべき歴史とは意識されていないのである。

この後、頼朝軍は金砂城に籠った秀義を攻める。金砂城は難攻不落だったが、「欲心世に越ゆる」人物とされる佐竹義季《よしすえ》を買収し、これを案内者として城の背後から襲い、攻め落としたのである（一一月五日条）。もっとも、そんな話ばかりでもない。佐竹を常陸から放逐した後、捕らえた家人の中に、岩瀬與一《よいち》太郎という人物がいた。岩瀬は頼朝に対して、「平家追討をさしおいて同族の佐竹を討つとは何事でしょうか。こんなことをしていては、人々は頼朝殿を恐れるばかりで、心から従うことなどできません」と、死を覚悟して直言した。広常はこの男を斬れと進言したが、頼朝はこれを許したばかりか、御家人に加えたという（同八日条）。このような美談とだまし討ちの話が同居しているところに、かえって、だまし討ちを恥じない感覚がうかがえるのではあるまいか。

鎌倉幕府の歴史は、実朝《さねとも》暗殺をはじめ、暗殺や陰謀の繰り返しであった。昨日の友は今日の敵という争いの繰り返しの中では、謀計を恥じるような感覚では、命がいくつあっても足りないだろう。それでも、幕府の立場を正当化しようとして書かれた『吾妻鏡』は、本当に具合が悪いと思った陰謀などは隠しているはずであり、おそらく、隠された事柄は少なくないと思われる。『吾妻鏡』の行間から、覆い隠された事件の真相を読み取ろうとする歴史家の試みは多く、今も続いている。堂々と記されただまし討ちは、隠すほどの話ではなかったのである。

韓信が謀

次に『平家物語』と並ぶ軍記物語巨編である南北朝期の『太平記』を見てみよう（本文は基本的に流布本《るふぼん》による）。個人単位の功名が多く描かれる『平家物語』の合戦に比べれば、『太平記』の世界では、戦闘形態が組織戦に移っていく傾向が見られる。合戦における将の知謀が強調されるのは、そのためであろう。千早《ちはや》城などで楠木正成《くすのきまさしげ》が展開したゲリラ戦ともいうべき戦いは著名だが、これはだまし討ちとはいわないだろう。

だが、物語が進むにつれて、だまし討ちに近い謀計が肯定的に扱われる例も出てくる。たとえば、巻一五「建武《けんむ》二年正月十六日合戦事」では、建武二年（一三三五）、新田義貞《にったよしさだ》が足利尊氏の大軍と戦うにあたり、自軍から二〇〇〇余騎をすぐって五〇騎ずつの集団に分け、自軍の標識を隠して、敵軍の中に紛れ込ませるという謀計を見せる。先に見た『平家物語』「横田河原合戦」における義仲の謀計と少し似ているが、それよりはずっと手の込んだ策といえよう。この時の兵数を、『太平記』が足利側八〇万騎、新田側二万騎と描くのは誇張だろうが、ともあれ、圧倒的多数だったはずの足利尊氏は、戦いが始まってから、自分たちの陣営の中に突如正体を現した新田の勢に攪乱《かくらん》され、同士討ちをして大混乱に陥り、敗退したという。『太平記』はこの新田義貞の謀計を、「韓信《かんしん》が謀《はかりごと》」

と賞賛するのである。巻一五には、律僧（律宗の僧侶）を戦場に送り込んで死骸を探させ、義貞や正成が死んだという偽情報を流して敵を混乱させたという、楠木正成の知謀も描かれる。

また、巻三六「山名《やまな》伊豆守《いずのかみ》美作《みまさか》城を落とす事、付けたり菊池《きくち》軍《いくさ》の事」では、延文《えんぶん》六年（正平《しょうへい》一六年＝一三六一）、九州の南朝方の雄・菊池氏が、大友・少弐《しょうに》の率いる北朝方の大軍と戦うにあたり、山伏や禅僧・遁世《とんせい》者などを敵の松浦党《まつらとう》の陣内に潜り込ませ、「誰それは敵に内通し、裏切りの約束をしている、後ろから射られて犬死にをなさいますな」などとデマを流させたという。偽情報に踊らされて戦意を喪失した松浦党の軍勢は、少数の菊池勢にたやすく攻め落とされたという。これについては右の新田に対するほどの賞賛はないが、肯定的に描かれていることは疑いない。

しかし、これらによって、『太平記』がだまし討ちを積極的に肯定しているとはいえまい。『太平記』には、第二章で見た巻二九「阿保・秋山河原軍の事」のフェア・プレイ賞賛もあり、次節で見る『理尽鈔《りじんしょう》』のように謀略一辺倒というわけではないのである。これらは、石井紫郎風の「合戦のルール」から見ればルール違反だろうが、合戦形態の変化によって、そうしたルールはもはや通じない時代になっているともいえよう。『太平記』の世界では、これらはおそらく知謀の肯定とでもいうべきなのであって、「だまし討ち」として問題にすべき例はほかにある。巻二三「新田左兵《さひょう》衛佐義興《えのすけよしおき》自害の事」、後年、福内鬼外（平賀源内《ひらがげんない》）作の「神霊矢口渡《しんれいやぐちのわたし》」によっても知られる、矢口渡の謀殺事件である。

「神霊矢口渡」

延文三年（正平一三年＝一三五八）ごろ、天下は北朝側のものになっていたが、関東でなおも根強いゲリラ戦を展開していたのが、新田義貞の子息・義興であった。神出鬼没の新田義興の活躍は関東を治める足利基氏《もとうじ》の執事・畠山道誓《はたけやまどうせい》の悩みの種であった。畠山道誓は、竹沢右京亮《うきょうのすけ》に命じて、義興を謀殺するように命じる。竹沢は、かつて義興のもとで戦った経験もあり、うまく近づいて討つには適任と見たのである。竹沢は、わざと乱行を行い、畠山から勘当されたように装って義興のもとを尋ね、わざわざ京都から呼んできた美女を献上して義興に取り入る。月見の宴にこと寄せて討とうとした最初の暗殺計画は失敗するが、竹沢が案じた第二弾の計画が、矢口渡における謀殺であった。

竹沢は義興に、鎌倉へ行くように頼んだ。鎌倉では、竹沢の一族の江戸《えど》遠江守《とおとうみのかみ》が足利基氏に背いて挙兵し、大将を欲しがっているというのである。しかし、これは義興を誘い出すための計略であった。だまされて鎌倉をめざした義興は、途中の矢口渡（多摩川の渡し場。現東京都大田区と川崎市の間）で渡し船に乗ったが、船底にはあらかじめ穴が開けてあった。両岸を敵勢に固められ、船を沈められた義興は、やむなく自害したのである。竹沢と江戸は忠功抜群として恩賞を受けた。それをうらやむ者も、「きたなき男の振る舞ひかな」と爪弾きをする者もあったという。

歴然たるだまし討ちだが、ここまでのところでは、必ずしも明瞭《めいりょう》な批判が加えられているわけではない。もっとも、この後、義興が怨霊《おんりょう》と化して江戸遠江守を取り殺すなどの話があり、その

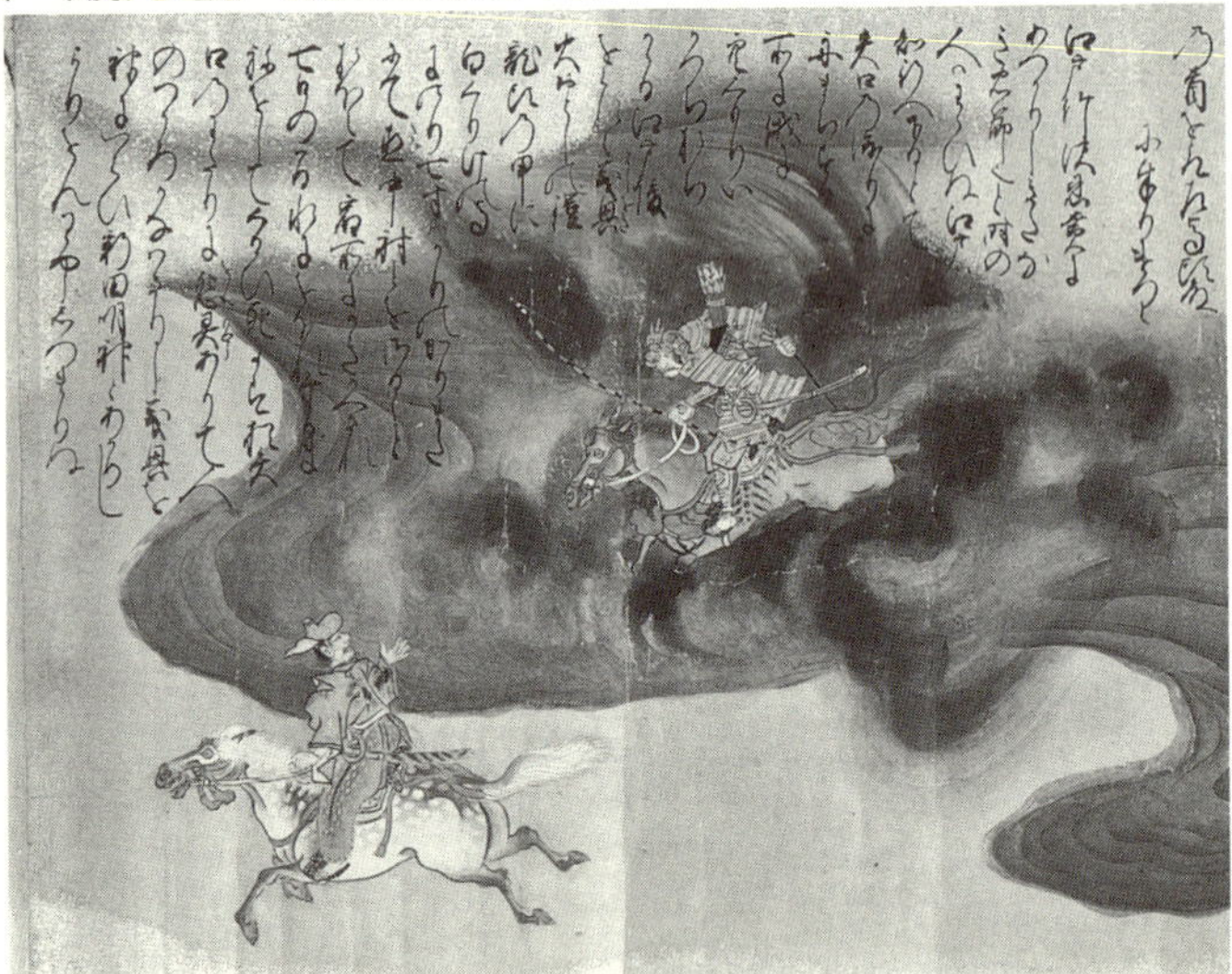

船上で自害する義興一行（上・『太平記』元禄一一年版より）と、怨霊となって
江戸遠江守を襲う義興（下・『太平記絵巻』埼玉県立博物館蔵より）

相模川を渡ろうとする北条邦時（左）と、生け捕りに来た宗繁と船田入道たち
（『太平記』元禄一一年版本より）

話自体が批判であるともいえようし、流布本では、義興の怨霊に殺された江戸に対して、「わずかの欲にふけって情けないことをした結果、このような目にあったのだ。武士の家に生まれた以上、戦いに明け暮れるのはしかたがないが、このような『思ひのほかなる事』を好んでしてはならない」と、世評とは別に非難が加えられる。やはり、このようにあまりにもあくどいことは批判の対象となるようでもあるのだが、ただ、この一文は、『太平記』の古本系の諸本では、西源院《せいげんいん》本にはあるものの、神田《かんだ》本・玄玖《げんきゅう》本・神宮徴古館《じんぐうちょうこかん》本などにはなく、『太平記』本来の姿といってよいかどうか、問題も残る。だまし討ちへの批判は、必ずしも顕著ではないわけである。

いくぶん類似した事件で厳しい非難の対象となっているのが、巻一一「五大《ごだい》院右衛門宗繁《むねしげ》相模太郎を賺《すか》す事」の、五大院宗繁である。話はさかのぼって正慶《しょうけい》二年（元弘三年＝一三三三）、鎌倉幕府滅亡直後のこと。最後の執権・北《ほう》条《じょう》高時《たかとき》は、幕府の滅亡直前に、嫡子の邦時《くにとき》を五大院宗繁に預けて逃がした。宗繁は、邦時を大事に守り育てて北条氏再興の機を窺うべき役割だったわけだが、状況を見て、そんなことは無理だとあっさりあきらめ、邦時を新田義貞の執事・船田入道に売り渡してしまう。宗繁に伊豆へ落ちよと言われて落ちて行った邦時は、相模川を渡ろうとしたところで船田入道の郎等に生け捕られ、翌朝には首を斬られてしまうのである。宗繁は恩賞を期待したが、裏切り者として人々に憎まれ、新田義貞も恩賞どころか、斬ってしまえと命じた。命からがら逃げた宗繁は、身の置きどころもなく、ついに野垂れ死にしたという。

だが、これは、だまし討ち批判ではない。『平家物語』で重衡を裏切った盛長への批判とよく似た、主従関係への裏切りに対する批判であろう。裏切りに対して厳しい批判が加えられる点は、『太平記』も『平家物語』と同様なのである。そういえば、矢口渡事件も、単に討ち取り方が卑怯だというだけではなく、かつての関係を利用した裏切りという側面があるために、よりあくどい印象が増しているのかもしれない。そのように見てくると、だまし討ちはさして批判されないが、裏切りは非難されるという構図において、『太平記』は『平家物語』と基本的に同様であるといってよいのではないだろうか。

2　だまし討ち肯定の論理

『義貞軍記』の則綱賞賛

　ここまで見てきた鎌倉時代から南北朝時代の軍記物や史書では、だまし討ちを無批判に、あるいは強く批判せずに記す傾向はあっても、積極的に肯定するには至っていなかった。しかし、その後、合戦が打ち続く時代を経て、だまし討ちはより積極的に肯定されるようになってゆく。その屈折点は、おそらく室町時代から戦国時代に求められよう。

『義貞軍記』という書物がある。『義貞記』ともいい、新田義貞の著作を装っているが、義貞自身の作ではない。しかし、おそらく室町時代、一五世紀中ごろまでには成立したと見られる武家故《こ》実《じつ》・教訓書で、室町・戦国時代から江戸時代にかけて、広く読まれたようである（今井正之助「『義貞軍記』考」参照）。その中の「正直も時に依りて儀にしたがふべき事」という一節には、越中前司盛俊をだまし討ちにした猪俣則綱（本書序章参照）を賞賛する部分がある。『義貞軍記』は、「当道では正直をむねとするけれども、場合によっては偽りを用いることもないはずがない。何でも一つ覚えのようにしていては、不覚を取ることになる」と説き、具体例として則綱を持ち出す。

幕府追討の綸旨を賜り、兵を挙げる義貞（上・『太平記絵巻』埼玉県立博物館蔵より）と、先祖伝来の名刀、鬼切・鬼丸を持って奮戦する義貞（下・『湊川合戦図屛風』個人蔵、写真提供：和歌山県立博物館、より）

一谷の戦の時、猪俣小平六則綱が、越中前司を討つたりしは、約束をちがへたり。正直に非ずといへども、是をば希代の高名とす。

（本書は群書類従に収められているが、今井正之助の指摘する最古写本である学習院大学本によった）

則綱は正直ではないが、「希代の高名」をとげたと評価されるのである。則綱を肯定的に見る人々は『平家物語』の背後にも存在したはずだが、現存文献の中で、則綱のだまし討ちをはっきりほめたたえるのは、おそらくこれが最初だろう。だまし討ちに対して、基本的には肯定も否定もしない『平家物語』や『太平記』に比べて、明らかに一歩も二歩も踏み出した姿勢である。

ただし、『義貞軍記』を、「名誉など気にするな、なりふりかまわず実利を取れ」といった教えと解するならば、それは誤りである。『義貞軍記』は右の文に続けて、「理を正そうとするのも名誉のためであり、恥辱に及びそうな時には是非を顧みてはいけない」と述べ、「命は捨てて死せざる事ありとも、名は捨てて還らざるものなり」と結ぶ。名誉を非常に重んじ、「命よりも名を惜しめ」とさえ言うわけだが、ただ、その「名を惜しむ」という価値観の軸が、「敵に討ち取られることこそ恥辱であり、勝つことこそ名誉である」という方向に設定されているのである。大切なのは、命を捨てても敵に勝とうとする勇敢さと、実際に敵を打ち負かす強さである。正直さや理の正しさ、つまりは正義も名誉ではあるが、それは大した名誉ではない。どうせ名誉にこだわるならば、より大きな名誉を取れ。つまり、正義と勝利のどちらを選ぶかと問われれば、迷わず勝利を取らねばならない、それが名を惜しむということだと、『義貞軍記』は教えているわけである。
第二章で見たように、戦場における武士の行動は、社会一般の道徳に近い「合戦のルール」にもある程度は規定されていたはずだが、それよりも、勇敢さと強さ、そして味方を裏切らないといった、素朴な名誉と紐帯の感情に発する戦場独特の倫理感覚に、より深く支配されていたと筆者は考える。『平家物語』などでは行間から読み取れるにとどまり、明示されてはいなかった、そのような倫理感覚を発展させ、明言化・論理化するに至ったのが、正直よりも勝利を、という『義貞軍記』の教訓だったのではないか。

「犬ともいへ、畜生ともいへ」

『義貞軍記』の記す勝利への執念からただちに連想されるのは、『朝倉宗滴話記《あさくらそうてきわき》』の、「武者は犬ともいへ、畜生ともいへ、勝つ事が本にて候」という言葉である。朝倉宗滴は、越前の戦国大名である朝倉孝景《たかかげ》の末子・教景《のりかげ》（一四七四〜一五五五）。天文七年（一五三八）、入道して宗滴を名乗った。その宗滴が語った体験談を、側近の荻原《おぎわら》某が筆記したのが、『朝倉宗滴話記』（『朝倉宗滴夜話』などとも）であるという。
「犬ともいへ、畜生ともいへ」は、衝撃的な言葉である。「犬」といわれようが、「畜生」といわれようが、武士は勝たなければ始まらない。どんなに立派な振る舞いをしても、負けて殺されてしまえば何にもならない、勝つためにはなりふり構うな——というのだから、だまし討ちの類をも肯定していることは明らかだろう。戦場で生まれた、何よりも勝利を優先する精神が、戦国時代に一つの極限まで行き着いたことを示すといえようか。

ただ、これを道義的頽廃《たいはい》とだけ読むならば、やはり違っているのではないか。『朝倉宗滴話記』が、一方では、「武者を心懸くる者は、第一うそをつかぬものなり」と述べていることにも注意すべきだろう。「平生、うろんなことなく、律儀にして、恥のないようにしていなければならない。なぜなら、ふだんから嘘をつき、うろんな奴だと見なされていると、いざという時に正しいことを述べても、いつもの嘘つきだと後ろ指を指されてしまい、信用されないからだ」というのである。「なりふりかまわず、とにかく勝たねばならぬ」という精神と、「嘘をつくな」という教訓とが、共存することは可能なのだろうか。両者は、およそ両立しそうに見えないのだが、実は、さまざまな形で共存しえたようなのである。その理由は、しかし、簡単な箇条書きに過ぎない『朝倉宗滴話記』だけからではわかりにくい。以下、そんな問題を念頭に置きながら、戦国武士の精神を伝える、いくつかの書物を検討してみよう。

謀略と正直の共存

『奥羽永慶軍記《おううえいけいぐんき》』という書物がある。戸部正直《とべまさなお》作、元禄《げんろく》一一年（一六九八）成立。戦国時代奥州の戦乱を三九巻にわたって描いた軍記物であり、戦国時代の東北地方全般を描いた軍記としては最大の作品とされる。江戸時代の作品であり、戦国時代の史料として用いるには難もあるが、戦国時代の文献に基づいて書かれた部分も多いはずであり、ここでは参考として用いておきたい（本文は改定史籍集覧による）。

『奥羽永慶軍記』巻三三に、「最上《もがみ》家の掟写《おきてうつし》」が収載されている。出羽の戦国大名、最上氏の家訓を書き写したものであろう。その中に、『平家物語』に関わる二ヶ条がある。一つは、「戦場に限らず、他人の力を借りて勝利しながら功名を独占したり、さらには助けてくれた者を殺害したりする者は、死罪に処し、一族も断絶させる。佐々木高綱（盛綱の誤り）の藤戸合戦のような例である」、もう一つは、「朋友《ほうゆう》を欺いて功名をとげるような者は、当家では用いない。佐々木高綱の宇治川先陣のような例である」という。前節で見たように、『平家物語』では特に批判されていなかった佐々木兄弟の行動を、最上家では厳しく否定し、子孫も断つとさえ言うのである。『平家物語』に比べ、虚偽に対して倫理的に厳しい姿勢のように見える。

だが、こうした家訓の存在によって、戦国大名が虚偽をすべて否定したと考えるならば、早計に過ぎよう。同じ『奥羽永慶軍記』に描かれる最上義光《よしあき》（一五四六〜一六一四）の行状などは、とうてい虚偽を否定した家の当主とは考えられない。たとえば巻二「白鳥《しらとり》十郎討たる事」を見てみよう。

義光は、出羽の住人・白鳥十郎義国《よしくに》を討とうとするのだが、そのために、まずは白鳥の娘を自分の子・義安《よしやす》と結婚させたいと申し込む。その際の口上が、「自分は病に伏して明日の命も知れません。私が死んでしまえば、残された幼少の息子は頼る者もありません。白鳥殿の姫君と縁組ができれば、私は思い残すことなく死ねるのです」と、哀れっぽいものなのだが、もちろんこれは真っ赤な嘘である。白鳥がだまされて婚姻を承諾すると、義光は、「病状が悪化し、私はもうおしまいです。一度対面して、死後のことを申し置きたいと存じます」と言い送り、白鳥を招いた。白鳥は半信半疑で、護衛の兵を引き連れて訪ねたが、来てみると、ある部屋には医者が集まって治療の相談をしている、別の部屋には高僧が壇を構えてさまざまの祈禱《きとう》をしている、また別の部屋では一族が集まって手を握り、汗を流しているといった具合で、とても嘘とは思えない。さらに、義光の寝ている部屋へ行くと、義光は、「よく来てくださった。私の命は今日限りです。幼い義安を私の代わりと思って、どうぞ守ってやってください」などと懇願する。さすがに信用した白鳥が、こうべを垂れ、涙を流して聞いていると、義光は突然起きあがり、そばに置いてあった太刀を取って、白鳥を斬り殺してしまったのである。そこで合図の法螺貝《ほらがい》が吹き鳴らされると、隠れていた最上の精鋭部隊が現れ、白鳥の郎等をも討ち取ってしまった。

「そこまでやるか」と言いたくなるような、典型的なだまし討ちである。いや、もちろん、これは江戸時代の作品『奥羽永慶軍記』の描写であって、最上義光がほんとうにここまでやったかどうかはわからないのだが、少なくとも、『奥羽永慶軍記』の中では、虚言を厳しく禁ずる「最上家の掟」と、このような義光の行状が同居しているわけである。観念の上で、両者がどのように整合しているか、考えてみる価値はあろう。

この場合、「最上家の掟」が禁じているのは、功名を狙って味方をだます類の事柄であって、敵に対する謀略ではなかった。功名争いが味方同士の争いに発展すれば、重大な損害をもたらすことがありえよう。序章で見た盛俊の首の奪い合いも、へたをすれば猪俣則綱と人見四郎の同士討ちに展開した恐れもある。また、ただ一騎抜け駆けして先陣をとげる類の功名は、勇気の証明ではあっても、敵に与える打撃は少なく、もともと現実的な効果には乏しい。その点は『平家物語』でもある程度は認識されていたことで、組織戦の発達した戦国時代には、個人の勝手な突撃は否定的に扱われる。そのような、軍全体にとっては役に立たない功名のために味方をだますことが、司令官にとって禁制の対象となることは当然である。さらにいえば、戦国大名は軍の司令官であると同時に為政者でなくてはならないわけで、為政者としては、秩序維持のために家臣や領民に正直を説かねばならないのは明らかである。

そのようなわけで、「最上家の掟」は、味方に対する嘘を禁じたものであり、最上義光の行動と矛盾しているわけではないと理解できよう。味方に対する虚偽は否定するが、敵に対するだまし討ちは肯定する——それは、謀略の肯定と、正直を説く教訓とが、どう共存できるのかという問いに対する、わかりやすい答えの一つである。

もう一つの『太平記』

さて、『義貞軍記』が則綱を「希代の高名」とほめたたえる態度は、『平家物語』とは異質さを感じさせるが、こうした価値観は戦国時代を通じてさらに発展し、『平家物語』や『太平記』の読み方も、こうした方向に大きく変わっていったようである。その様相をつぶさに見せてくれるのが、

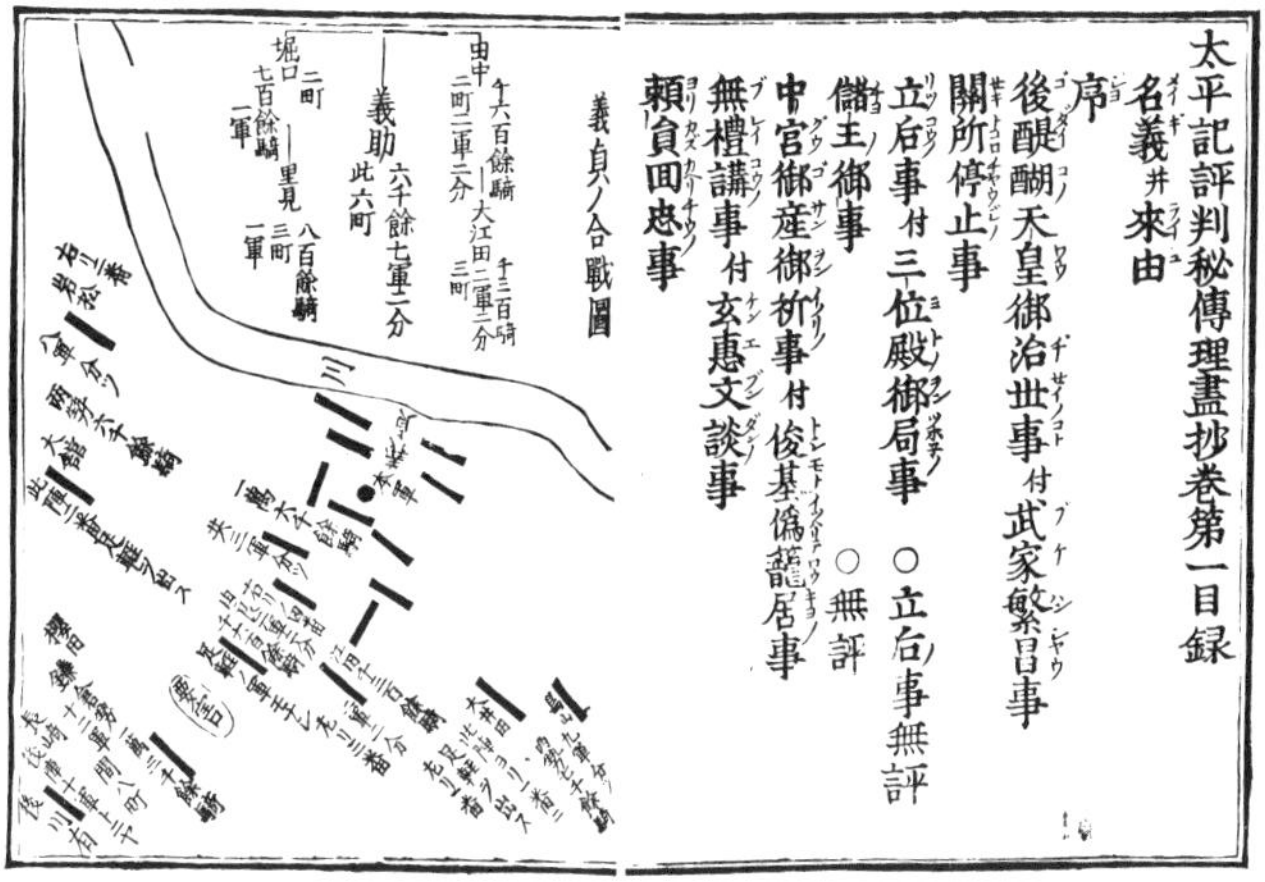

『理尽鈔』の目次（右）と義貞合戦図（左）。こうした詳しさが売りであった。

『太平記秘伝理尽鈔《りじんしょう》』（以下、『理尽鈔』と略）である。といっても、耳慣れない読者が多いだろう。多少説明を加えておきたい。

『理尽鈔』は、『太平記』の内容に異伝《いでん》（付随する物語や裏話などの逸話）を書き添え、また、批評を加えたもので、もとになった『太平記』の何倍もの分量を持つ、膨大な書物である。成立年代については検討が続けられているが、最近では、現存形態が完成した時期は、おおよそ一六世紀末から一七世紀初期あたりにしぼられてきたようである。豊臣秀吉《とよとみひでよし》あたりの時代から江戸初期の成立というわけで、戦国乱世の武士の考え方を基本としつつ、合戦が終息したころの武士にアピールする内容を盛り込んでいると見られようか。

『理尽鈔』は、当初は「秘伝」として『太平記』の伝授や講釈に用いられたが、江戸時代初期に刊行されると広範に流布し、非常に強い影響力を持ったようである。しかし、近代にはほとんど注目されてこなかったが、第二次世界大戦後、『太平記』の享受史として、加美宏などの『太平記』研究者によって研究が蓄積され、しだいに文学や思想史の研究者の注目を集めるようになった。そして、一九九〇年代に入って、兵藤裕己『太平記〈よみ〉の可能性』や、若尾政希『「太平記読み」の時代』が刊行され、急速に一般の注目を集めつつある。特に、若尾政希は、『理尽鈔』が江戸初期の藩政や安藤《あんどう》昌益《しょうえき》などの思想家に大きな影響を与えたことを指摘し、「江戸の秩序は『太平記』講釈から生まれた」と、その重要性を強調している。一方、その膨大な本文についても、今井正之助や長坂成行により研究が進められるようになり、つい最近、平凡社東洋文庫の一つとして刊行が始まった。江戸初期に刊行されて以来、何百年ぶりかで、『理尽鈔』はようやく一般読者に読みやすい形に戻ってきたわけである。従来、一般には『太平記評判秘伝理尽鈔』と呼んできたが、右に『太平記秘伝理尽鈔』としたのは、この東洋文庫の書名に従ったものである。

さて、『理尽鈔』の合戦のとらえ方を一言で表現するとすれば、「知謀主義」あるいは「謀略主義」といってよいだろう。猪突猛進する無策な武士を「血気の勇者」と軽蔑し、策謀をこらして、できるだけ自らの被害を少なくしながら敵を討つのが良将であるとする——それが『理尽鈔』の合戦批評のお決まりのパターンである。『太平記』本文に描かれなかった逸話を記して、実は楠木正成はこんな策を用いていたのであると裏話を紹介したり、この武将も、ここでこんな策を用いていれば勝てたはずなのに、愚将だからそれができなかったのだと批判したり、『理尽鈔』の膨大なテキストの多くの部分は、そうした裏話と批評で占められている（実は、裏話の多くは創作であり、それが露見したために、この書の人気は落ちたのだろうが）。

たとえば、正成の千早城などにおける活躍は、『太平記』でも奇抜な戦法を駆使したものとして活写されるが、『理尽鈔』巻六・七によれば、正成の勝利は、京都に「忍」を放って敵の様子を毎日報告させるとか、商売人や猿回しなどに化けて敵陣に潜り込み、敵情を探るといった、諜報戦の成果とされる。「忍」が書状に用いていたのは、一見すると白紙だが、水に漬けたり鍋墨を付けたりすると文字が浮かび上がるという、不思議な紙であったなどともいい、現代のスパイさながらである。また、『太平記』巻一五に、律僧を用いて偽情報を流した話があることは先にも紹介したが、『理尽鈔』では、これは杉本左兵衛という空泣きが非常に上手な男のしわざとされ、正成はこのように特異な一芸に秀でた者を召し抱えていたのであるという話になっている。

もっとも、このあたりまでは『太平記』の延長線上にあるととらえることができよう。杉本左兵衛の話も『太平記』本文に見える話に基づいた作り替えであることは明らかだし、前節で紹介したように、『太平記』にも、新田義貞の謀略を「韓信が謀」と賞賛した場面などがある。しかし、『太平記』の延長線上に多くの異伝や批評を記した——というだけでは『理尽鈔』はとらえきれない。

『理尽鈔』の謀略主義

前節で見たように、『太平記』巻三三は、畠山道誓が竹沢右京亮や江戸遠江守に命じて新田義興を矢口渡で謀殺したことを描く。諸本の相違もあって批判は必ずしも明確ではないが、いかにも陰険な策謀で、怨霊による報復もあり、好意的に描かれているとは言いがたい。ところが、『理尽鈔』では、この義輿謀殺さえ肯定される。『理尽鈔』は、竹沢が畠山に勘当されたように見せかけたこと、また美女を献上して義輿に取り入ったことなどを「善き謀」とし、最初の暗殺計画失敗で普通ならあきらめてしまいそうなところを、粘り強く計画を立て直して矢口渡の謀殺まで持ち込んだことを評価して、これほどの重要人物を討ったのに、味方の兵の損害がなかったのは非常に賢いと絶賛する。「良将の慮《おもんぱか》りあるは、皆かくのごとく味方を損ぜず、身を全うして敵を亡《ほろぼ》すを以て善き謀とするなめり」、「和朝の末代には有り難き方便なるべし」とまでいうのである（以下、引用はいわゆる正保《しょうほう》版本による）。

しかし、『理尽鈔』がもとにしている『太平記』はおそらく流布本に近い本文であり、そこでは竹沢は厳しく非難されているので、『理尽鈔』としては『太平記』本文との食い違いについて弁明せねばならない。そこで『理尽鈔』は次のような理屈を持ち出す。

『太平記』が竹沢や江戸のことを悪く書いているのは、人々を戒める深慮があってのことである。皆がこうした陰謀を好むようになっては、敵も味方も安心できず、まことに危ういことになるからである。良将は、一生に三度の大事に限って、このような謀略を用いる。将がいつもは虚言をせず、必ず約束を守るようにしているのは、いざという時にこうした謀略を成功させるためなのである。

いつもこうした裏切り工作ばかりやっていては、いつかは自分も裏切られる恐れがあるし、平生から嘘ばかりついていると、狼少年扱いされて、肝腎の時に敵がだまされてくれないから、いつもは約束を守るようにして、一生に三度に限ってこうした手段を用いよ、というのである。『朝倉宗滴話記』にも似た論理が見られたが、『理尽鈔』の場合、「なぜ嘘をついてはならないか、それは、いざという時に謀略を成功させるためである」というのだから、謀略をすべての根本においた、謀略主義とでもいうべき考え方といえよう。だまし討ち肯定と正直を説く教訓は如何に両立するか――という問いに対する、これも一つの答えである。

さて、年配の読者なら、『太平記』といえば「桜井の別れ」を想起するという方もあろう。湊川《みなとがわ》の戦いで討死を覚悟した楠木正成が、息子の正行《まさつら》を呼んで後を託す場面である。正行は、その後、父の遺志を継いで奮戦するが、ついに巻二六の四条畷《しじょうなわて》合戦で最期を迎える。正行は、吉野の後村《ごむら》上《かみ》天皇に、「高師直《こうのもろなお》の首を取って帰るか、私の首がさらされるか、そのどちらかです」と宣言し、一族郎等一四三人と共に、死者の名を書く過去帳《かこちょう》にあらかじめ自分たちの名を書き連ねて、戦場に赴いた。決死の覚悟の正行勢は、敵の大軍の中に突入し、師直を今一歩のところまで追いつめるが、わずかに及ばず、ついに全滅してしまう。『太平記』はその最期を力を込めて描き、「命を君臣二代の義に留めて、名を古今無双の功に残せり」と賞賛している。

ところが、『理尽鈔』に言わせれば、正行の最期はあまりほめられたものではない。こうした玉

師直を追いつめる正行勢（『太平記』元禄一一年版より）

砕戦法は、『理尽鈔』のもっとも嫌うところなのである。こんな戦法を取らなくても、策はいくらでもあったはずだと、『理尽鈔』は列挙する。いわく、①忍の兵を用いて夜討ちや朝討ちをすることもできたはずだ。②敵陣に「疑」を入れる謀もあったはずだ（攪乱《かくらん》工作の意か）。③敵勢は寄せ集めだから、中には楠木に親しい者もあったはずで、そこに謀の端緒があったはずだ。④師直勢と入れ違いに京都を攻めて尊氏を討ち取る策もあったはずだ。⑤兵船で西国から兵糧が上るのを阻止した上で籠城し、兵糧攻めにする手もあったはずだ。⑥味方の軍勢を総動員すれば三万余騎にはなったはずで、その勢で正成のような謀を用いれば勝てたはずだ。⑦和泉方面にまわって師泰《もろやす》に奇襲をかける方法もあったはずだ。⑧以上の策がすべて取れなかったのだとしても、偽って敵に降伏するなどの秘策があったはずだ（そこでさらに九種類の秘策が列挙されるが、引用は略。なお、以上は巻二六後半の記述による。同巻の前半ではまた別の策も列挙されている。くどいのは『理尽鈔』の持ち味である）。

奇襲攻撃や攪乱工作、内通者工作に兵糧攻め、そして偽装の降伏と、ありとあらゆる策が列挙されるわけだが、正行の突撃よりもこれらを上策として提示する精神、即ち、悲壮な決死の突撃で倒れた正行よりも、矢口渡でだまし討ちを成功させた竹沢を評価するような価値観は、『太平記』までの軍記物語とは、明らかに異なる世界に属しているといわねばならない。巻二六冒頭に記される、阿倍野《あべの》合戦で打ち破った敵に衣服や薬を与えて助けてやった正行の美談も、『理尽鈔』では賞罰の規範に背く「正行一代のひがごと」として否定されるのである。

正行の最期（『太平記』国立公文書館蔵より）

『理尽鈔』の乾いた現実主義

『理尽鈔』の精神は、このように、「名誉のためには死をも恐れるな」と説く『義貞軍記』とも異なって、徹底的に実利を重んずるものである。ただし、これを道徳観の欠落した功利主義ととらえるのも誤りであろう。若尾政希が指摘するように、『理尽鈔』は仁政《じんせい》を説いた書でもある。『理尽鈔』の正成は軍略のみを説くわけではなく、きちんとした賞罰、公正な裁判や人事、家臣や領民をいたわる政治などを提唱し、その具体的な方法を示す、よき為政者でもある（その具体策の中には、現代の経営などに応用できるものもあるかもしれない）。そうした理想を有するからこそ、『理尽鈔』は、江戸初期の藩政や安藤昌益等々の思想家たちに大きな影響を与えることができたのである。

『理尽鈔』の精神の根底には、性悪説ないし人間不信ともいうべき発想に基づく、乾いた現実主義がある。人は皆、自分のために生きている。孔子《こうし》や釈迦《しゃか》でさえも、自分が尊敬されたいがために教えを説いたのである。そうした利己的な人間たちから成る社会を安定させ、繁栄させようと思えば、優れた為政者が種々の方便をも用いつつ、人々をうまく導かねばならない。たとえば、仏神の罰などはほんとうは存在しないが、愚かな民衆が仏神の罰を恐れなくなれば、世は乱れてしまうだろう。だから、為政者は仏神が存在しないと言ってはならない。仏神はおわしますと思わなければならないのである。ついでにいえば、寺院には別の存在意義もある。人口が増えすぎると国は滅びるから、家を継ぐのは長男に任せて、次男・三男は出家させ、寺院に収容すればよい。寺院はそのために有用である――寺院の存在意義さえ、そのような効率主義に基づいて判断するのが『理尽鈔』なのである（ちなみに、マルサスの『人口論』が刊行されたのは一七九八年のことであり、『理尽鈔』は粗い議論とはいえ、それより約二世紀ほども前に人口調節を論じていたわけである。なお、『理尽鈔』のこうした性格については、若尾政希『「太平記読み」の時代』に詳しい。そのほか、『軍記と語り物』三三号に掲載された「『太平記評判秘伝理尽鈔』輪読報告」を参照されたい）。

このように、『理尽鈔』は、知恵のある将・為政者が、利己的で愚かな人々をどのように導き、現実的な利益を生み出すか――という問題意識に貫かれている。それが政治論では具体的な仁政論を生み、軍事論では謀略主義的な戦術論につながるわけであろう。謀略主義といえば聞こえは悪いが、謀略が称揚されるのは味方の兵にできるだけ犠牲を出さずに勝利するためであり、その意味では民をいつくしむ仁政論と同根の発想なのである。

謀略を肯定する『甲陽軍鑑』

さて、軍記物語の受容から離れて、戦国武士のだまし討ち肯定論を伝える文献を、もう一つ見ておこう。『甲陽軍鑑』である。『甲陽軍鑑』は、甲州武田氏の記録として、武田信玄の家臣・高坂弾《こうさかだん》正《じょう》が、天正三年（一五七五。長篠《ながしの》合戦のあった年）ごろまでに書き、さらにその甥の春日惣次郎《かすがそうじろう》が天正一三年まで書き継いだという形になっている。江戸時代には何度も刊行されてさかんに読まれた。近代にもおそらく相当数の読者に読まれてきたはずで、その点は『理尽鈔』と異なる。しかし、『甲陽軍鑑』の場合、江戸時代から偽書説がさかんになり、小幡景憲《おばたかげのり》が江戸初期に偽作したものであるという見方が一般化して、史料として扱うことは疑問視されてきた。しかしながら、最近では、国語学の観点から酒井憲二による精力的な研究がなされ、『甲陽軍鑑』の本文、特に写本の本文は室町時代の言語をよく残しており、本来は高坂弾正の口述に基づく部分を多く含んでいる書物で、偽作とはいえないとの見方が通説化しつつある。ここでは、武田氏周辺の歴史事実を追究するわけではなく、戦国武士の合戦に関する意識を考えようとするのであり、そうした目的には十分に堪え

馬に乗る徳川家康
(『関ヶ原合戦図屛風』大阪歴史博物館蔵より)

る資料であろう。以下、本文は基本的に『甲陽軍鑑大成』による。

さて、『甲陽軍鑑』は、しばしば謀略に言及する。たとえば、本篇巻二の、今《いま》川《がわ》義元《よしもと》の配下にあった、若き日の徳川家《とくがわいえ》康《やす》(松平元康《もとやす》)の逸話。今川義元が討たれた時、家康は、敵方に属していた伯父・水野下野から義元死すとの情報を得たが、簡単には信じなかった。その時、家康は、「計略いたすは、昔が今に至るまで、敵・味方のならひなり。武略をつかまつりすますは、武士の一ほまれといふぞ。さてまた計略し倒さるるは、女人に相似たる侍が、二心を持ちてのことなり」云々と述べたという。計略を用いるのは昔から当然のことであり、それで勝利するのは武士の誉れだが、それにだまされてしまうのは女に似た侍で、不名誉なことだというのである。家康のこの判断を伝え聞いた信玄は、若いのに立派な武士だとほめたたえたという。『常山《じょうざん》紀《き》談《だん》』にも類似の話が見え、事実に基づく話かもしれないが、家康の言葉として語られる内容は、『甲陽軍鑑』という書物の基本的な思想を反映しているようでもある。

同じ巻二の中で、信玄の武将・馬場美濃守《ばばみののかみ》は、「侍の武略つかまつる時は、虚言をもっぱら用うるものなり。それを嘘と申すは不案内なる武士にて、女人に相似たる人ならん」という。右の家康の言葉によく似ている。武士は、戦いにおいては、もっぱら虚言を用いるのだ。それを嘘といって非難するのは、何もわかっていない女のような奴である。女性否定は、『義貞軍記』や『理尽鈔』にも見られ、戦国武士に共通する考え方であるようだが、『甲陽軍鑑』では特に目立つ。女はわけもわからずに人の悪口を言う。戦場における虚言、謀略を悪く言うような武士もそれと同じで、道理がわかっていない、「意地の汚き武士」である。では、なぜ武略の嘘は悪いことではないのか。

馬場美濃守（『武田二十四将図』高野山成慶院蔵より）

国持ち給ふ大将たちの、人の国をとりなさるる、是は、よその国にさのみとがはなけれども、おしやぶり、手柄次第にとるといへども、昔が今に至るまで、切り取り、強盗、盗人とは申しがたし。それにつきての虚言を計略と申して、苦しからずといふは道理、道理なればこそ、唐・日本までも、計略よくする人をば、謀臣といふてほめたる侍。

武将たるもの、隣国に罪がなくとも侵略し、力にまかせてそれを奪うのは昔からのならいであって、誰もそれを強盗とか盗人とか呼んだりはしない。したがって、その際に虚言を用いることを否定しないのも、当然の道理である。だからこそ、中国でも日本でも、謀略を巧みに用いる武士を「謀臣」と呼んでほめるのだ――というわけである。戦国武将が隣国を攻めることをためらっていては生きていけないだろうから、当然といえば当然の心構えではあろう。取って付けたような大義名分で粉飾しないのは、むしろすがすがしいとさえいえるかもしれない。だが、この言葉は、ほとんど、武将と盗人の間には本質的に差がないと認めているようなものである。やっていることは同じでも、昔から違うといっているから違うのだという以上の論理はない。「切り取り強盗は武士の習い」という諺《ことわざ》が生まれるのも無理はないと思わせる。

戦国武将は謀略を否定したか

もっとも、馬場美濃守がこのように力説せねばならない理由の一つは、謀略を好まない武将も存在したからであろう。『甲陽軍鑑』本篇は、巻三以下で、よくない大将の例を四つの類型に分けて説明する。愚かな大将と利根《りこん》のすぎる大将、弱すぎる大将と強すぎる大将というのだが、そのうち強すぎる大将は、計策・武略の知恵を嫌うのが欠点だなどともいう（巻六）。一口に戦国武将といっても、さまざまな人間がいたのは当然である。

実際、後北条氏（小田原北条氏）の家訓は、虚言を厳しく否定している。北条早雲《そううん》（伊《い》勢《せ》宗瑞《そうずい》）の『早雲寺殿廿一箇条』には、上下万民に対し、一言半句も虚言を申すべからず。かりそめにもありのままたるべし。虚言を云ひつくれば、癖になりて、後は人に見限らるべし。紏《ただ》されては、一期《いちご》の恥と心得べきなり。
（『武家家訓・遺訓集成』）

とある。虚言を重ねると人に見限られるという点は、先に見た『朝倉宗滴話記』や『理尽鈔』にも似た論理が見られたが、早雲の子・氏綱《うじつな》の『北条氏綱書置《かきおき》』は、さらに厳しく、義に反する行動を徹底的に禁ずる教訓を第一条に掲げている。

大将によらず、諸侍までも、義を専《もっぱら》に守るべし。義に違《たが》ひては、たとひ一国二国切り取るとも、後代の恥辱如何に候。天運尽き果て、滅亡を致すとも、義理違ふまじと心得なば、末世に後指をささるる恥辱はあるまじく候。昔より天下をしろしめす上とても、一度は滅亡の期あり。人の命はわずかの間なれば、むさき心底ゆめゆめ有るべからず。古き物語を聞きても、義を守りての滅亡と、義を捨てての栄花とは、天地格別にて候。大将の心底たしかにかくのごときにおいては、諸将も義理を思はむ。その上、無道の働きにて利を得たるもの、

北条氏綱画像（早雲寺蔵、写真提供：箱根町立郷土資料館）

天罰つひに遁《のが》れがたし。　（『武家家訓・遺訓集成』）

義に反する行為によって、たとえ一国や二国を切り取ったとしても、後代の恥辱は免れない。たとえ滅亡しても、義理に背かぬ生き方をしていれば、後の時代に後ろ指を指されることはない。人生は短く、いずれは必ず終わりが来るのだから、義を捨てた栄花よりは、義を守った滅亡のほうがましだ――戦国時代といえども、ここまで言い切る武将もいたのである。

もっとも、この徹底した教訓を、後北条氏が実際にどこまで守っていたといえるのか、検討の余地はあろう。特に北条早雲の人物像については、以前から評価に揺れが多く、こうした教訓とは正反対の謀略に満ちた梟雄《きょうゆう》と見なされることもある。だが、後北条氏の研究は、最近急速に進み、早雲の人物像も大きく塗り替えられつつあるようである。こうした家訓が早雲・氏綱父子の実際の行動とぴったり合っているのかどうか、筆者は判断することができない。ただ、先にも見たように、一般的には、こうした家訓の類の虚言否定が、謀略肯定と同居しうることについては注意しておくべきだろう。

虚飾や偽りを排する武士

『甲陽軍鑑』に話を戻そう。『甲陽軍鑑』も、一方では虚言を否定している。本篇巻一に掲げられた「典厩《てんきゅう》九十九ヶ条之事」は、武田信玄《たけだしんげん》の弟・信繁《のぶしげ》の制定した家訓で、「武田信繁家訓」とも呼ばれる（「信玄家法　下」とも呼ばれるが、この呼称は誤りのようである――桃裕行、小澤富夫）。そこには、「毎遍、虚言すべからざる事」との教えがあり、「神託に云はく、正直は一旦の依怙《えこ》に非《あら》ずと雖《いえど》も、終《つひ》には日月の憐みを蒙る」との注記がある（原漢文）。嘘をついてはならない。正直はただちに報われなくとも、長い間には天の加護を受けるというのである。しかし、これにはさらに「但し武略の時は、時宜に依るべきか」という但し書きが付く。虚言を禁じ、正直の徳をいうのは平時、日常生活についてであり、合戦では、場合によっては嘘をついてもよいというわけであろう。末書上巻に、「虚言・過言、かりそめにも無用の事。但し、武略の時は苦しからざるは、右過言・虚言の二ヶ条、曲がりたる事なれども、腕の内へ曲がりたるごとし。直《す》ぐにては役に立たず。（中略）常には虚言・過言、禁制々々」とあるのも同様である。虚言は日常では許されないが、合戦の時には許される。腕が曲がらなくては役に立たないように、曲がったことも時には必要だというのである。もちろん、合戦でも、嘘をついてよいのは敵に対してであり、味方に対する虚言や過言は厳禁されている（本篇巻一〇）。この点は「最上家の掟」と同様であろう。

だが、さらにいえば、『甲陽軍鑑』における虚偽の否定は、単に味方に対する虚言は否定するとか、秩序維持のために家臣や領民に正直を教えるとか、あるいは、いざという時のためにふだんは正直にしていろというようなものだけではない。『甲陽軍鑑』本篇巻二には、この書物を記すに当たっての心構えが記されているが、その中に、次のような言葉がある。

もしこの書の原稿が散逸して、他国の人が読んだ場合に、「我が家の仏尊し」という態度で自分の家のことをほめていると思われるようなら、「武士の道」とはいえない。敵であろうが味方であろうが、飾らず、ありのままに書くのが「武道」というものである。飾るのは女人や町人の作法だ。一事を飾れば、万事の誠は皆偽りになってしまう。

前掲のような謀略肯定論は、こんな言葉と同居しているわけである。虚飾を排することが武士の誇りであるというのが、『甲陽軍鑑』の基本的な考え方であった。そうした考え方が形成される原因については、さまざまな説明がありえようが、相良亨『武士道』が、『甲陽軍鑑』の論理を次のように読み取っているのは、傾聴すべきだろう。

『甲陽軍鑑』は、計略によって倒される武士を「女侍」と非難する。なぜか。女人は身を飾り、他者の力によってのみ生きようとするので、確固とした自己も、ことの真相を見極めようとする姿勢もない。だから計略にも引っかかるのだ。それに対して、真の武士は、裸の自己を以て立ち、常にことの真相を見極めようとするから、計略によって倒されることもないのである。計略の問題だけではなく、配下の武士の評価などについても、優れた武士は、私的な感情を抑えて「ありのまま」を見つめ、「推量」ではなく「証拠」によって思考することができる。このように、他者をも自己をもありのままに見つめ、他人に付和雷同することなく思考することができるのが、独立独歩の真の武士なのだ。以上は、相良による『甲陽軍鑑』読解を、筆者が粗略に要約したものである。

相良の指摘する「ありのまま」の重視は、謀略の問題だけから説かれているわけではないが、対謀略戦という見地から、虚飾や偽りを排する武士の称揚が生まれてくる思考の道筋は興味深い。謀略戦を当然の前提として、だまし合いの絶えない日々に生きる将は、常に正確な情報を集め、事実を直視し、真相を把握することが必要となる。そうした能力は、配下の武士の偽りの功名などを看破し、ねたみやそねみによる讒言《ざんげん》を退けて、公正な論功行賞や、各人の実力と忠誠心を見極めた人事を行う能力でもある。そうした能力を身に付けうる将とは、自分自身も飾らず、裸の自己と正面から向き合うことのできる者でなければならない。

合戦の時代の精神史

『理尽鈔』の、「いざという時に謀略を成功させるためには、ふだんは嘘をついてはならない」という戒めなどに比べて、ここには、いちだんと深い逆説があるといわねばなるまい。「敵に対する謀略を肯定するからこそ、虚飾を否定する心を持たねばならない」、いや、もはや謀略の肯定・否定というような議論の段階ではなく、「謀略や虚偽の存在を自明の前提とするからこそ、他者や自分をありのままに認識せねばならない」というべきであろう。家臣も妻も、息子でさえも、いつ自分を裏切るかわからない中で、陰謀の匂いがあればいち早くかぎつけなければならない毎日。また、自分の手柄や能力を誇張してみせる者たちや、ねたみによって同僚を陥れようとする者たちの本心や実力をよく見定めて、適切に使いこなさねばならない毎日。そうした日々において、まず必要なのは虚偽や虚飾を見破る能力であり、そのためには、まず何よりも自分自身を偽りも飾りもせずに正確に見つめることが必要になるというわけである。虚偽の肯定・謀略の発達は、ついに一回転して虚飾を否定する論理を生み出したともいえようか。

中世にはだまし討ちが否定されたという見通しは、このように見てくると、一八〇度誤っていたといわざるをえない。古代の神話的な記述における、まったく疑いを持たないだまし討ちとは異なり、中世には、一度はだまし討ちの是非を考える否定的契機をくぐった上で、あらためてだまし討ちを肯定する論理が構築されていったのであり、さらにはだまし合いを当然の前提とした思考の中から、逆に虚飾否定の論理が生み出されるほどに、だまし討ちは武士の世界の中に深く組み込まれていったのである。そうした中で、謀略肯定論は、決して単純な道徳的頽廃《たいはい》ではなく、名誉の重視、仁政論、さらには虚飾の否定とさえ、密接な関係にあった。合戦がいつ果てるともなく繰り返された時代の、精神史の一断面である。

3　だまし討ち肯定論の行方

近世のだまし討ち論

さて、序章で見たように、梶原正昭は、だまし討ちが中世に否定されたという千葉徳爾説に対して、だまし討ちが否定されるようになった時期を近世（江戸時代）と修正する見解を述べていた。これは、ある程度までは肯定されてよい見解であろうと思われる。

たとえば、『武将感状記』という書物がある。戦国時代から大阪夏の陣までの名将・勇士の話を、平戸《ひらど》出身で岡山藩に仕えた武士・熊沢淡庵《くまざわたんあん》（一六二九～九一）が集めたもの。ひところはよく読まれたようで、後代有名になった話が多く含まれる。たとえば、巻三には、北条と今川により塩を断たれて困った武田信玄に、上杉謙信《うえすぎけんしん》が、「我は兵を以て戦ひを決せん。塩を以て敵を窮せしむる事をせじ」と言って塩を送ったという有名な話が見える。現在、これを史実と見る人はほとんどいないだろうし、『武将感状記』自身はこれを美談とはせず、信玄が北条や今川と戦っている間に自らが北国を従えようとした、謙信の深慮遠謀であると解説しているので、いろいろと留保を付けておかねばならないのだが、しかしそれでも、卑怯な策略を排し、正々堂々と戦うことをよしとする価値観が、江戸時代前期にはある程度一般的なものとして存在したことが、一応認められるのではないか。

だが、同じ江戸前期にさかんに読まれた書物である『理尽鈔』に、もしもこの謙信の話が取り上げられたならば、愚の骨頂ともいうべき行為として罵倒されたことは疑いない。右に見てきたように、戦国武将にもさまざまな人物がいたわけで、謀略肯定の言説が発達する中に、虚偽否定を唱える言説も存在した。まして、平和が続き、文化が花開いた江戸時代には、きわめて多様な人々がいて、膨大な文献を現代に伝えている。江戸時代の文献を探せば、さまざまな見通しを「立証」するものを見つけることができるだろう。したがって、「近世のだまし討ち否定」という見通しがある程度は肯定できるといっても、それは一面に過ぎない。中世まで、あれほど発達していただまし討ち肯定論が、近世に入ったからといって、そう急に姿を消すわけもない。少なくとも、兵法《ひょうほう》家《か》など、軍事を扱う人々の間では、引き続きだまし討ち肯定論が唱えられ、軍記物語をそうした方向で読むことも珍しくなかったようである。江戸時代の文献に詳しくない筆者が、「江戸時代には、だまし討ち肯定論と否定論のどちらがさかんであったか」などという判定を下しても無意味だが、少なくとも、だまし討ち肯定論が多少は後退しつつも、依然として有力であったことは確実だろう。

軍記物語の享受と兵法

たとえば、江戸時代前期に刊行されたと見られる『平家物語抄』（作者・刊年など不明）第九下では、盛俊をだまし討ちにした猪俣則綱を、

> 小平六則綱、勇すぐれたる兵、盛俊に組み伏せられ、既に末期《まつご》にいたつて知略のことは、及びがたきふるまひなり。
> （『平家物語古注釈大成』）

と賞賛する一方で、だまされた盛俊に対しては、「小平六がたばかりのこと葉につき、ゆるしける事、末代の恥辱たり」、「一生のほまれ、皆いたづら事とせり」などと厳しく批判する。前節で見て

きた、『義貞軍記』以下の諸書に見られた価値観で、『平家物語』が読まれているといってよいだろう。謀略を用いても勝つことが名誉であり、敵に欺《あざむ》かれて敗れることは最大の恥辱であるという価値観である。『太平記』が『理尽鈔』のような価値観によって読まれた面が大きいことは見てきたとおりであり、江戸時代における軍記物語の享受が、少なくとも一部で、こうした価値観を引き継いでいることは確かである。

ところで、『理尽鈔』が楠流などと呼ばれる兵法と密接な関係を有することは、現在の通説といえよう。『甲陽軍鑑』は武田流（甲州流）の兵法を伝えるとされる。前節で見てきた書物は、多かれ少なかれ兵法と関係を有するわけで、『平家物語抄』もそうした流れに関わる可能性が強い。つまり、江戸時代に『太平記』や『平家物語』などの軍記物語を解説する書物を制作した人々の有力な一部分を占めるのが、謀略肯定論の系譜に立つ兵法家、もしくはそれに近い立場の人々だったようである。もっとも、中世から近世にかけて、「兵法」という言葉の内容は一様ではなく、剣術などの肉体的な武芸をいうこともあれば、用兵術などというべき戦略・戦術の方法をいうこともあり、後者にはさらに、具体的戦闘に関する現実的な知識もあれば、陰陽道などの思想に基づく神秘的なものもあった。そして、日本の学芸の例にもれず、兵法もさまざまの流派に分かれていて、その説くところは多様である。したがって、「兵法家」にも、いろいろな人物と、さまざまの考え方があるわけだが、ここで、管見の範囲で兵法書の世界をかいま見てみたい。

兵法書とだまし討ちの肯定

たとえば、「越後流兵法」は、上杉謙信に発する兵法で、要門《ようもん》流・宇佐美流・神徳《しんとく》流などの汎称《はんしょう》であるという（『日本兵法全集　越後流兵法』解説）。その中で、要門流の主要教科書として広く読まれたという『武門要鑑抄《ぶもんようかんしょう》』巻一には、

謀詐《ぼうさ》を構へて他を掠《かす》め己を利するは、一旦の悦を甘なふといへども、時至りて其の財災と化して身を亡してもどる。（中略）いやしくも要門に入りて弓箭《きゅうせん》を執らん人、謀詐を以て軍利を得むことを思ふことなかれ。深く禁じて避けつべし。　（『日本兵法全集』）

とある。前節で見た『北条氏綱書置』を連想させる、「謀詐」の否定である。

しかし、同じ越後流の中でも、宇佐美流の経典で秘書的環境に置かれていたという『武経要略《ぶきょうようりゃく》』巻八は、

それ謀略は武の捷径《しょうけい》なり。（中略）意ふに、禽獣《きんじゅう》にして巣を作り穴を穿《うが》つに、自然の謀《はかりごと》あり。然《しか》らずんば、何を以てか生命を保たんや。いはんや人倫においてをや。　（同前。原漢文）

と、「謀」を当然のこととして認め、その具体例を列挙している。第一に、初め強気に戦った後、

偽って「小敗」し、和議を乞うて油断したところを討つ、第二に、敵を挑発して怒らせ、その機に乗じて討つ、第三に、偽って降参し、油断したところを討つ、第四に、自軍の兵が弱気になっている時は、三手の兵は二手に、二手は一手に合し、また夜陰に及んでひそかに退くのがよい……といった調子で、こうした策が第一〇まで続いている。前節で見た『理尽鈔』にも似た、種々の謀の列挙であり、その中には、和議や降伏を装って敵を討つという、本章冒頭で見た諸任のような、だまし討ちと呼ぶべき策も含まれているわけである。

この両書の成立については不明の点が多いが、概ね江戸初期、一七世紀前半ごろの著作であろうか。筆者には、両書の姿勢の相違の原因を解明する力はないが、兵法家にもさまざまな立場がありうることをとりあえず確認しておこう。

「武辺の義に付きては、人だしぬくこと多し」

次に、ほぼ同時代の小笠原《おがさわら》流兵法書『当流軍法功者書』。小笠原昨雲《さくうん》が元和《げんな》三年（一六一七）に著し、正保四年（一六四七）に刊行された書である。梶原正昭が指摘するように、この書は、「武辺の義に付きては、人だしぬくこと多し。猪俣小平六が越中前司を討ちたる事あり」（上―五三）として、猪俣則綱を肯定する（内閣文庫蔵無刊記版本による）。小笠原昨雲は、『軍法侍用集《ぐんぽうじようしゅう》』（承応《じょうおう》二年＝一六五三初刊）巻一「武勇問答之次第」では、「武法には少しの偽りも嫌うが、手立てと称して偽りを以て勝つ事はどうなのか」との問いに対して、囲碁にたとえて、「相手の石を盗んで勝つのは本道ではないが、打ち替え、劫《こう》などという手立てによって勝つならばよい」と答える。反則はいけないが、作戦ならよいということだろう。

では、どのあたりまでが作戦として許容されるのか。同書の巻二「小勢にて大勢をうつ心得の事」では、大勢を討つには「手立」と「謀」と「計策」が必要だとするが、「手立」は、小勢を大勢にみせかけたり、奇襲をかけたりすること、「謀」は、敵に疑心暗鬼を起こさせる工作をしたり、忍びを遣わして敵を出し抜くなどのこと、「計策」は、和平を申し込んでおいて敵が油断したところを討つなどのことであるという。「計策」の内容は、『武経要略』にも記されていただまし討ちであり、やはり、この種のだまし討ちは許容範囲に入ると見るべきなのであろう。『軍法侍用集』巻七に見える歌（伊勢三郎に仮託された「義盛百首」のうちの一首）を掲げておこう。

いつはりも何か苦しき武士《もののふ》は忠ある道をせんと思ひて

（『戦国武士の心得―『軍法侍用集』の研究―』による）

昨雲は、『当流軍法功者書』（下―六一）では、「武士は犬とも畜生ともいはれよ、根本を勝と云ふ道面白しと有り」と、『朝倉宗滴話記』の言葉も引いている。勝利のためには手段を選ばない、戦国の思想を伝えるものといえよう。

また、北条流兵法家の北条氏長《うじなが》は、『兵法雌鑑《しかん》（師鑑）』（寛永《かんえい》一二年＝一六三五）では、「智略・武略・計策」を、『兵法雄鑑《ゆうかん》』（寛永一八年＝一六四一）では「謀略・知略・計策」を、兵法の根本とする。概念がやや錯綜《さくそう》するが、「智略・武略」または「謀略・知略」とは、堅固な城を構え、陣立てなどに気を配ることや、敵将の能力や作戦を見極めて、それに適した攻撃方法を取るなどのことをいうようである。「計策」は、スパイを養成して敵国へ送り込み、内通者を作るなどの工作をいうようで、小笠原昨雲ほど露骨なだまし討ち肯定ではないが、これを兵法の根本の一角に据えるわけだから、やはり謀略の肯定とはいえよう。

「兵は詭道なり」

その北条氏長に兵法を学び、兵法を「士道」に高めたと評価されるのが、山鹿素行《やまがそこう》（一六二二～八五）である。素行は、自ら語るところによれば、六歳から学問を始め、八歳のころまでに四書・五経・七書・詩文の書を「大方よみ覚え」たという（『配所残筆』）。「七書」とは、武経七書、即ち、『孫子《そんし》』『呉子《ごし》』『司馬法《しばほう》』『太宗問対《たいそうもんたい》（李衛公《りえいこう》問対）』『尉繚子《うつりょうし》』『六韜《りくとう》』『三略《さんりゃく》』という、兵学の七つの書物である。そして一五歳からは、甲州流（武田流）の小幡景憲と北条流の北条氏長の双方から兵法を学んだという。そのほかにも儒学・和学などの諸書を一通り読みこなし、天才的な才能を示したことはよく知られる。

さて、素行が学んだあまたの書の中に、兵法家・兵学者が七書の中でも特に尊んだ『孫子』があり、『孫子』には、「兵者詭道《きどう》也」という有名な言葉がある。野口武彦『江戸の兵学思想』が指摘するように、この言葉は、兵学が偽りの教えとして儒学者から攻撃されるもとにもなり、また、兵学者たちにとっても解釈の分かれる重要な論点であった。日本における『孫子』注釈書の始まりである林羅山《はやしらざん》の『孫子諺解《げんかい》』は、これを次のように解した。

兵は詭《いつはり》の道也とは、敵をたばからざれば勝ちがたし。兵にただしき道あり、いつはりの道あり。敵に兼ねて案内をいひて、むかふざまにまつすぐにうちかつは、正しき道なり。其の分にてかちがたきゆゑに、計をなすなり。（内閣文庫本による）

あらかじめ軍使を交換し、決めた時間や場所を守って正々堂々と戦うのは正しい戦いだが、それでは勝てないから、偽りを用いて勝つのだ——それが羅山の解釈であった。合戦に偽りを用いるのは当然だ——と言いたげな口ぶりに、戦国時代の遺風が感じられようか。

北条氏長は『士鑑用法《しかんようほう》』（正保三年＝一六四六）の序に、「孫子に兵は詭道なりとあるを、あしく心得て、真実の道にあらずと思」う輩を批判して、「孫子云ふところは詭も道なりと云ふ義なり。大道《だいどう》は方円曲直ともに道なり」と記した。ややわかりにくいが、兵法を国家の大事、「天下の大道」として位置づけた『士鑑用法』としては、偽りを「道」の根本に据えるわけではないが、国家を護持する「天下の大道」の中には、さまざまの「道」を容れねばならず、その中では偽りも「道」にあたるというのであろうか。「兵は詭道なり」が、非難の対象になりやすい言葉であることを意識しつつ、「天下の大道」と何とか折り合いをつけようとする苦心が感じられよう。

虚偽肯定の後退

山鹿素行によれば、氏長は、「詭も道也、いつわりを行ふも皆大道にあたると云ふ心」と解釈しており、素行もその解釈を踏襲していたが、後に「詭詐《きそ》を以て道とすると云ふにはあらず。詭詐もまた、道その中に在りとは云ひつべき也」と、解釈を改めたという（『孫子諺義《げんぎ》』寛文一三年＝一六七三序。内閣文庫本による）。「詭詐」を根本に据えはしないが、偽りも「大道」の一部であると考えた氏長に対して、偽りが「道」そのものにあたるわけではなく、偽りを用いる行為の中にも、時に「道」に通じるものがあるというだけだと、解釈を改めたと解しえようか。『孫子』の解釈において、虚偽肯定の言説が、少しずつ前面から退いてゆくさまが見て取れよう。なお、さらに後代の室鳩《むろきゅう》巣《そう》『駿台雑話《すんだいざつわ》』（享保《きょうほう》一六年＝一七三一序）は、「兵は詭《いつは》るも道なり」と読む「ある兵家の説」を聞いて「一笑を発し」たと述べ、「詭」と「詐偽」の相違などを説いている。

素行は、兵法学を説いた『武教《ぶきょう》本論』の自序において、「古今、武を談ずる百余家」は、「もっぱら闘戦詐術を論じて神武を去ること甚だ遠し。故に兵家者流に陥りて権謀《けんぼう》技芸を為す」と、従来の兵法家を批判している（原漢文）。「闘戦詐術」「権謀技芸」ばかりを学ぶ兵法を否定的にとらえることによって、素行の兵学は成ったわけだが、しかし、素行が否定したのは「もっぱら闘戦詐術を論ずる」ことであって、「闘戦詐術」そのものではない。戦場で詭詐を用いること自体を否定したわけではないのである。『孫子諺義』には、「戦に臨みて敵に応ずるときは、其の勢にしたがつて詭道を以て外をたすけざれば、其の兵必ず敗る」、「聖人と云ふとも、兵を用うるときは、詭詐を用いざればかなはず。然らざれば兵必ず敗るる也」などとある。「対内策としての仁義道徳と、対外策としての臨戦詭道とは表裏一体をなす」（石岡久夫『日本兵法史』）というわけであろう。さらに、素行の甥で娘婿になり、津軽の山鹿流兵法を大成したといわれる山鹿高恒《たかつね》の『武事提要《ぶじていよう》』（宝永《ほうえい》六年＝一七〇九跋）は、「当流には其の教、道徳に本を立つるや、又偽詐《ギソ》を用うる教にありや」との問いに対し、「当流には両品共に用い、又用いず」と曖昧に答えた上で、「戦の上において勝をとるは偽詐をも用う」と明言する（内閣文庫本による）。山鹿流といえども、「道徳」に対置される「偽詐」を否定するわけではないのである。

平時は仁義、戦時は権謀

筆者はもちろん、兵法家たちが虚偽を肯定していることを指弾したいわけではない。兵法が軍事作戦に関する学問である以上、戦場の駆け引きや、敵を欺く作戦を否定するようなことはあるべくもない。だが、戦国の実戦経験から生まれた、虚偽や謀計を肯定する論理を、大きな土台としつつ形成された兵法・兵学が、太平の世に合わせて、社会一般に通じる倫理を取り込むことを必要とした時に、どのような葛藤《かっとう》を生じたかという問題が、本書にとって興味深いテーマであることは、容易に理解されよう。戦国時代に戦闘の繰り返しの中で経験的に形成された虚偽肯定の言説は、太平の世が要求する倫理とどのような相克《そうこく》を演じたのか――それは、平安時代の東国の武士たちが合戦の経験を積み重ねることにより、自然のうちにいかに「合戦のルール」を形成したか――という問題設定を裏返したかのような問いではないだろうか。

兵学（軍学）が、多くの武士たちの教育にも用いられうる学として太平の世に受け入れられるにあたって、平和な社会の秩序維持には明らかに抵触する、虚偽の肯定という教義が、大きな障害となったことは想像しやすい。とりわけ儒学者の中には、「孫子の学、孫子の智は、禽獣《きんじゅう》の智と云ふべし」（『梧窓漫筆《ごそうまんぴつ》後篇』）と言い切った大田錦城《きんじょう》（一七六五～一八二五）のような人物もいた。仁義を掲げる儒学者の目に、「詭道」を掲げる『孫子』を聖典とし、虚偽を肯定する兵法家が軽蔑すべき対象と映ったことは想像しやすい。もっとも、右に見た林羅山や山鹿素行のように、兵法を兵学として体系化していった人々は、儒学者でもあった。そこで、素行のような苦慮、『孫子』解釈の変化というような問題も出てくるわけである。

そうした意味で、山口春水《しゅんすい》（一六九二～一七七二）に関する、前田勉の指摘は興味深い。春水は山崎闇斎《あんさい》学派の儒学者だが、兵学に関心を持ち、寛延《かんえん》三年（一七五〇）以後に『孫子考』を著した。同書は写本で伝えられるのみで、筆者は前田の校訂した本文によって引用するのだが、春水は、「兵法は勝を主として、忠と義とにかかはらず」、「義理らしきことや、道らしきことをみぢんそこに頓着せず、どふなりともして勝様にと云が兵道の主意なり」、「兵はどちらからどふ云ても、律儀なものでなし、正直なものでなし」などと述べつつ、しかし、「兵は器なり。兵法は其器を用ゆるの法なり」と割り切って、道徳的価値とは無関係の技術として兵法をとらえ、『孫子』を学んだのだという。しかし、そうした使い分けの態度は、「治まる時は仁義を用ゐ、乱るる時は仁義をすてて権謀を用ゐると覚えたるは、をかしきことなり」(佐藤直方『韞蔵録《うんぞうろく》』巻一一、宝暦二年＝一七五二序)との批判を浴びる。平時は仁義、戦時は権謀という使い分けは、果たして可能なのか。これは、戦場に由来する倫理と平和な社会との関係を考える上で、きわめて本質的な問いであると思われる。ともあれ、こうした議論が交わされる中で、『理尽鈔』や『甲陽軍鑑』のようなあからさまな虚偽肯定の言説が、少なくとも表立って認められにくくなっていったことは確かだろう。

「ひずかしくすすどき武道」

そのようなわけで、儒学を中心に置いた江戸の武家社会において、戦国の遺風を継ぎ、虚偽をあからさまに肯定するような兵法家たちの活動範囲は、しだいに狭まっていったのであろう。しかしながら、江戸時代にもそうした兵法家が絶えてしまったわけではなく、それなりに命脈を保っていたことは、いくつかの文献からうかがえる。たとえば、貝原益軒《かいばらえきけん》(一六三〇～一七一四)が、その著『文武訓《ぶんぶくん》』において批判している兵法家の姿である(『文武訓』は『武訓』とも。成立年代未詳、享保二年＝一七一七刊)。

日本の兵術を学んで文学なき人は、道理にうとし。人に教ふるに、「日本の武道は儒者のごとく、仁義忠信の道を用ゆべからず。偽りたばからざれば勝利を得がたし」といふ。（中略）「兵は詭道なり、時の勢によりては、わが身方《みかた》に対しても、いつはりて表裏を行ひ、人の功をうばひ、或国をみだして逆にしてとるも、兵術においては害なし。是日本の武道也。もろこしの道を以ては、日本の武道は行ひがたし。日本は武国なれば、もろこしの正直にして手ぬるき風俗にては、功を成しがたくして、日本の風俗にあはず。ひずかしくすすどくて、人のなしたる功名をもうばひてわが功名とし、人の取りたる首をもうばひてわが勇とするが、日本の武道也」などいひて、秘密して人におしふ。

（『日本教育文庫』による）

日本の兵法ばかり勉強して、儒学などの正統の漢籍を学ばない連中は道理がわからないと、益軒は批判する。そのような連中は、「日本の武道は儒者のように仁義などときれいごとをいってはいられない。偽り、相手をだまさなければ、戦いには勝てないのだ。時と場合によっては、味方をだましてでも手柄を奪い、あるいは敵国を乱してひっくり返して奪い取るのもかまわない。それが日本の武道である。日本は武国だから、中国のような正直で手ぬるいことはやっていられない」などと主張し、「ひずかしくすすどく」あらねばならないと教えるのだという。

「ひずかし」は、心がねじけ、ひねくれているさま、「すすどし」は機敏で油断がならないさま。そうした者たちが競って、人の取った首をも奪って自分の手柄にする、そんなやり方が日本の武道だと、彼らは唱えているというのである。益軒も、実戦における作戦としての謀略を否定するわけではないと、この後に記す（引用は略）。ただ、この種の兵法家が唱えている虚偽肯定は、軍事作戦というような域を踏み越えて、明らかに社会一般の倫理に反する教えとなっているというのである。

日本の武道

ここで「日本の武道」とされているのは、まさに序章で見たような、盛俊をだまして首を取った猪俣則綱や、その則綱から首を奪った人見四郎の姿であり、また、たがいに謀略を仕掛け合い、わずかな隙を見つけて敵を倒そうと、片時も油断することなくだまし合いを戦い抜いた、戦国時代の武士たちの姿であるといえるだろう（なお、則綱と人見四郎のような首の奪い合いが、その後もさかんに行われていたと見られることについては、佐伯真一「盛俊の耳と首」参照）。もっとも、江戸時代の兵法家たちが、自らここまで露骨に反道徳的な主張を説いた文献を、筆者は見たことがない。こうした人々の主張について、儒学者側からの批判によって云々するのは、やや一面的なきらいもあろうか。だが、第四章で見るように、「日本は武国」云々との主張が、江戸時代に「武士道」「武道」を唱える者の中でなされていたことは確かであり、「武士道」論者と兵法家は密接な関係を有する。『理尽鈔』や『甲陽軍鑑』等々から類推して、兵法家の一部がこうした主張をしていたことは想像にかたくない。

注意すべきは、最後の「秘密して人におしふ」であろう。益軒の証言によれば、こうした教えは、秘密の教えとして伝えられていたのだという。つまり、「日本は武国」あたりまでは一般向けに主張されたものであるとしても、「ひずかしくすすどき」教えの部分は、いわば密教として、口伝えのようにして隠微に伝えられていたのかもしれないわけである。筆者の単なる想像だが、そうした「秘密」の教えの中では、露悪的な物言いを増幅することによって、太平の世の人々に現実味を訴える演出効果が狙われていた可能性もあろう（そうした手法は、現在も、「平和ぼけ」を批判する言説などの中で用いられることがありそうである）。

「兵は詭道なり」の解釈において、林羅山から山鹿素行へと、虚偽肯定の色彩がしだいに稀薄になっていったように、謀略主義の発想は、否定されたわけではないが、太平の世の公的な言説からはしだいに後退していった。その結果、ある意味では戦国武士の正統な後継者ともいうべきだまし討ち肯定の兵法家たちは、限られた弟子たちに向けた口伝のようにしてその教えを伝え、密教化したぶん、社会一般の倫理に背く方向に尖鋭化した主張を唱えることもあった――江戸時代の兵法家について、そのような想像をめぐらしてみるのである。ただし、その種の兵法家が絶滅したり地下に潜ったりしてしまったわけではなく、幕末まで健在であったらしいことは、次章3節で見ることになる。

「武士道」論へ

前節で見たように、中世におけるだまし討ち否定という見通しは明らかに誤っていたが、近世（江戸時代）におけるだまし討ち否定という見通しも、このように見てくると、ある程度は正しいが、かなりの程度は誤りであるというべきだろう。大づかみな把握としては、近世には、だまし討ちを正面から肯定する言説が後退した——というようにとらえておきたい。

以上のように考えてくれば、序章で見てきた多くの議論は、どうやら、「日本の武士たちは正々堂々と戦うことを旨《むね》とし、だまし討ちを否定していた」という先入観にとらわれ過ぎていたようである。本書はそれを指摘して終わってもよいのだが、ここまで考えてきて、「では、そのような先入観は、いつごろ、どのようにして作られたのだろうか」という問いを放置するのは、無責任のそしりを免れないだろう。その解答を求めれば、中世軍記物語の研究者である筆者にとっては、およそ専門を外れる領域に踏み出すことを余儀なくされるのだが、騎虎《きこ》の勢いで考察を続ける。

おそらく、その答えに密接に関わるのが、「武士道」という言葉である。序章にも見たように、日本の武士は「武士道」即ちフェア・プレイ精神に満ちていたと考えている人は、現代の知識人層の中にも少なくないように思われる。しかしながら、右で見てきたような武士たちの価値観は、いわゆるフェア・プレイ精神とはおよそ対極的なものといわねばなるまい。だが、実は「武士道」は、本来このような謀略肯定・虚偽肯定的な考え方と共に生まれ育った言葉だったのである。それが逆転してフェア・プレイ精神のように解され、さらには、日本の武士たちは正々堂々たる「武士道」に生き、虚偽など用いなかったというように考えられるようになったのは、いつごろ、どのような事情によるのだろうか。次章で考えたい。

第四章　「武士道」の誕生と転生

『武田二十四将図』（高野山成慶院蔵より）

I 「武士道」の誕生

「武士道」とは何か

筆者のような、日本中世文学を専攻する研究者は、「武士道」という言葉をめったに使わない。中世の文献には、ほとんど出てこない言葉だからである。中世の大部分の武士は、「武士道」などという言葉を知らずに戦っていたものと見られる。古川哲史『武士道の思想とその周辺』などが考証しているように、「武士道」の語が使われはじめたのは、おおよそ戦国時代後半ないし末期ごろであり、その後もさして多用されたわけではなく、爆発的に流行するのは明治三〇年代以降と思われる。その意味では、「武士道」はやや歴史の浅い言葉であるともいえる。しかし、「武士道」に関わる書物の中には、中世の合戦と「武士道」を関連づけようとするものもある。

筆者は、これまで「武士道」関係の書物を多く読んできたとはいえないが、本書で扱っているテーマとの関連で、ここ数年、「武士道」を扱う書物を何冊か読んでみた。その結果、わかったことは、「武士道とは何か」という問いに対して、現在、明確な解答は困難であるということだった。「武士道」とは、ある論者にとっては日本固有の武士の思想のことであり、ある論者にとっては儒教の日本的変容のことであり、ある論者にとっては自立した個人を基礎とした主従関係のことであり、ある論者にとっては主君と惚《ほ》れ合う男と男の関係のことであり、ある論者にとっては支配階級としての責任感のことであり、ある論者にとっては虚飾を排する潔い姿勢のことであり、ある論者にとっては敵に対して正々堂々たる戦いを挑む倫理観のことであり、ある論者にとっては鎧の色目などにも気を配る美意識のことである。もちろん、一書の中でそれらが複合して論じられることも多い（なお「武士道」を謳う書物には、時に中世の合戦に関する誤解を伴うものがあることも指摘せざるをえない）。

要するに、現在使われている「武士道」という言葉をあえて包括的に定義しようとすれば、「武士の精神などを述べるために適宜用いられる語。内容は、使用する者の武士観によって大きく異なる」とでもしておくほかあるまい。

融通無碍の「武士道」論

なぜそのようなことになるのか。中世末期の「武士道」と、近世の『葉隠《はがくれ》』などの「武士道」と儒教的な「士道」、そして近代に用いられるようになった「武士道」では、おのおの内容がまったく異なる。そのいずれを取るかによって、語義に大きな揺れが生ずることは当然である。しかも、現在使われている「武士道」は、この言葉の歴史的な用法には関わりなく、武士に関わるさまざまの問題、古来の武士の逸話などを、論者の好みに応じて適宜取り上げ、「武士道」と呼ぶような例をも、少なからず含んでいる。日本の武士の長い歴史をたどれば、もちろんさまざまな武士がいるわけで、好みの武士像を取り上げれば、好みの「武士道」論ができあがるわけである。

また、この言葉の周辺には、本来的な語義などという問題にあまりこだわらず、自らの新たな視点を柔軟に加味する融通無碍《ゆうずうむげ》な論者が少なくないこと、さらには、さしたる内容的必然性もないのに、単に人目を引く言葉として書名に「武士道」を冠したかのように見える書物さえあることも、語義が多様化する一因であろうか（ただし、もちろん、「武士道」を論ずる書物の中にも、右記の古川哲史『武士道の思想とその周辺』をはじめとして学問的なものがあることはいうまでもないし、必ずしも学問的とはいえない書物からも、本書がさまざまの啓発を受けたことは、断っておかねばならない）。

もとより、言葉は常に変化するものであり、本来の語義のままに用いられ続けることなどないといってもよい。また、言葉に従来の用法と異なる色彩を与えることによって、新たな生命を吹き込む行為がなければ、学問にも芸術にも進歩などない。したがって、筆者は「武士道」の語義や用法の多様さをとがめ立てしているわけではないのだが、学問的な考察のためには、その変遷や多様性に自覚的である必要があることも明らかであろう。以下しばらく、「武士道」という言葉の誕生について考え、引き続き、その近世への継承と変貌、そして近代における転生の様相を見てゆきたい。

「武士道」以前

「武士道」という言葉の誕生は遅いが、その前史として、多少とも類似する観念は、武士の発生と共にありえたはずである。しかし、従来そうしたものと見られることも多かった、『今昔物語集』所見の「兵の道」が、武士としての能力の意味であって、武士独特の道徳というような意味ではないことは、第二章1節で述べた（『宇治拾遺物語』一二八話・一五五話の例なども同様である）。同様の言葉として、「弓箭《きゅうせん》（弓矢）の道」がある。『今昔物語集』巻二五―一話で、平将門が「新皇《しんのう》」を称するにあたり、「我弓箭の道に足れり。今の世には討ち勝つを以て君とす。何を憚《はばか》らんや」といったという例や、延慶本《えんぎょうぼん》『平家物語』巻六で、成長した木曾義仲を「武略の心武《たけ》くして、弓箭の道、人に過ぎければ」と描く例なども、やはり武士としての実力、能力の意である。

しかし、同じ延慶本『平家物語』巻七には、平家都落の際、宗盛の悲壮な演説に応えて、平家の郎等たちが忠誠を誓った言葉の中に、「弓箭の道に携はる習、二心を存ずるを以て長生の恥とす」とある。この例の場合、「弓箭の道」そのものが道徳を意味しているわけではないが、武士としての倫理に関わって「弓箭の道」の語が用いられる場合があったことを示している。鎌倉時代の説話集である『十訓抄《じっきんしょう》』の巻一―六話に、追いつめられた男が「我生けりとてかひなし。最後に一矢射て死なばやと思ふ。弓矢の道はさこそあれ」と言ったという例なども、倫理や道徳ではないが、武士らしい生き方というものを示す意味で、「弓矢の道」が使われた例といえよう。

おそらく、平安時代から鎌倉時代にかけて、「兵の道」「弓箭の道」あるいは「弓馬の道」などは、おおよそ武士らしい能力や習慣、ないしは生き方全般に広く関わる言葉であって、特に倫理・道徳を意味したわけではなかった。「弓矢取りの習ひ」などと同様の言葉であったと考えてよいだろう。「道」という語は、中世では多く専門的な技能などの意味で用いられた。『徒然草《つれづれぐさ》』一八七段に、「万《よろず》の道の人、たとひ不堪《ふかん》なりといへども、堪能の非家の人に並ぶ時、必ず勝る」（さまざまな方面の専門家というものは、劣った専門家でも、優れた素人よりは勝っているものだ）とあるように、中世の人々は、家ごとに固定された専門職を生きていた。「兵の道」などの語も、そのような専門職の一つ、戦闘の専門家としての能力などを指していたわけである。高橋昌明の、

中世の他の道と同様、「兵ノ道」にことさら精神的・倫理的なものを求めようとすることは適当ではない。「兵ノ道」は（中略）勇敢・敏捷で、腕力と判断力にすぐれた、バランス良い戦闘能力の保持に重点を置いており、それであってはじめて中世的な「道」たりうるのである。

という指摘は、当を得たものといえよう。

武士らしく生きるとは

だが、戦闘の専門家として武士の生き方が確立するにつれて、おのずから武士らしい生き方というものが形成され、それが武士たちに意識されるようになると、倫理や道徳に関連した「弓箭（弓矢）の道」の用法も増加してくる。南北朝時代の『太平記』になると、たとえば、巻一〇「新田義貞謀叛の事」における脇屋義助《わきやよしすけ》の言葉「弓矢の道、死を軽んじて名を重んずるを以て義とせり」、巻三一「新田義兵を起こす事」における石塔頼房《いしどうよりふさ》の言葉「弓矢の道、ふたごころあるを以て恥とす」、巻三四「銀嵩軍《かねがだけのいくさ》の事」における赤松氏範《あかまつうじのり》の言葉「今更弱きを見て捨つるは弓矢の道にあら

ず」などと、武士らしい振る舞いを示すと見られる「弓矢の道」の用例が多い。ただし、その一方で、『太平記』には、巻八「主上自ら金輪法《こんりんのほう》を修せしめ給ふ事」における北条側の武士の言葉、「弓馬の道を守る武家の輩と、風月の才を事とする朝廷の臣と闘ひを決せんに、武家勝たずと云ふ事有るべからず」のように、「弓馬の道」が単に戦闘の専門家を意味するような例もある。かつて釜田喜三郎が、巻二「僧徒六波羅《ろくはら》へ召し捕る事」における地の文の論評「詩歌は朝廷の翫《もてあそ》ぶ所、弓馬は武家のたしなむ道」の例などもふまえて、

これは単に「風月の才」「詩歌」に対する「弓馬の道」に過ぎないのであり、弓矢取る者としての道徳が出来上がっていたとは思われない。

と指摘したのが妥当であろう。釜田は、昭和一九年（一九四四）に発表したこの論の中で、当時おびただしく刊行されていた「武士道」論が、江戸時代の「武士道」と『太平記』を安易に同一視していると批判している。『太平記』あたりまでの「弓矢の道」「弓馬の道」といった言葉は、武士らしさ一般に関わる即自的な表現であって、倫理・道徳に関わることはあっても、「武士の道とはいかなるものか」などと自覚的に追究するような思索をはらんではいなかったと見られる。

なお、この時期の「道」に類似の用例として、『風雅《ふうが》和歌集』（一三四六〜九ごろ成立）巻一七に、源致雄《むねお》の和歌、

命をばかろきになしてもののふの道よりおもき道あらめやは

（『新編国歌大観』一八二二）

がある。「もののふ」は武士を指すし、命を軽んずるというのが、いかにも後世の「武士道」を思わせるので、これは「武士道」の早い例であるとされることもあるが、この「道」は、右の「弓箭の道」「弓馬の道」の類と同様の用法と見ておくべきだろう。大和言葉の「もののふ」と「武士」は、意味は概ね同様でも、用法は異なる。「もののふの道＝武士道」というのは、やや粗雑な整理の仕方だと思われる。ただし、こうした用例を見ていると、南北朝時代ごろには、武士らしい生き方というものが、しだいに強く意識されるようになっていることは確かだろう。

武士の「道」

このように、武士らしい生き方というものが強く意識されるようになると、武士としての「道」を自覚的に追究しようとする動きが出てくる。管見の範囲では、その表れとしてもっとも早いのは、前章2節で見た室町時代の『義貞軍記』である。『義貞軍記』の冒頭は、次のように語り出される。

昔より今にいたるまで、文武二つに分かれて、その徳天地のごとし。一つも闕《か》けては、国を治《ぢ》する事あるべからず。されば、公家には文をもつて先とす。詩歌管絃の芸、これなり。当道《とうどう》には武をもつて基《もとい》とす。弓馬合戦の道、是なり。

（学習院大学本による）

「文武二道」を国家に必要な二つの徳とするのは、『平治物語』の序などにも見られ、『太平記』では、右に見たように公家と武家を対置する修辞が多い。『義貞軍記』はそうした伝統を受けつつ、公家（朝廷・貴族）の「文」（詩歌管絃）に対して、「武」（弓馬合戦）の道を対置するわけだが、そこで、自らの武の道を「当道」と呼んでいることは注意される。「当道」とは、自分の属している専門の道というような意味で、たとえば、『平家物語』巻三「法印問答」では、陰陽師《おんみょうじ》の安倍泰親《あべのやすちか》が陰陽道の経典を「当道三経」と呼んだ例、『太平記』巻二四「天龍寺《てんりゅうじ》供養の事」では、舞楽の「陵王荒序《りょうおうこうじょ》」について、楽師が「中にも荒序は当道の深秘にてたやすくこれを奏せず」と述べた例などがある。『平家物語』を語る琵琶法師の組織も、「当道」（当道座）と呼ばれた。

『義貞軍記』の作者は、武士の「道」を、そうした種々の専門職の「道」と並ぶものとして「当道」と呼び、その道にとって重要な事柄を追究する中で、第三章に見たような猪俣則綱肯定論や、名を惜しめとの教訓を導き出しているわけである。ここでいう「当道」とは、明らかに武士の「道」、武の「道」であり、つまりは「武士道」「武道」の萌芽であるといってよいだろう。武士としての生き方を、極めるべき「道」として自覚的に考えた早い例が、ここにあるわけである。それは、既に見てきたとおり、勝つことを名誉とし、そのためには命を惜しむな、また手段を選ぶなと教える「道」であった。

「武士道」の誕生

現在、「武士道」という言葉の初期の用法を考える最大の手がかりは、『甲陽軍鑑』であるとするのが、通説的な理解であろう。『甲陽軍鑑大成』の索引篇によって検索すると、「武士道」三九例を拾うことができる。また、「武道」は六五例あり、そのほか、類似の言葉に「侍道」「男道（おとこどう・おのこごどう）」などがある。なお、中世末期から近世にかけて、「武士道」と「武道」はほぼ同義に近く、混用されたようである。たとえば、『甲陽軍鑑』では、第三章2節で見た本篇巻二で、「我が家の仏尊し」という態度であると思われるようでは「武士の道」とはいえず、すべてを飾らず、ありのままに申し置くのが「武道」であるとしていた。ここでは「武士の道」はほぼ「武道」に等しい。また、次節に見る『武道初心集』は、「武道」と「武士道」の語を共に用い、「武士道」論の代表的な書物の一つとされる。『葉隠』では、冒頭第一条に「武士たる者は、武道を心懸くべき事」、第二条に「武士道と云ふは死ぬ事と見付けたり」とある。

引き継がれる戦場の精神

さて、「武士道」を中心に、これらの語彙《ごい》を見てゆくと、『甲陽軍鑑』においては、「武士道」は、おおよそ武士らしい勇ましい行動などを指す言葉であって、いまだ理念と呼ぶようなものではないことがわかる。たとえば、本篇巻七に見える話。武田家中で、ある時、武士同士の喧嘩を禁ずるために喧嘩両成敗のおふれを出そうとしたことがあった。しかし、これには反対論が出る。内藤修理《しゅり》は次のように述べたという（原文は長いので、意を取って大幅に短縮した。「　」内は原文）。

喧嘩両成敗を定めて、皆が喧嘩をしないようにすれば、なるほど平和におさまるかもしれない。しかし、武士というものは、何があっても畳を掻《か》いてじっと我慢するような者ばかりでは、ものの役に立たない。「法度《はっと》を執《しっ》し奉りて、何事も無事にとばかりあそばし候はば、諸侍衆、男道のきつかけをはづし、堪忍《かんにん》仕り候ひて、皆不足かきの臆病者になり候はん」。そうなってしまえば、よい侍はいなくなって、信玄公の矛先は弱体化してしまうだろう。「なかんづく、侍大将も、武士道のきつかけの意趣を外し申すにつけては、武士道はすたり、上様の御ため悪しく候ふ」。たとえば、今上座に座っている長坂長閑は、かつて、信州海尻城で「おとこのきつかけを違へ」、城を明け渡して甲州へ帰ってしまったが、「小山田備中が男道を専《もっぱ》ら守るゆへ」、城を守り通して勝利を得た。これはひとえに、小山田備中が「武士道のたしなみ心」にすぐれていたためである。

要するに、武士たる者、ここぞという時に、後先を考えず勇敢に戦うような気風を育てておかなければ、戦には勝てない。だから、ふだんから喧嘩もしないようでは役に立たない、というのである。秩序維持が大事か、軍事力養成が優先か。後世、赤穂浪士《あこうろうし》の吉良《きら》邸討ち入りをめぐって戦わされた賛否両論を連想させるような議論だが、戦国の世としては、当然、軍事優先論が勝つわけである。第二章で見たような、他人に侮られることを極度に嫌う戦場の精神が脈々と引き継がれ、「武士道」となっていった様相が、よくわかる例だろう。

武士道と「喧嘩好き」

『甲陽軍鑑』本篇巻一五には、「奉公人に『武道をたしなめ』といえば、喧嘩好きになってしまう。一方、『いかにも人良くせよ』といえば、武士道がおろそかになる」との言葉もある。「武道」「武士道」は「喧嘩好き」には親しく、人間関係に気を配るような者には遠い精神なのである。また、本篇巻二には、信玄が松平元康(若き日の徳川家康)を評した言葉として、「元康は武道・分別、両方達したる童部《わらんべ》なり」との言葉もある。ここでは、「武道」と「分別」が対置されている。左右を見まわしながら理性的に状況を判断しようとする「分別」に対して、戦うべき時には生命の危険を顧みず、勇敢に戦い抜くのが「武道」なのであろう。もちろん、両者は相容れないものではなく、両者を兼ね備えるのが理想的な武将というわけである。

さらに、本篇巻一二には、次のような信玄の言葉がある(引用方法は右と同様)。

武士というものは、「華奢《きゃしゃ》」(上品・優美・華麗などの意)で、武力にも優れているのが理想だが、容顔美麗ばかり心がけていると、西国の大内義隆《おおうちよしたか》のようになってしまう。駿河《するが》の今川《いまがわ》家でも、

「武士道手柄の者」は数多くいたが、今川義元《よしもと》の弔い合戦もできずに九年も過ごし、「華奢・風流の沙汰ばかり候ひて、武士道すたりたるやうに」見える。

ここでは、「武士道」は「華奢・風流」に対置されている。『太平記』や『義貞軍記』が、詩歌管絃などの「文」の道に「弓馬の道」「当道」を対置していたように、「武士道」は、公家風の上品な文化に対置されるものでもあったわけである。

『甲陽軍鑑』における「武士道」「武道」の用法は、武士としての能力一般ないし武士そのものをいうような例もあって多様だが、精神性をいう側面に注目すれば、「勇敢さ」や「男らしさ」などに強く関わり、貴族的な上品さに対立する概念といえるようなのである。たとえば、侮辱を受けたり、引くに引けない時には瞬時に戦闘を決断し、後先を考えず「きっかけ」を外さずに戦うことができる——そのような、よくいえば野性的で力強い、悪くいえば粗暴で野蛮な、荒々しい精神といえようか。

なお、『甲陽軍鑑』の前後の時期の「武士道」の用例として、室町末期成立とされる『人国記《じんこくき》』伊予の項に一例があり、その後、古川哲史『武士道の思想とその周辺』が紹介する薩摩の『二才《にさい》咄《ばなし》格式定目《かくしきじょうもく》』（慶長元年＝一五九六）や、本多《ほんだ》忠勝《ただかつ》（一五四八〜一六一〇）の『本多中書《ちゅうしょ》家訓』、『清《せい》正記《しょうき》』巻三のいわゆる清正《きよまさ》七ヶ条（加藤清正掟書）、『今川記』、『武功雑記』などに例があることが知られている。さらに、仮名草子『可笑記《かしょうき》』（如儡子《にょらいし》作。寛永一九年＝一六四二刊）には十数例の用例がある。いちいち検討することは避けるが、このうち、『人国記』『清正記』はいずれも「武士道吟《ぎん》味《み》」という用法であり、「武士道吟味」は『可笑記』にも用例が多い点は注意したい。武士らしさというものをよく考え、節度のある行動を心がけるというような意味のようで、後述する中江藤樹《なかえとうじゅ》『翁問答《おきなもんどう》』にも「士道吟味」の語が見られるが、「当世の若き侍」に、「武士道を吟味し、剛なる心がけをたしなむべし」と言ったところ、粗暴な「喧嘩好き」になってしまったという話（『可笑記』巻五）もあるのは、いかにも初期の「武士道」らしい。もう一つ、第三章3節で見たように則綱を肯定していた小笠原昨雲の兵法書『当流軍法功者書』が、別名『武士道功者書』とも呼ばれ、「武道」を多用する中で「武士道」及び「武者道」（各一例）の語を見せていること、また、同じ昨雲の『軍法侍用集』も、「武道」に交じって一例ながら「武士道」を用いていることにも注意しておきたい。なお、井原西鶴《いはらさいかく》『武道伝来記』（一六八七年）は、「武士道」の用例はないものの、敵《かたき》討ちなどの問題において「武士道」に関わる作品だが、本書では扱わない。

謀略の世界から武士道が生まれる

このように、「武士道」の誕生を考える上で重要な書物として挙げられる、『甲陽軍鑑』や『義貞軍記』、小笠原昨雲の兵法書などは、前章で謀略肯定論の系譜をたどってきた際に、代表的な書物として挙げられるものに重なる。もう一つ、前章で重視した『太平記秘伝理尽鈔』も「武道」の語を用いており、たとえば、矢口渡で謀殺された新田義興を批判して、「武道を知らず、将の器《キ》のなきが故なり」、「兵の勇気のみ有り、将の器なし。武道を学ばざる故にや」などと評している。ただし、『理尽鈔』のこのような「武道」の用法は、右に見た『甲陽軍鑑』の例とは異なり、用兵術などの意の「兵法」にほぼ重なるようである。

本来、「武士道」や「武道」は、おそらく、武士として必要とされる能力や精神すべてに関わるものであり、その言葉を用いる者が「武士」のどの側面に重点を置くかによって、さまざまな用法がありえたわけだろう。中世末期には、生まれたばかりの「武士道」は、そのように不安定で多義的な状態にあったようだが、その一面として「兵法」に重なる側面があったわけである。それは同時に、兵法に関わる人々が「武士道」を支えたということでもあった。

宮本武蔵画像（熊本市立熊本博物館蔵）

ちなみに、「兵法」を謳い、「武士道」の系譜に連なるとされる書に、宮本武蔵『五輪書《ごりんのしょ》』がある（寛永二〇年＝一六四三成立か。以下、本文は岩波思想大系『近世芸道論』による）。「兵法之道、二天一流と号し、数年鍛錬の事、初めて書物《かきもの》に顕《あらわ》さんと思ひ……」と書き起こされる『五輪書』は、「兵法」を、「兵法と云ふ事、武家の法なり」と位置づける。「兵法」を武士として必要な「武家

の法」としているわけである。『五輪書』は、

武士の兵法をおこなふ道は、何事においても人にすぐるる所を本とし、或いは一身の切合にかち、或いは数人の戦に勝ち、主君の為、我身の為、名をあげ身をたてんと思ふ。是、兵法の徳をもつてなり。

と、勝利へのあくなき執念をもって「兵法」の「道」とする。その意味でも、『義貞軍記』以来の戦国武士の精神の後継者と見ることができるだろう。ただし、『五輪書』には「武士道」の語が使われているわけではない。「兵法」には、大まかに武術の方向と用兵術の方向とがあるが、もちろん、「二天一流」の「兵法」とは剣術を中心としたものである。おそらくそのいずれにおいても「武士道」「武道」の語が用いられたのだろうが、江戸初期においては、どちらかといえば用兵術を中心とした兵法を説く人々が、好んで「武士道」「武道」の語を用いていたように見える。

「武士道」が生まれ育った世界は、どうやら、謀略肯定・虚偽肯定論の諸書を生んだ兵法の世界だったようである。してみれば、「フェア・プレイ」などという精神と縁がないことは、今さら確認するまでもないだろう。『甲陽軍鑑』本篇巻九には、「名将は、必ず人のとりなしにも、おとこぶりにもかまひたまはず、武士道の武略・知略の侍を、第一ちさうあり」とある。名将は「武士道の武略・知略の侍」を重んじた。『甲陽軍鑑』や兵法家たちのいう「武略・知略」がどのようなもの

であるかについては、前章で見てきたとおりである。おそらく、「武士道」という言葉は、勝つためには手段を選ばず、虚偽・謀略の存在を自明の前提とする世界で誕生したのである。

油断の戒め

だが、戦国「武士道」に関わる諸書が、しばしば虚偽肯定の立場を取るからといって、道徳性を失っているわけではないことも、前章で見たとおりである。『甲陽軍鑑』などは、武士としての修練に非常に熱意を示す。そこには、後年、「武士道」が肯定的に扱われる際に中心的な要素とされる厳しい自己鍛錬、強い向上意欲などの原型がある。『甲陽軍鑑』本篇巻一には、「武士は、ねてもさめても、或いは食事の時も、主人公へ忠節・忠功を存ずべき事」との言葉がある。行住坐臥《ぎょうじゅうざが》、戦闘に備えて油断なく心身を鍛練し、主君への忠義の心を育てる。自らを、主君に用いられる鋭利な刃として日夜とぎすましてゆくことが、理想とされるわけである。主君たる武将自身も、謀略にかからず、部下の心底や能力を見極め、片時も油断せずに生きることを求められていた。

こうした油断の戒めは、戦国大名の家訓にも見られる。たとえば、加藤清正の『加藤清正掟書』は、「奉公の道、油断すべからず」から始まるし、北条早雲の『早雲寺殿廿一箇条』は、「仏神信心申すべき事」という第一条に続いて、「朝はいかにも早く起くべし。おそく起きぬれば、召使の者まで油断致し遣はれず」云々と言い、以下、日常生活に関するこまごまとした注意を続ける。早雲の場合、「少しでも時間があれば、本を懐中しておいて読み、文字を忘れないようにせよ」（第一二条）とか、歌道の勧め（第一五条）のような、教養を身に付けよとの教訓も含んでいるのだが、いずれにせよ、油断を戒め、常に緊張感を持って勤勉に努める態度が要求されている（以上、本文は小澤富夫『武家家訓・遺訓集成』による）。

丸山眞男は、こうした油断を戒める家訓の類を、「常時、戦闘状態のような非常事態を予想し、油断しない心掛け」ととらえ、それらは、本来は儒教の静態的な「礼」とは異なるものだが、そうした精神から発した日常作法の規定が、江戸時代には儒教的な礼節と恭敬の倫理に取って代わられてゆくと分析している。説得力ある見解であろう。だが、丸山は同時に、こうした非常事態の精神の日常化としてとらえうるモラルが、儒教に取って代わられることなく、極限まで展開したものに、『武道初心集』や『葉隠』があるとも指摘している。現在、「武士道」として語られることが多いのは、誕生期を示す『甲陽軍鑑』などではなく、『葉隠』などの「武士道」と、新渡戸稲造などの近代「武士道」である。その二つの峰の片方の麓《ふもと》に、私たちはようやくたどり着いたわけである。

2　『葉隠』の「武士道」

太平の世の「武士道」

第二章で見たように、戦場で生き延びようとするところから発した、強さと紐帯を求める感覚や倫理は、第三章で見たように、謀略戦を戦い抜き、常に勝利のために真実を追求する武将の心構えとして発展し、日常生活を律する家訓をも生み出した。江戸時代の「武士道」「武道」は、その延長線上にとらえることができよう。たとえば、現在一般に「武士道」の代表的な書物の一つとされる、大道寺友山《だいどうじゆうざん》(一六三九〜一七三〇)の『武道初心集』は、冒頭で、次のように述べる。

武士たらんものは、正月元日の朝、雑煮の餅を祝ふとて箸を取り初《そ》むるより、その年の大晦日の夕に至るまで、日々夜々、死を常に心にあつるを以て、本意の第一とは仕《つかまつ》るにて候ふ。死をさへ常に心にあて候へば、忠孝の二つの道にも相叶《かな》ひ、万の悪事災難をも遁《のが》れ、その身無病息災にして寿命長久に、あまつさへ、その人柄までも宜《よろ》しく罷《まか》り成り、その徳多き事に候ふ。
(岩波文庫による)

元旦の朝から大晦日の夕まで、一年中、常に死を覚悟して過ごせという教えは、しかし、死に急げというのではない。逆に、死という最悪の事態を想定することによって緊張感を持って過ごせば、無事に長生きできるというのである。

死の覚悟さえあれば、忠義や孝行という徳目にもかなうし、悪事や災難を免れるし、病気も免れて寿命も延びるし、人柄までよくなるというのだから、いいことずくめである。死を覚悟することによって寿命が延びるといえば、いささか逆説的ではあるが、病気や災難は気のゆるみから来るの

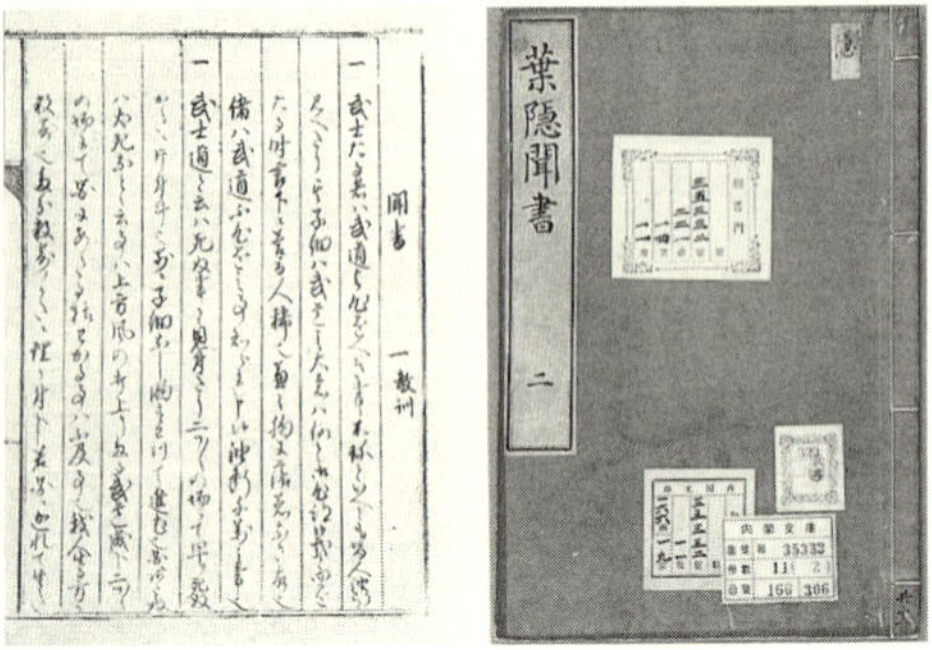

『葉隠聞書』（国立公文書館蔵）

だから、常に緊張感を保って生活していれば病気や怪我は向こうから逃げてゆく――という類の、人生訓ないし健康法の一種として聞けば、それほど奇異な言葉でもないだろう。

大道寺友山は、小幡景憲や北条氏長などに教えを受けた兵法家だが、合戦の時代は、彼が生まれる前に既に終わっていた。『武道初心集』は、戦国「武士道」の教えを、太平の世にふさわしい穏やかな教訓にしたてたものといえようか。「武士道」の近世的継承の代表的な形の一つであり、類似の性格を有する教訓書として、力丸東山《りきまるとうざん》『武学啓蒙《ぶがくけいもう》』（享和《きょうわ》二年＝一八〇二跋）も挙げられよう。

ただし、『武道初心集』冒頭が、戦場の緊張感をもって日常を律しようとする戦国大名の家訓にも似たものでありながら、「無病息災…寿命長久…人柄までも」云々といった物言いに、いささか太平の世に馴致《じゅんち》された通俗的教訓の匂いもただよわせるのに対して、同様の死の覚悟の論理を極限まで突きつめ、過激な表現に託して残したのが、山本常朝《つねとも》の『葉隠』である。

「武士道と云ふは死ぬことと見つけたり」

山本常朝（一六五九～一七一九）は、大道寺友山よりも二〇年遅く生まれ、佐賀の鍋島光茂《なべしまみつしげ》に仕えた。元禄一三年（一七〇〇）、光茂の死により出家し、宝永《ほうえい》七年（一七一〇）以後、常朝の談話を、田《た》代陣基《しろつらもと》が筆録したのが、『葉隠』であるといわれる。

『葉隠』といえば、聞書《ききがき》一―二の「武士道と云ふは死ぬことと見つけたり」で知られるが、これも死に急げという勧めではない。この条の末尾には、「毎朝毎夕、改めては死に死に、常住死身《しにみ》に成りて居る時は、武道に自由を得、一生落度《おちど》なく家職を仕課《しおほ》すべきなり」、つまり、死ぬ覚悟をしていれば一生無事に過ごせるとあるのだから、基本的には『武道初心集』と同様の論理ではあるわけだ。しかし、『葉隠』の表現は、これだけでも『武道初心集』よりはずっと過激で、通俗的教訓にはおさまりそうもない。『武道初心集』と共通の土壌にありながら、大きく異なる方向に根を伸ばした、激しい情念が感じられるのである。

たとえば、右の「武士道と云ふは死ぬことと見つけたり」の後は、次のように続く（以下、『葉隠』の本文は岩波思想大系『三河物語・葉隠』により、「聞書」の番号を記す）。

二つ二つの場にて、早く、死ぬ方に片づくばかりなり。別に子細なし。胸すわつて進むなり。図に当たらず、犬死になどいふ事は、上方《かみがた》風の打ち上がりたる武道なるべし。

生か死か迷う時には、死ぬほうを選び、腹を据えて進む。難しいことはない、ただそれだけだ。結果を計算して、どうすれば計画がうまくいくか、失敗すれば犬死にだ、などとあれこれ考えるのは、

山本常朝自画賛
（個人蔵、佐賀県立博物館寄託）

都会風のうわついた武道である——という。従来あまり注意されていないようだが、ここで批判されている「上方風の武道」とは、第三章2節に見た『太平記秘伝理尽鈔』、または『理尽鈔』を典型とするような兵法を指すのであろう。「図に当たる」（計略が成功する）は『理尽鈔』が好んで多用する言葉であり、「犬死に」は『理尽鈔』のもっとも嫌う事柄である。今でこそ『葉隠』は有名、『理尽抄』は無名だが、江戸初期には『理尽抄』こそ時代の主流であり、『葉隠』はそれに反発したつぶやきに過ぎない。

『葉隠』は武士道の正統な後継者か

策略を練り、緻密な計画を立てて、いかに味方の損害を少なくしながら効率的に敵を倒すか——兵法がそうした方向に工夫をこらすのは当然といえば当然なのだが、『葉隠』はそうした「武道」を嫌う。『葉隠』は将の立場で用兵を論ずるのではなく、「奉公人」の立場でいかに自己の行動原理を貫くかを論じているのである。そうした視点からは、自分が生き延びることを目的とする限り、恥を免れることはできないという判断が出てくる。右の続きを読もう。

二つ二つの場にて、図に当たるやうにする事は及ばざる事なり。我・人、生くる方がすきなり。多分、すきの方に理が付くべし。もし図にはづれて生きたらば、腰ぬけなり。この境、危きなり。図にはづれて死にたらば、気違にて恥には成らず。是が武道の丈夫なり。

生か死かという場面であれこれ計略を考え、迷っているとどうなるか。誰でも死ぬよりは生きるほうが好きだから、生のほうを選ぶだろう。その結果として、死ぬつもりだったのに計画が狂って生き残ってしまった場合は、腰抜けになってしまう。逆に、計画が狂って死んでしまった場合は、「気違」とはいわれても、恥にはならない。これが武道の丈夫というものである。

こうした『葉隠』の主張は、二〇世紀になってから「武士道」の精華としてもてはやされるのだが、これはほんとうに戦乱の世に生まれた「武士道」の正統な後継者なのだろうか。

武士らしい情熱

山本常朝が生まれたころは既に太平の世ではあったが、常朝の祖父や父は、荒々しい戦国の雰囲気を残していたようである。たとえば、常朝の祖父・中野神右衛門《じんえもん》清明《きよあき》は、下人《げにん》たちに「おろめけ、虚言いへ、ばくちうて」と言っていたという（一一—四三。「おろめく」は大声でどなる意とされる）。父の山本神右衛門重澄《しげずみ》も、家来たちに、「博奕《ばくち》をうて、虚言をいへ、一時の内に七度虚言いはねば、男は立たぬぞ」とばかり言っていたという（八―一四）。正直者の武士は大した役に立たない、武士たる者、多少は悪事乱暴を働くようでなくてはだめだというのである。その友人の相良求馬《さがらきゅうま》なども、盗みや姦通《かんつう》を犯した家来を許して取り立て、「そういう者でなくては役に立つ者は出てこない」と言っていたという（八―一四）。

「男は若いころには多少ヤンチャをするぐらいでないとものにならない」というわけであろう。先に見た『甲陽軍鑑』の「喧嘩好き」の世界に共通する、荒々しい男臭さに満ちているのである。戦国時代までの、戦闘集団としての武士の育成には、こうした考え方が適していたのだろう。もちろん、彼らはただガラが悪いのではない。山本重澄の言葉としては、「朝は七つに起き、日行水」云々と日常生活を規定したり、「士は喰はねども空楊枝《からようじ》」などと忍耐を重んずるものもあるし（一―六〇）、相良求馬は『葉隠』聞書の各所に登場するが、覚悟の据わった一人当千《いちにんとうぜん》の武士だったという。

常朝の祖父・清明は、その身に手傷が一七ヶ所あった（一一―三五）というし、父・重澄も、島原の乱で負傷するなど、なお戦場を知っている世代であった。しかし、常朝は、重澄が七〇歳の時の子である。常朝が生まれた万治《まんじ》二年（一六五九）には、悪事に目をつぶってでも蓄えておくべき荒々しい活力が現実に必要とされる合戦の場は、もはやなかった。太平の世で官僚のような機能を担うこととなった武士の集団を、こんな考え方で育てるわけにはいかない。常朝が懐古する父や祖父のような武士は、急速に姿を消していったのであろう。

常朝は嘆く。いまどきの武士はスリのような目をして自分の欲得ばかり考えている、口先ばかりで女のようだ、若い者が集まって話すことといったら金の損得、服装、色恋のことばかりではないか（一―三五、三六、六三）。主君への燃えるような忠誠の心や、敵に立ち向かう激しい闘志など、武士としてあるべき情念はどこへ行ってしまったのか。武士らしい情熱を失ってしまった武士たちに対して、常朝は不満を時に激しく噴出させる。だが、それでは常朝自身の情熱とはどのようなものであったか。

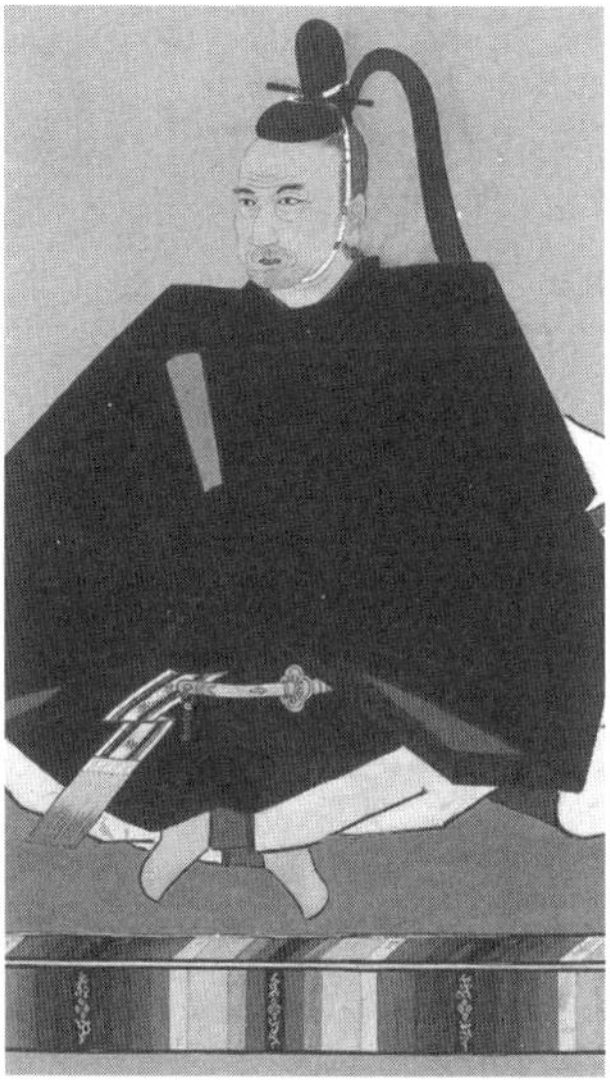
鍋島光茂画像
（高伝寺蔵、佐賀県立博物館寄託）

「忍ぶ恋」と死を希求する精神

常朝自身、激しい闘志を燃やす敵というものを持たなかった。彼の情熱は、ひたすら主君に対する忠誠に向けられる。それがほとんど恋愛感情のように表現されることは有名だろう。

恋のはまりの至極は忍ぶ恋なり。「恋死なんのちの煙にそれとしれつひにもらさぬ中の思ひを」。かくの如きなり。（中略）この事、万の心得にわたるべし。主従の間など、この心にて澄むなり。

（二―三四。二―二にも同様の記事あり）

恋の相手に、その思いを一生打ち明けることなく、ついに焦がれ死んでしまう。そして死後、煙のなびく方向によってはじめてその深い思いが知られる。見返りを求めず、自己完結する無償の愛。それが常朝の理想とする恋であり、主君への思いもそれと同じだというのである。こうした繊細で内向的な情念が、『葉隠』の忠誠であった。戦乱の世であれば、家臣の忠誠は戦場の行動で示すことができる。しかし、太平の世では、どんなに強い真情でも、それをただちに証明する手段はない。自己の心を絶えず純粋に澄ましながら、じっと待つしかないのだ。そうした日々の中で、現実に戦闘で明け暮れていた人々にはありえなかった、内省的な思索が静かにとぎすまされてゆく。

従来、この「忍ぶ恋」は、主君への忠誠の比喩のように読まれてきたことが多いだろうが、最近、小池喜明は、常朝の「御側《おそば》」という職掌や、当時の衆道《しゅどう》（男色《なんしょく》）の隆盛などに注意して、こうした主従観そのものが衆道の基盤の上に成り立っているとしている。説得力ある見解であろう。常朝は、かつて主君の光茂から夜着と蒲団《ふとん》を拝領して感激し、「殉死が許された昔ならば、この蒲団を敷き、この夜着をかぶって、追腹《おいばら》を仕るべきもの」と思ったという話もある（二―六四）。忠という観念をさかのぼれば、第二章で見たような戦場における紐帯の倫理にたどり着くともいえようし、衆道は戦国らしい風俗でもあるが、忠にせよ衆道にせよ、それをここまで突きつめて純粋化する精神、そして「死」を希求する精神は、戦場からは遠く離れているといわざるをえない。『葉隠』は、『武道初心集』とは違った意味で太平の世の産物なのではないか。

このような常朝の志向は、太平の世においては、主君への殉死のほかに表現手段を持たない。常朝は、主君の光茂の死に際して殉死を願った。しかし、もはや幕府も佐賀藩も、それを許してはいなかった。佐賀藩では、肝腎の光茂自身がそれを禁じたのである。常朝は願いどおりの至高の死をとげることができずに、やむなく出家した。そして、長らえて語ったのが『葉隠』なのである。

もっとも、『葉隠』がこうした激しい情念の言葉のみで満たされているわけではなく、一面では「時代即応的な治世における処世知の集積」(小池喜明『葉隠―武士と「奉公」―』)といわれるほど、「奉公」に関する日常的な知恵の記述も多い。だが、ここで問題としているのは『葉隠』の「武士道」論の側面である。その意味で、『葉隠』の「死」への志向について、もう少し見ておこう。

死の覚悟は何のためか

「武士道は死に狂ひなり。一人の殺害を数十人して仕かぬるものなり」(一―一一三)。死に物狂いで戦う武士は強く、何十人で取り囲んでも手を焼くという。そのこと自体は、「武士道」など知らない何百年も前の武士が、経験的に知っていたことと変わるまい。たとえば、『陸奥話記』(第一章3節参照)によれば、厨川の戦いで、滅亡目前の安倍氏の兵数百人が、柵の中から決死の覚悟で突撃してきた時、包囲した側の清原武則は、わざと囲みの一方を解くように命じた。すると、それまで死に物狂いで奮戦していた安倍氏の兵は、助かる可能性が生まれ、戦うか逃げるかという迷いが生じたとたんに乱れ、たちまち殺戮されたという。死を恐れない一心不乱の戦いこそが、逆に戦場で生き延びる結果につながるという逆説的な論理が成立するわけである。しかし、常朝の関心は、生き延びることにあるわけではない。

常朝は、「武篇は、敵を討ち取りたるよりは、主の為に死にたるが手柄也。継信《つぐのぶ》が忠義にて知れたり」という（一―一七一。継信への憧憬は一一―八七にも語られる）。佐藤継信は、屋島合戦で義経をかばって矢面《やおもて》に立ちふさがり、強弓で鳴る教経《のりつね》の矢を受けて死んだ。これを武士の鏡とするところまでは『平家物語』の世界と変わらないように見えるが、『平家物語』の武士たちが目指していたのは、先陣や大将首といった功名であって、死ぬことでないのは明らかである。

『葉隠』にごく近い時代の宮本武蔵『五輪書』も、世間一般の武士たちは、「ただ死ぬると云ふ道」を心がけている者が多いようだが、僧も女も農民も、義理を知り恥を思って死に場所を思い切ることは同じだとして、前節に引いたように、戦いに勝って名を挙げ身を立てることこそが、「武士の兵法をおこなふ道」だと言っている。戦国までの武士たちは、主君のための自己犠牲や、常に死を覚悟して生きることをよしとしたが、それは勝つため、身を立てるためであり、死を自己目的化したわけではないのである。

死への志向という美学

ところが、切り死に・切腹の夢を見ては自分の志を確認していた（二―六など）という常朝は、しばしば死そのものを志向し、理想の死に方を夢想する。「討死したる時、敵方に死骸向きて居るようにと覚悟すべき也」（二―一六二。二―二八にも類句あり）は、何が何でも戦に勝とうという執念のようでもあるが、むしろ、いかに死ぬか、自分の志をいかに表現するかを考えつめた言葉であろう。「五、六十年以前までは、士は毎朝行水、月代《さかやき》、髪に香を留め、手足の爪を切て、軽石にてすり、こがね草にて磨き、懈怠《けたい》無く身元を嗜《たしな》」んでいた（一―六三）と語る常朝は、美しい死にあこがれる。死への志向は、自己完結した美学なのである。「勝ちたがりてきたな勝すれば、負けたるには劣る也」（二―一〇八）とは、訴訟などに関する言葉で、合戦についていったものではないが、常朝は、おそらく合戦についても、醜い勝利よりも美しい死を望んでいたのではないか。

これは、戦場で勝ち残ることを根本に置いた戦国「武士道」から見れば、一種の倒錯である。則綱をたたえた『義貞軍記』の作者や、「勝つ事が本にて候」と言った朝倉宗滴であれば、違和感を表明するか、心得違いを諭すだろうし、『理尽鈔』の作者なら、「血気の勇者」と鼻で笑うかもしれない。生のための「死の覚悟」から外れて、死そのものへの希求にしばしば接近するところに、『葉隠』の志向が、善かれ悪《あ》しかれ戦場を離れた美学にあることを認めねばなるまい。

私たちは、これまでの考察によって、戦国武士の精神から『葉隠』へとつながる道筋をたどることはできるはずだが、その間に、はるかな距離があることも認めざるをえないだろう。内向的省察を極めた『葉隠』の表現は、それによって時代を超えた普遍性を獲得していると思われるが、それは、たくましい戦国「武士道」の世界から離れることによって可能となったものであろう。

異端の書としての『葉隠』

『葉隠』は、江戸時代には、佐賀藩で読まれたばかりで、全国的には無名の存在であった。佐賀藩内でも一般には好意的に扱われず、秘本扱いされていたともいわれる（古川哲史『武士道の思想とその周辺』、鍋島直紹「随筆『葉隠』」など。ただし、松田修「葉隠序説」の異論もある）。小池喜明は、「藩政の機微にふれた記事や、うがった人物評」が多すぎたために、秘めたる存在とされたのだと見る。だが、もし仮に広い流布が可能だったとしても、同時代的な支持が得られたかどうかは疑問である。

『葉隠』の思想は幕藩体制の支配的思想であった儒学には対立的であり、また、戦国「武士道」の後継者たる兵法家、さらには『武道初心集』などとも異質なのである。そうした意味で、おそらく、近世の「武士道」を『葉隠』によって代表させることには問題があろう。『葉隠』には、異端の書という位置づけがふさわしいのではないか。少なくとも、『葉隠』の精神が一つの伝統的潮流となって次の時代に継承されたわけではない。それは時代を飛び越えて、二〇世紀の日本人によって発見され、利用されたのである。

『葉隠』が佐賀県外に知られるようになったのは、明治三九年（一九〇六）、篤志の小学校教員中村郁一が自費出版した抄録本が刊行されてからのことであるという（小池喜明『葉隠―武士と「奉公」―』による）。その前年に刊行された『武士道叢書』は、武士道に関わる書物を網羅しているが、『葉隠』は収録されていない。全国的には無名だったわけだが、それ以後、「武士道」賛美の時流に乗り、『葉隠』は急速に日本全国に知られるようになっていった。広く読まれさえすれば、『葉隠』の突きつめられた純粋な思考や、繊細な観察に基づく鋭い表現は、近代人の心をつかむ魅力を持っている。そして、日本には古来一貫して「武士道」が存在したのだという、当時流行していた「武士道史観」ともいうべき歴史観により、戦国「武士道」との相違などは無視され、『葉隠』は古来の「武士道」の精華として読まれた。さらに、国粋主義・軍国主義の風潮が強まる中で、逆に『葉隠』を起点に「武士道」を考えるような風潮さえ生まれたわけである。

日本陸軍の中に生きる『葉隠』

もちろん、山本常朝には何の責任もないことだが、そうした風潮にあって、『葉隠』が「武士道」を誤解させる役割を演じたことは否定できない。たとえば、古川哲史『葉隠の世界』の指摘する、インパール作戦（一九四四年）の事例。日本陸軍の無謀さの典型として悪名高いこの作戦が、補給の失敗などにより数多くの犠牲者を生んで悲惨な失敗に終わろうとしている時に、司令官の牟田口《むたぐち》中将は、「弾丸がなかったら銃剣があるじゃないか。銃剣がなくなれば腕で行くんじゃ。腕がなくなったら足で蹴れ。足もやられたら口で噛みついて行け」と訓示したという（高木俊朗『抗命』）。これは明らかに、『葉隠』（七―四〇）が大木前兵部《おおきさきのひょうぶ》の言葉として引く、

勇気は心さへ付かば成る事にて候。刀を打ち折らるれば、手にて仕り候。手を切り落とさるれ

ば、肩節にてほぐり倒し申し候。肩切り離さるれば、口にて首の十や十五は喰切り申し候。

によるものであろう。

筆者は、近代日本軍に見られるこの種の非合理主義や偏狭な精神主義は、むしろ近代日本固有の病理として考察すべきものと考える。だが、合理的な思考や計画性を欠き、向こう見ずな勇気ばかりを強調した無謀な戦いが、『葉隠』の名によって、あるいは「武士道」の名によって弁護されたことは事実であろう。それは、策略を自明の前提とした「武士道」とは似ても似つかない精神であり、おそらく『葉隠』自体とも異質なものであったはずだが、多くの人がこうした精神を日本古来の「武士道」であると信じて鼓吹し、そのためにひどい目にあった多くの人もまた、それを日本古来の「武士道」であると信じて、日本人は合理的な思考能力を欠くのだと考えたりした。「武士道」や日本中世の合戦に関する誤解が生まれる大きな原因の一つは、このあたりにあったと思われる。

3 「士道」と「武士道」

武士はなぜ必要か

さて、戦国「武士道」の後継者として江戸時代に最大の力を持ったのは、戦国「武士道」をそのまま継承しようとした兵法家でも、『葉隠』でもなく、儒学によって太平の世にふさわしく矯《た》められた「士道」である。その創始者としては、山鹿素行を宛てるのがもっとも一般的であろう。本書もそれに異論はないが、まず、「士道」の先駆者として、北条氏長の『士鑑用法』を見ておきたい。

北条氏長は、第三章3節でも見たように、山鹿素行の兵法の師でもあり、その著『士鑑用法』(正保三年＝一六四六)において、兵法を国家の大事、「天下の大道」として位置づけた。その序は、「それ軍法と云ふは士法なり」と始まり、『孫子』の「兵は国の大事」云々の句を引いて、「兵と云ふは士をさして云ふ」と続く。つまり、武士は国家にとって重要な存在だが、それはなぜかというのである。

人間は衣食住のどれが欠けても生きられない。そのために、農耕をするのが「農人」、器や家を作るのが「工人」、器や食を運ぶのが「商人」、これを「三宝」という(仏教語の仏法僧を指す「三宝」の転用であろう)。しかし、国を守護する者がないと盗人が出てくるので、これを征伐して平和を守る役人が必要である。それが「士」で、これを加えて「士農工商」というのである。『士鑑用法』は、いかにして戦に勝つかを説いた兵法書だが、軍事の具体論に入る前に、「士」をこのように位置づけた序を掲げるわけである。

戦国時代の武士も、戦闘者としてだけではなく、統治者として自らを位置づけていたことは、第三章でも見たとおりだし、「士農工商」も中世から用いられていた言葉ではあるが、これは、明らかに新しい時代に即した武士論である。室町時代の『義貞軍記』が、公家の「文」に対して「武」

の道を位置づけていたのに対して、『士鑑用法』は、「農工商」に対する「士」の位置づけを問うところから始める。その答えが国の守護、盗人の征伐である点では、武士は依然として軍事・戦闘の専門家であるとされてはいるのだが、軍事の必要性が、農・工・商の民を守るというところから発想されているところが、江戸時代らしいといってよいだろう。『義貞軍記』の世界では、軍事の必要性など自明のことであり、その意味では、そもそも武士はなぜ必要か――などという問い自体、おそらく成立しなかったのではないか。

平和な社会と兵法

また、軍事の必要性を、平和な社会の保護に見る点も注意すべきであろう。武士とは、『甲陽軍鑑』(第三章2節参照)で馬場美濃守が言っていたような、罪もない他国を押し破り、好き勝手に奪うような者ではないのだ。『士鑑用法』は、末尾で次のように説く。

たとひ国主たりと云へども、欲の為に兵を起し、人の国を攻めとりて我が国となさんことを思ひ、或いはいかりによつて人をころし、闘争を好むは、是、治国の主にあらず。将士たりと云へども、名利《みょうり》にふけり、誉れをねがひ、我が立身の為に弓矢をとらば、是、忠節の臣下にあらず。士なりと云へども、盗賊の徒党なるべし。

(『日本兵法全集・北条流兵法』による)

あらゆる法は、用いようによっては盗賊の法となりうる、兵法も同様であり、こうした国主や将士が私心によって用いれば盗賊の法となってしまうから、注意せねばならないというのである。『甲陽軍鑑』の馬場美濃守がこれを読んだならば、「意地の汚き武士」「女侍」と罵るかもしれないが、日本社会はもはや、力に任せた侵略を肯定する時代ではなくなっていた。

『士鑑用法』は、兵法を正しく用いるには「方円神心の理」が必要であるという。これは、仏教や神道の理論を用いたものであるようだが、その内容はあまり明確ではない。「士」の語を用いる点などには、儒教の影響をも見るべきだろう。だが、理論をどこから借りてきたかは、さして重要な問題ではあるまい。兵法の根本に、平和な社会一般に通ずる倫理を据えねばならないと考えたことそのものが、戦場独特の倫理の発展形態としての「武士道」とは、方向性を異にするのである。戦場から生まれた兵法を、いかに平和な社会に適合させてゆくかという問題意識を、そこに見るべきだろう。兵法家の間にも、時代に即応して、このような考え方が生まれていたわけである。

武士は民を導けるか

第三章3節にも見たように、北条氏長に兵法を学んだ山鹿素行（一六二二～八五）は、そうした考え方を大きく発展させつつ、戦国「武士道」とは明らかに異質な「士道」を体系化した。『山鹿語類』巻二一「士道」の項を読んでみよう。素行の談話を門人が編集し、寛文五年（一六六五）に成立したものである。

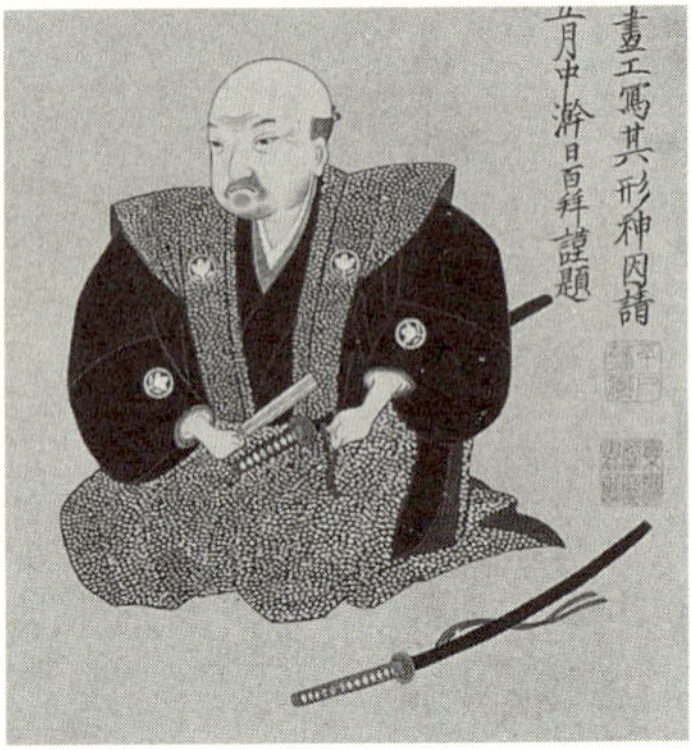
山鹿素行画像（松浦史料博物館蔵）

ここに生々無息の人、或いは耕して食をいとなみ、或いはたくみて器物を造り、或いは互に交易利潤せしめて天下の用をたらしむ。是、農工商已《や》むを得ずして相起れり。而《しか》して士は耕さずしてくらひ、造らずして用い、売買せずして利たる、その故何事ぞや。

（岩波思想大系『山鹿素行』による）

農業も工業も商業もしない士の職分とは、一体何なのか。それが何もないならば、士は遊民ではないか、あるいは「天の賊民」とさえいえるのではないか。「士」の職業とは何かという問いは、『士鑑用法』と同様ではあるのだが、その問いかけはきわめて厳しい。

しかれば、士何ぞ職業なからんと、自ら省みて士の職分を究明いたさんには、士の職業初めてあらはるべきなり。

『士鑑用法』ではあっさり提示されたその答えが、『山鹿語類』では簡単には出てこず、自らを省みてよく究明した末に、はじめてわかることとされる。もはや、盗賊征伐を持ち出す程度では、太平の世の巨大な統治機構と化した武士階級の存在を説明するのに、十分な説得力を持たないのであろう。長々とした省察の末に得られた答えは、『士鑑用法』とはまったく異なる。

凡そ士の職と云ふは、其の身を顧《おも》ふに、主人を得て奉公の忠を尽くし、朋輩《ほうばい》に交じはりて信を厚くし、身の独りを慎んで義を専《もっぱ》らとするにあり。

「士」の役割は、ついに戦闘の専門家ではなく、忠・信・義といった儒教的徳目を守ることとされるようになったのである。平和な社会において指導的な役割を果たすことが武士の任務であるとすれば、儒教的な徳目を守り、民の模範となることこそが肝要である。兵法を学ぶと同時に諸学を学び、儒学者でもあった山鹿素行によって、戦国「武士道」は大きく方向を変えられたわけだが、これは、兵法や「武士道」の視点から見れば変化であっても、儒教の側から見れば、武士を本来あるべき姿に立ち戻らせることなのである。

士道であって、武士道ではない

『山鹿語類』より早く、中江藤樹（一六〇八～四八）は、『翁問答』において「士道」または「士《さぶらい》の道」を説いている（振仮名は原文のまま。岩波思想大系『中江藤樹』による）。中江藤樹は儒学者で、後に陽明学《ようめい》に傾倒するが、『翁問答』はそれ以前の寛永一七、八年（一六四〇、四一）に書かれた。出版されたのは藤樹の没後、慶安《けいあん》二、三年（一六四九、五〇）である。この書における「士《さぶらい》」とは、日本の武士を指すと同時に、古代中国の「天子・諸侯・卿大夫《きょうたいふ》・士・庶人」の五階級の中の「士」でもある。つまり、武士を儒教的な社会観における「士」として導こうとするわけである。

そもそも「士」とは、「仕へて事を担当する者」、「狭義では、天子・諸侯の臣で、卿・大夫の下に位し、事務にたづさはる者」（『大漢和辞典』）とされる。『孟子』滕文公《とうぶんこう》下に「士の仕ふるや、なほ農夫の耕すがごとくなり」とあるように、主君に仕えることが「士」の本質とされた。だがそれは、受動的に主君の命令に従うことではなく、志と判断力を持って政治に参加することが望まれたのである。士は大夫と共に「士大夫」と呼ばれ、「士大夫の文学」などといわれるように、志を持って文学を支える存在でもあった。その点で、「文」に対置される「武」を標榜《ひょうぼう》する「武士道」とは、根本的に方向性が異なる。

藤樹は、「仁義を行うのが士道だとすれば、士道を心得た武士など古来稀《まれ》だが、それでも国は治まっているではないか」とか、「武士は平生から猛々しく武芸の腕を鍛えていなければいけないのではないか」といった、いかにも戦国「武士道」を思わせる問いに対して、「仁義の道に背いて欲のために働くのは謀反人や盗人であって武士ではない、ただ強さを誇って人を殺すのが武士だと思っている者がいるのは嘆かわしい」とか、「ただ喧嘩が強いだけでは、噛み合いの強い犬と同じだ」などと答えている。『甲陽軍鑑』の馬場美濃守や内藤修理、あるいは『葉隠』に描かれた常朝の父や祖父がこの批判を読んだなら、何と言っただろうか。山鹿素行が、戦国「武士道」の延長線上に立つ傾向が強いのに対して、中江藤樹は、戦国「武士道」に対立する性格がより強いといえようか。和辻哲郎《わつじてつろう》は、西鶴『武道伝来記』に描かれる「武道」や『葉隠』『武道初心集』などと、中江藤樹などの「士道」の相違を指摘して、藤樹はむしろ「君子道」であると評している。

また、藤樹より少し後、素行と同時代に生きた熊沢蕃山《くまざわばんざん》（一六一九〜九一）は、『集義和書《しゅうぎわしょ》』（延宝四年＝一六七六以前成立か）において、「士は何を以てか天職とせん」との問いに対して、それは「人を愛する」ことだと答える（巻一五、義論之八。岩波思想大系『熊沢蕃山』による）。何も生産しない「士」は、人を愛さなければ無価値だというのである。そして、「人を愛する」とはどういうことかといえば、武芸と学問を共に修め、主君に仕え民を導き賊を防ぐことであり、それを成しうるのは「文武二道の士」であるとする。もはや、「文」に対する「武」の道ではないことが、むしろ前提となっている。やはり、「士道」ではあっても、「武士道」ではないわけである。

「士道」を「武士道」と呼べるのか

もっとも、これら儒学者の築いた「士道」こそが「武士道」であるとする見解もある。最近では、中江藤樹・熊沢蕃山・山鹿素行を「武士道論の定礎者」とした、俵木浩太郎『新・士道論』がある。また、「士道こそ武士道である」とまではいわなくとも、「武士道」の中に「士道」が含まれるとする見解は少なくない。確かに、素行が兵法の系譜を継いでいるように、「士道」は、戦国「武士道」

の流れを継承しつつ、その荒々しい思潮を矯めて道徳的な形を整えたものともいえようし、その後、「武士道」はしだいに「士道」の内容を取り込んでいったようで、幕末から明治には、「士道」に近い内容が「武士道」と呼ばれるようになる(後述)。そうした意味では、現代の操作概念としての「武士道」は、「士道」が中心であってよいという議論も、理解できないわけではない。

しかし、戦国時代末期から江戸時代の大半において、「武士道」を自称したのは戦国「武士道」論者とその継承者たちであり、「士道」論者ではあるまい。「武士道」と「武道」は混用されたり、ほぼ同義で用いられることも多いが、「士道」は、少なくとも出発点においては「武士道」とはまったく異なる。中江藤樹以降の儒者には、自分たちは「武士道」を標榜する兵法家のような連中とは異なるというはっきりした自負を持っていた者も多いはずで、次に見る『士道要論』のように、「武士道」に対する批判を込めて「士道」の名を用いていることもある。当の本人が「武士道」ではないと主張しているものに、むりやり「武士道」の名をかぶせるのは、儒者たちに気の毒というものであろう。明治になって唱えられた「武士道」に似ているかどうかなど、江戸の儒者たちの知ったことではない。近代「武士道」を起点として構想するために、近世の「武士道」批判論者をも「武士道」と呼ぶのでは、歴史記述としては本末転倒であるといわざるをえまい。「武士道」の語は、やはり自ら「武士道」を唱えていた者たちについて用いるのを基本とすべきであり、江戸時代、特に一八世紀ごろまでにおけるその主流は、戦国「武士道」の後継者であるというべきであろう。

「武士道」を批判する

儒者たちと「武士道」の関係は、全体としてあまり良好とはいえまい。たとえば、日本の生んだ代表的な儒者であり、兵学にも詳しかった荻生徂徠《おぎゅうそらい》（一六六六〜一七二八）が、『太平策《たいへいさく》』で、次のように「武士道」を批判しているのは著名だろう。

又、武士道と云ふは、大形は戦国の風俗なり。（中略）王侯卿大夫の職に供《そなは》りて、吾身の君子なることをばしらず、賤《いや》しき昔の武士の名に拘《こだ》はり、学問を以て才智を広め、文を以て国家を治むることをばしらず、眼《まなこ》をいらゝげ、臂《ひじ》を張り、刑罰の威を以て人を恐《おど》し、世界をたたきつけて、是にて国を治むると思へるは、愚かなることの項上なり。（岩波思想大系『荻生徂徠』による）

「武士道」などは、時代遅れの戦国の風俗に過ぎない。今や文治の世にあって、道徳を身に付けて民に模範を示す「士」たるべき者が、「賤しき昔の武士の名」にこだわって野蛮な振る舞いをするとは何事か。徂徠にとっては、「武」によって国を治めようとする「武士道」などは愚の骨頂であった（なお、『太平策』は徂徠自身の著作ではないとする説もあるが、徂徠周辺の考え方を反映していることは確かだろう。徂徠の「武士道」批判は『答問書』にも見られる）。

徂徠からさらに一〇〇年余りを経て、幕末の儒者・斎藤拙堂《せつどう》（一七九七〜一八六五）が著した『士道要論』（天保《てんぽう》八年＝一八三七序、嘉永《かえい》三年＝一八五〇刊）は、儒教的忠孝論に基づく「士道」を説いて、

「武士道」を次のように批判する。

近世武弁の家にも、おのづから武士道といへる事ありき。たが定めしといふことはしらねども、おのづから道にかなへることもあれど、私心偏見をまぬかれざることも多し。(中略)もつともいたくそむけたることは、「きりどり強盗は武士のならひ」といへることさへあるにいたれり。

(日本教育文庫による)

拙堂が批判の対象とした「武士道」論者は、「きりどり強盗は武士のならひ」という諺を批判としてではなく、「武士は強盗と同じでよい」とばかり、居直って用いることもあったという。それは、第三章3節に見たように、貝原益軒の『文武訓』に厳しく批判された「ひずかしくすすどき武道」の提唱者たちと重なるものであろうし、さらには、『甲陽軍鑑』において、罪もない他国を奪い取ることを肯定していた馬場美濃守の発言などにも通じるものといえよう。要するに、武士を平和な社会の官僚たらしめることに違和を表明し、反道徳的な色彩を帯びることも辞せず、荒々しい戦士としての本来の面目を保とうとしていたのが、これらの「武士道」論者なのであり、「聖人の道を明らめて義の至当を求むるこそ、真の士道」であると考える拙堂には、我慢のならない存在だったのだろう。

いや、あるいは、ここには拙堂の危機感を読み取るべきなのかもしれない。後述のように、この時期には「武士道」論者の力が増し、儒者側は反撃せざるをえない立場に追い込まれていたようにも見える。ともあれ、戦国「武士道」の正統な後継者ともいうべき者たちは江戸時代を通じて健在で、儒者側からの批判を浴び続けていたわけである。

「日本は武国なり」

このように、戦国「武士道」は、一面では儒教的「士道」に吸収されていったが、一方ではそれに反発し、戦国風の「武士道」を継承しようとする流れが存在した。それは、素朴な荒々しい「武士道」を継承して、「ひずかしくすすどき武道」だの、「きりどり強盗は武士のならひ」だのと言ってのけるような側面をも持っていたのだろうが、管見に入った範囲では、そうした主張を自ら露骨に盛り込んだ文献は見当たらない。しかし、貝原益軒『文武訓』が、「ひずかしくすすどき武道」の提唱者たちのものとして記していた「日本は武国なり」との主張は、現存文献から容易に見てとれる。「武」に価値を置く人々が、「文」に価値を置いて中国文化を尊敬する儒者に反発し、ナショナリズムと結合していった流れがあったようであり、その流れは「武士道」論者に関わってくるようなのである。

たとえば、松宮観山《まつみやかんざん》（俊仍《としつぐ》。一六八六〜一七八〇）は、北条氏如《うじゆき》（氏長の孫弟子）に兵法を学び、また儒学者でもあったほか、神道などを広く学んだ点で山鹿素行に似た面のある学者だが、その著『学論』（宝暦《ほうれき》五年＝一七五五序）において主張している文武二道論は、素行や蕃山とは趣を異にする。観山も「文武二道」を唱えるのだが、その重点は明らかに中国と「文」を重んずる儒者を批判し、日本と「武」を擁護するところにある。中條信敬《ちゅうじょうのぶたか》の記す跋に、「今や、文学は盛行すといへども、武備は大いに弛《ゆる》む」とあるように、太平の世で儒学が栄える一方で、「武」はすたれてしまっているのではないかという危機感が、この書を支えているのである。本書について注目しておきたいのは、日本は古来「武」のさかんな国であったとする、「武国」としての歴史観である。『学論』は言う。

もとそれ我が国は、上つ世に「細戈千足国《くはしほこちたるのくに》」と称す。武備の盛、また以《もっ》て知るべし。爾来《じらい》、国人、風と成すなり。（日本儒林叢書による。原漢文）

「細戈千足国」とは、『日本書紀』神武天皇三一年条に、イザナギの命《みこと》の国讃めの言葉として、「日本は浦安の国、細戈の千足国、磯輪上《しわかみ》の秀真《ほつま》国」と三つの名が記されているうちの一つである。『学論』は、このうち「よい武器がたくさんある国」の意の「細戈千足国」のみを取り上げて、日本は古来、武に優れた国だと述べるわけである。そして、日本の「武」の歴史を、天孫降臨・神武東征から始めて叙述している。

日本固有の「武」

こうした記述は、山鹿素行『中朝事実《ちゅうちょうじじつ》』（寛文九年＝一六六九序）「武徳章」が、イザナギの命が天之瓊矛《あまのぬぼこ》を持って下界の海をかき回したとの話から、「大八洲《おおやしま》はもともと瓊矛に似た形をしている、ゆえに細戈千足国というのだ、これは我が国が雄武であることの表れである」との論理を展開しているのとよく似ている。『中朝事実』は、中国が「中華」を称し、周囲の国々を夷狄と見るのに反発し、日本こそが「中国」であると主張した書であり、素行の後半生のナショナリズムへの傾倒を示す書として知られる。素行はまた、『山鹿語類』巻二一では、「しばらくも武におこたる処あるときは、即ち乱逆生じ易し。是ただ本朝の風儀とみえたり。必ず漢朝の例を以てすべからざるなり」とも述べている。

ただ、『中朝事実』は、日本があらゆる面で古来から優れていると述べる一環として、武においても日本が優れているとしているのであって、日本を「武国」と特徴づけているわけではないし、『山鹿語類』の記述も、必ずしも日本の「武」を誇るものではない。また、熊沢蕃山『集義和書』巻一一にも、日本は武国であるおかげで異国の侵略を免れてきたという認識が示されているが、これは決して「文」に対する反発ではない。それらに比べて『学論』は、儒学の「文」の尊重に反発し、日本固有の「武」を重視せよと唱えるのであり、そこでは、「中国＝文、日本＝武」という構図が、誇りを持って語られているといえよう。

『太平記』の時代、「文＝公家（朝廷）」に対立するものであった「武」は、「文」が「儒教＝中国」

にずれたことによって自らも位置を変え、「日本」を象徴する位置に就こうとしているともいえようか。

観山は大学者であり、日本武国論を唱えても、「ひずかしくすすどき武道」などを唱えたとは思えないが、思考の基本的構図としては、『文武訓』に批判された「日本は武国なれば、もろこしの正直にして手ぬるき風俗にては、功を成しがたくして、日本の風俗にあはず」との主張と、それほど離れているとも思えない。こうした主張が、兵法家の流れに伝えられている点も注目すべきだろう。『学論』では「武士道」の語は用いられていないが、こうした「武」の重視とナショナリズムの結合は、「武士道」「武道」を掲げる者たちと近い位置にあったと見てよいだろう。

つまり、反儒教的な日本武国論を主張する流れには、観山のような大学者から、「ひずかしくすすどき武道」を主張する者たちまでの幅があったわけであり、前者はそのまま「武士道」論者ではなかったにしても、「武士道」論と微妙な関係を保ち、あるいはその理論的な後ろ盾となったと考えられるのである。

「武士道」の変貌

右のような「武国」としての歴史観は、信濃高遠《たかとお》藩の儒者・星野葛山《かつざん》(一七七三〜一八一二)の『武学拾粋《ぶがくしゅうすい》』(著者の死後、嘉永六年=一八五三刊)にも見られる。

それ武士の起本を尋ぬるに、神武天皇、日向国宮崎より勃興在りて草昧《そうまい》を開創し、地を東方に略し長髄彦《ながすねひこ》を誅伐し、大和国橿原《かしはら》に都を定め給ひ、禁衛を置かれたるに始まりぬ。

（嘉永六年版本による）

武士の起こりが、神武東征から説かれるわけである。山鹿素行『武家事紀《ぶけじき》』（延宝元年＝一六七三序）が、「皇統要略《こうとうようりゃく》」においては神代《じんだい》から始めて種々の「武」的な事柄を書き連ねつつも、「武士」の名は平安末期の源平両氏あたりから用い始め、「武統要略」においては平清盛から叙述を始めるのとは、いささか異なる叙法といえるだろう。

そして、同じ高遠藩の儒者兼藩医であった中村中倧《ちゅうそう》（中邨元恒《なかむらもとつね》。一七七八〜一八五一）は、儒者でありながら、その著『尚武論《しょうぶろん》』において「武士道」を唱えた。『尚武論』は、天保一五年（弘化元年＝一八四四）には完成していたようだが、刊行されたのは『士道要論』と同じ嘉永三年（一八五〇）のことであった。『尚武論』は、冒頭、「我が邦《くに》は武国なり。西土は文国なり。文国は文を尚《たっと》び、武国は武を尚ぶ」と始まる（日本教育文庫による。原漢文）。「西土《せいど》」は中国を指す。中国は文、日本は武の国とする、典型的な日本武国論である。そして、日本は本来、儒教も仏教も入ってこない時代から、武をもって国を治めていたと説いて、次のように言う。

我が邦は武国なれば、自ずから武士道有り。これ、儒道を仮《か》らず、仏意を用いず。我が邦自然の道なり。

本来、儒教とも仏教とも異なる「武士道」を自然に有する日本は、中国の真似をする必要はないというのである。儒者としては自己否定になりかねない、きわどい主張だが、『尚武論』はこの後、日本の国情に合わない「文人儒者」を捨て、「吾が武道」を助ける「真儒」を用いればよいのだという論理によって、かろうじて儒教を救い出している。

しかしながら、その主張や歴史観は、国学などが築いてきたナショナリズムに「武」の強調を加えたようなもので、「真儒」とはいかなる意味で真の儒者なのか、儒教本来の教えに即した論理が構築されているとは言いがたい。儒教はナショナリズムによって内側から食い破られ、ほとんど外皮を残すのみになっているといえようか。そして、儒教を食い破ったナショナリズムには、「武士道」の名が冠せられている。これ以前に公刊された文献などを通じて見る限りでは、「武士道」を堂々と鼓吹する主張はそれほど多いとはいえず、儒者側からの批判も目立っていたのだが、そんな「武士道」の細い流れは、ナショナリズムと合流して勢いを増し、奔流と化しつつあるといえようか。

尊皇攘夷が「武士道」を呼び起こす

「思想」などという言葉にはあまり似つかわしくない、戦場の息吹を伝える荒々しい教えに過ぎなかった「武士道」は、このように反「文」・反儒教を媒介として国家意識に結びつき、武力を信奉するナショナリズムのイデオロギーへと変貌をとげた。それが、数十年を経て「武士道」が大流行する前提となるのである。

その時代背景を見ておこう。『尚武論』は、本文中にも、中信の弟・中村元敬《もとたか》が寄せた小引《しょういん》（短い端書）にも、「近年、外国勢力が日本周辺をおびやかしている」との危機感を記す。また、そうした危機に対応できない儒者への風当たりの強さも読み取れる。時代背景としては、モリソン号事件（一八三七年）をはじめとする外国船の来航のほか、アヘン戦争（一八四〇～四二年）も見ておくべきだろう。有史以来、基本的には日本人の尊敬の対象であった中国が、イギリスの無法な侵略に抗しえず、無残に屈したとのニュースは、たちまち日本中を駆けめぐり、大きな衝撃を与えた。儒教の本家である中国の権威が失墜する一方、ナショナリズムは危機感と共に昂揚《こうよう》し、「武」の必要性が声高に叫ばれるようになった。「武士道」は、「尊皇攘夷《そんのうじょうい》」の高らかな呼び声によって目を覚ましたともいえようか。

武士道を組み立て直す

吉田松陰《しょういん》（一八三〇～五九）の『武教全書講録』には、「士道」に交じって「武士道」「武道」の語が見出される。山鹿素行が「士道」を説いた『武教全書』を、松陰が安政《あんせい》三年（一八五六）に講じた講義録である。松陰は、その冒頭「開講主意」で、次のように述べる（以下、岩波版一〇巻本『吉田松陰全集』第三巻による）。

吾も人も貴き皇国に生れ、特に吾々は武門武士たる上は、その職分なる武道を勤め、皇国の大恩に報ずべきは論にも及ばぬことなり。

武士の職分としての「武道」とは、山鹿素行の「士道」にあたる概念であろうが、吉田松陰においては、それが「武道」「武士道」に置換可能だったようなのである（同書には「武士道」七例、「武士の道」一例、「武道」六例を数えることができる）。

吉田松陰画像（松陰神社蔵）

たとえば、「夙起夜寐《しゅっきやび》」の項では、松陰の尊敬する中谷市左衛門が睡眠時間を削って精励し、「武士たる者は人の為に寝首をかかれてはすまぬ事なり」と、「熟寝の時と云ふとも、一呼必ず醒《さ》む」といった様子であったことを述べて、「武士道の錬磨、また実にここにあり」と述べる。こうした記述は、山鹿素行の教えの実践でもあるが、同時に、先に見てきたように、油断を戒めて自己を鍛えよと説く、戦国「武士道」以来の教えの延長線上にとらえうるだろう。古川哲史『武士道の思想とその周辺』は、松陰が『武道初心集』や『甲陽軍鑑』を読んでいたようで、特に『武道初心集』の影響を受けていると指摘している。松陰は「士道」と「武道」「武士道」の双方を用いるが、それは単に山鹿素行の「士道」を適宜「武道」「武士道」に言い換えたのではなく、戦国以来の「武士道」の自己鍛錬などの教えを意識した用法でもあったようである。

『武教全書講録』は「武教小学序」で、「士道」を学ぶだけでは異国ばかりを敬うようなことになりかねないが、日本は中国とは異なるので、「士道」と共に「国体」を学ぶことが大切であるとする。そして、「言語応対」では、日本の「武義之盛衰」を神武天皇から説いているし、この書と同年に完成した『講孟余話』では、「士道」を説くにあたって「本邦にては武義を以て本とし、中世以来武門武士と唱へ、専ら武道武義を励むことなれば」（同前全集・二）云々とも述べており、日本武国論的な発想も見せている。松陰が欧米列強の侵略を深く憂え、尊皇攘夷の教えを説いたことはいうまでもない。つまり松陰は、尊皇攘夷思想の昂揚に伴って、「武士道」が肯定的に多用されるようになる一つの典型的な姿を示しているといえるだろう。

ただし、それは、ナショナリズムの基盤の上に立ちつつ、「士道」に近い道徳を「武士道」と呼ぶ――といった点において、典型的だということである。松陰が、一方では儒教に由来する「士道」の性格を踏まえ、また一方ではそれとは異なる『甲陽軍鑑』以来の「武士道」の用法を自覚的に踏まえて、その双方から肯定的に汲み取れるものを生かして「武士道」論を組み立てようとした姿勢は、必ずしも幕末から明治の「武士道」論者に共通するわけではないだろう。これ以後、「武士道」はしだいに流行するようになるが、それはむしろ、言葉の来歴が忘れられてゆく過程であったかもしれない。

武士固有の規範としての「武士道」

松陰の弟子の一人であった木戸《きど》孝允《たかよし》（桂小五郎。一八三三～七七）の文書にも、「武士道」の語が見られる。日本史籍協会編『木戸孝允文書』（一九七一年刊）によれば、幕末期に「武士道」の用例が三例ある（巻一―七、巻三―二六〇、巻八―一二）。このうち、三番目の慶応四年（一八六八。九月明治改元）三月二十一日付け伊藤博文宛書簡（巻八―一二）を見てみよう。

元来日本は是まで世間に交はらず、日本丈《だ》けにて、武士道と歟《か》申、士は一種の流儀これ有り。また愚民に至り候ひては、絶へて海外世間の事は存じ申し候はざるに付き、およそ世間に相叶ひ候ふ規則は相立て候ひて示し置き候ふ方、愚民の為にも然るべきかと存じ候ふ。

鎖国を続けてきた日本は海外のことを知らず、西洋のような法や規則を作ってこなかった。武士にだけは「武士道」とかいう流儀があるが、愚民には何もないので、西洋並みの規則を作って教える必要があるというのである。ここでは、「武士道」が、西洋の法にも比すべき武士固有の習慣・規範として意識されている。木戸孝允が「武士道」の語を吉田松陰から学んだとは限るまい。木戸が、剣術（神道無念流）の道場であった江戸の斎藤彌九郎《やくろう》塾で学んでいたことなども考慮する必要があろう。右記の三例のうち第一の例（巻一―七）は、安政元年（一八五四）、斎藤彌九郎塾で塾長を務めていたころの建白書とされ、松尾陳吾という人物の行動を批判して、「（こんなことでは）武士道遙かに、男子の一義相立ち候ふものに御座候ふや」と問いかけたものである（なお、この文書の末尾には「士道」も用いられており、同年の秋良敦之助《あきらあつのすけ》宛書簡には「武道」の語も見える）。「武士道」が剣術などの武術に関わって伝えられたことは、後で見る雑誌『武士道』などからもうかがえる。

ともあれ、木戸は、自らが武士として受けた教育や、武士の間でのみ通ずる慣習道徳に関する経験的知見に基づいて、このように表現したものと思われる。武士と武士の間でのみ、多言を要せず了解される、名誉や忠義に関わる道徳。それは、江戸時代を通じて武士階級特有のものとして成熟し、それによって、武士というものは、はるか昔から同じような生き方をしてきたと意識されるようになっていたのであろう。その道徳の内容が、武士の歴史の中では比較的新しく、平和な江戸時代に儒教を土台として形成されてきた「士道」に多く依拠するものである――というような歴史的過程の問題は、吉田松陰は別として、一般の武士たちには既に忘れられていたのではないか。そして、来歴はともかく、実感として意識される武士の行動原理が、幕末ごろには時に「武士道」と呼ばれたようなのである。

ただし、木戸孝允が「武士道と歟申《か》」と、「武士道」の語にかすかな疑問を匂わせていることには注意しておきたい。倒幕の志士たちの中でも知性的な木戸は、「武士道」の語の来歴を理解するとまではいかないにせよ、「武士道」があまり確かな由緒を持たない、不安定な言葉であることに気づいていたのかもしれない。しかし、この後に盛り上がる「武士道」論は、木戸の用いた「武士道」とおそらく同様の観念に基づきつつも、木戸の示したかすかな疑問をかき消すように、「日本古来の武士道」として発展してゆくのである。

4 「武士道」の転生

生まれ変わる「武士道」

現在、「武士道」は、武士の潔癖な倫理・道徳というような意味合いで用いられることが多い。しかし、『国史大辞典』で「武士道」の項（相良亨執筆）を見れば、その最初に、「武士道が武士の道徳を指す言葉として一般的に用いられることになったのは明治以降である」と記されている。実は、「武士道」のそうした用法は近代のものだというのが、歴史学の通説なのである。そのことは、ここまで本書の叙述に付き合って、戦国時代から江戸時代の「武士道」の用法を見てきた読者には、容易に納得されるであろう。厳密にいえば、前節に見たように、江戸時代には、道徳的な装いをも備えた「武士道」の用法も散見されるが、それが一般に用いられるようになるには、やはり明治を待たねばならない。

しかし、幕末に至るまで、義に背く野蛮な教えと攻撃されることも多かった「武士道」が、明治時代に潔癖な倫理・道徳という、似ても似つかない相貌を持って登場するのはどうしたことか。それは、「変貌」や「転身」などという言葉ではおさまらない、「転生《てんせい》」と呼ぶべき事柄であるように、筆者には見える。戦国時代末期に生まれた「武士道」は、江戸時代後半に変貌をとげ、明治時代にはまったく別の言葉に生まれ変わったようである。

明治時代の「武士道」の例として、まず注目されるのは、山岡鉄舟《てっしゅう》が明治二〇年（一八八七）に行った講義の口述筆記とされる『武士道』である。もっとも、この書が出版されたのは明治三五年（一九〇二）のことであり、その内容がすべて明治二〇年のものであるかについては、疑う余地もあるようだが、ここではとりあえず基本的には明治二〇年の口述内容であると考えておく。山岡鉄舟（一八三六〜八八）は、幕臣の家に生まれた剣客《けんかく》で、徳川慶喜の命により、勝海舟《かつかいしゅう》の手紙を預かって西郷隆盛《さいごうたかもり》と面談し、江戸無血開城を実現させたことで知られる。

山岡鉄舟画像（全生庵蔵）

鉄舟が「武士道」論者となる由来は、その剣客としての出自から理解すべきだろうか。その後、宮内省などに勤務し、子爵《ししゃく》となった鉄舟が、門人・籠手田安定《こてだやすさだ》らの求めに応じて語った講話の筆録が、この書であるという。

山岡鉄舟の『武士道』は、まず仏教の四恩を語り、次いで社会の堕落と科学の発達の関係を語った後、日本には古来、「天地末発の前」から、「皇祖皇宗《こうそこうそう》」に伴って「武士道」が存在していたと語り、それが衰えつつあることが社会の乱れの原因であるとして、武士道精神を根本に据えることが必要であると説く。歴史観としては、基本的には先に見た『尚武論』などの「武士道」論や、日本武国論の継承であると見てよいだろう。同時に、ほとんど荒唐無稽《こうとうむけい》ともいえる内容ながら、この後にさかんになる「武士道史観」ともいうべき歴史観の原型をなしているともいえよう。

「失われた日本精神」の位置へ

鉄舟の講話が仏教から始まり、儒教をも肯定していることには注意すべきであろう。国学など、江戸時代のナショナリズムは、儒教や仏教を外国の教えとして排撃することを重要な柱としていた。「武士道」論者の日本武国論も、儒教の「文」に対抗して主張されたわけである。ところが鉄舟は、肯定すべき日本の伝統の中に、仏教も儒教も繰り込んでしまう。吉田松陰などについて見たように、幕末ごろには儒教的な「士道」を取り込んだ意味での「武士道」の用法が見えていたわけで、儒教肯定はそれを受けたものともいえようが、一方では、儒教はもはや攻撃対象とされるほどの力を失ったのに対して、西洋文明が強力な外敵として登場したことによるともいえよう。鉄舟の講話は、祖先崇拝、皇室崇拝、道義、仏教、儒教などを日本古来の伝統的精神であるとして肯定し、それに対して、科学、西洋文明、物質主義、利己主義、権利の主張などを日本の伝統を毒するものとして批判的に扱う。そして、前者の代表が「武士道」なのである。

こうした対立軸の設定自体は、「武士道」を標榜するかどうかは別として、近代の日本人にしばしば見られる思考法の一つの典型ともいえるものではないか。「日本の伝統的な精神によって保たれていた社会が、西洋風の個人主義によって荒廃してしまったのではないか」というような、あるいは、「私たちは物質的に豊かになった一方で、何か大切なものを失ってしまったのではないでしょうか」というような、今もいくらも耳にする物言いの原型ともいえるものが、そこにはある。明治二〇年といえば、欧化政策の象徴ともいうべき鹿鳴館《ろくめいかん》がその役割を終えた年であり、また、激化した自由民権運動が敗北した後、大同団結を目指して再出発しようとしていた年でもある。「武士道」は、こうした世相の中で、欧化主義や進歩主義、あるいは物質主義や利己主義に対立する懐古的な価値観に沿った言葉となったようなのである。

戦場から生まれた「武士道」は、もともと平和な社会の価値観とは対立しやすい荒々しい教えであった上に、江戸時代には儒教の「文」に対抗して「武」の価値を説こうとしたために、ことさらに反道徳的な色彩を強めることもあったわけだが、こうなってみれば、もはや、反道徳的な言辞を弄する必要はない。むしろ、失われた日本固有の精神、古い道徳的価値を代表するかのような位置を得た「武士道」は、反道徳的な要素を急速に払拭《ふっしょく》してゆくことになる。

武士がいなくなって「武士道」が興る

明治の早い時期に「武士道」の語が用いられた例としては、福沢諭吉《ゆきち》（一八三四～一九〇一）の

文久二年（1862）
ごろの福沢諭吉

「痩我慢《やせがまん》の説」（明治二四年＝一八九一脱稿、同二七年ごろに『奥羽日々新聞』掲載）も著名であろう。福沢は、この文章で、戦わずして江戸城を明け渡した勝海舟や、五稜郭《ごりょうかく》に籠もって戦いながら後に明治新政府で大臣にまで出世した榎本武《えのもとたけ》揚《あき》などの旧幕臣を、日本の武士の美風であった「痩我慢」を失ったものとして批判する。「武士道の為に敢て一戦を試み」、「我らは我らの武士道に斃《たお》れんのみ」と、負けるとわかっていながらあえて戦うべきだったのではないかというのである。「武士道」が重要な概念として力説されているわけではないが、福沢は、『福翁《ふくおう》百話』の「独立は吾に在て存す」などでも「武士道」の語を用いており、「武士道」を肯定的に用いる傾向があるとはいえよう。山岡鉄舟とは異なり、西洋文化の積極的な摂取に努めた合理主義者である福沢が「武士道」の語を用いているのはやや意外であり、また、その内容が、山岡鉄舟の名を高からしめた江戸無血開城を批判したものであるのは、まことに皮肉なことであるといわねばなるまい。

しかし、「武士道」が、目先の利益を追い求める功利主義に対置される方向で用いられている点では、福沢諭吉と山岡鉄舟の用法は共通している。そこには、武士の家に生まれ、禁欲・克己《こっき》の教育を受けてきた両者の実感が反映していることも認められよう。油断を戒め、欲望を抑え、不断に自己を鍛えよと教える点は、戦国「武士道」にも江戸時代の「士道」にも共通し、武士らしさを形作ってきた。そうしたいわゆる質実剛健の気風が、「武士道」嫌いの荻生徂徠にも「戦国良士の風俗」(『譞園談余《けんえんだんよ》』)と評価されていたことは、よく知られている。ところが、その武士という階級が廃絶されたことによって、武士的なるものは、失われた古きよき日本を象徴するような位置に押し上げられていったといえよう。そのような意味では、「武士道」論は、武士がいなくなったことによってこそ地位を高めたともいえるのではないか。

「痩我慢の説」が発表されたのと同じころ、植村正久《うえむらまさひさ》は、封建社会が倒れると共に仏教も儒教も倒れ、武士道も姿を消してしまったと嘆き、「社会をして武士道の昔に帰らしめよ。否むしろ吾輩《わがはい》が欲する所の者は洗礼を受けたる武士道なり」と、キリスト教と「武士道」を融合させた倫理の発展を説いている(「基督教と武士道」明治二七年＝一八九四)。同じようにキリスト教徒として「武士道」を称揚した者に、片岡健吉《かたおかけんきち》・新渡戸稲造・内村鑑三《うちむらかんぞう》などがあることは著名だろう。大まかにひとくくりにすることが許されるならば、これらも、今はなき武士の克己禁欲の精神に、キリスト教と「武士道」の接点を見出したものと思われる。

武士道は「世界人類の一大精華」か

「武士道」が功利主義に対置される様相を、もう一つ、『武士道』という雑誌に即して見ておきたい。雑誌『武士道』の発行元は大日本武術講習会、明治三一年(一八九八)二月に第一号が発行され、月刊で、同年五月に四号まで出たことは、現在、国会図書館に残っていることによって確認で

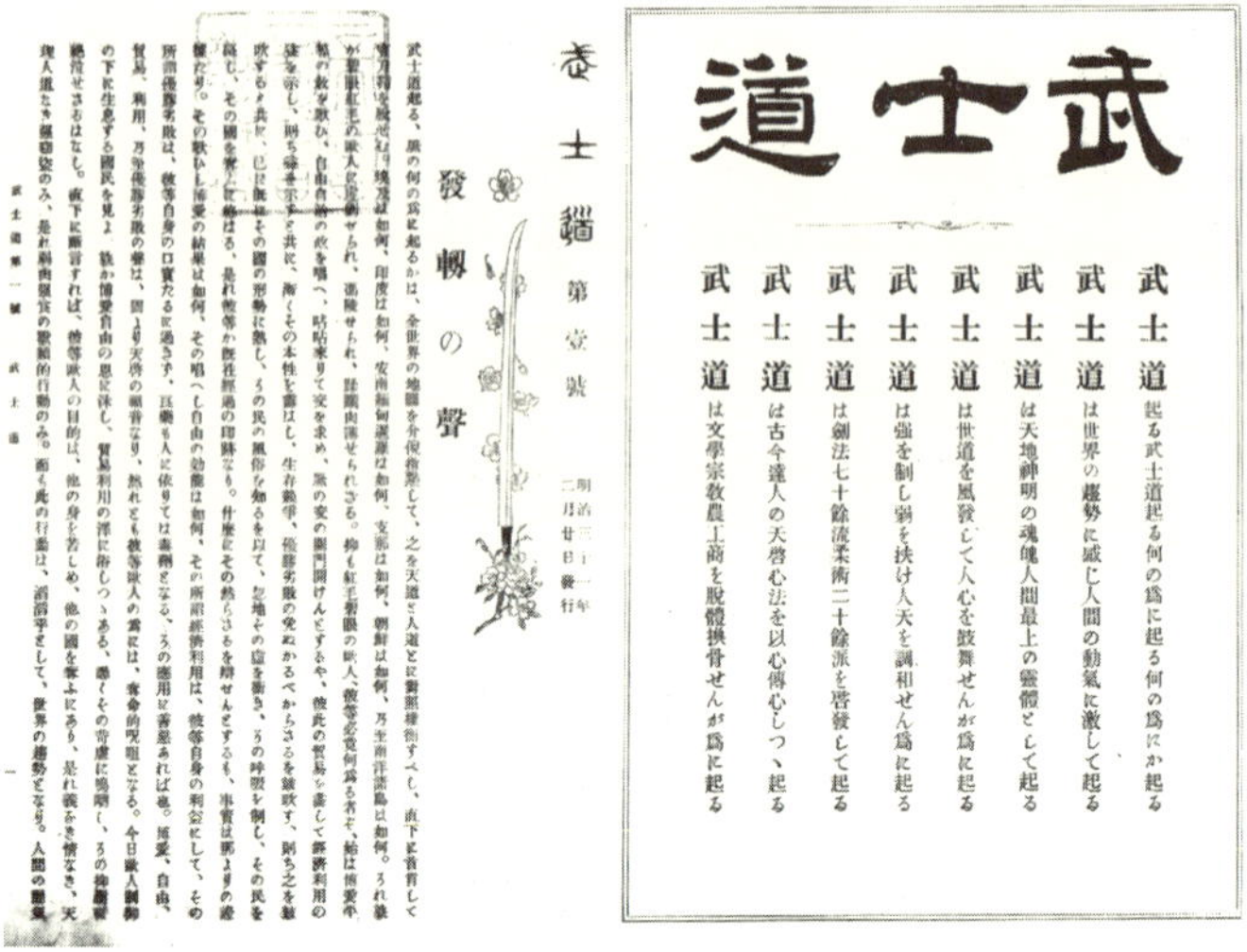

雑誌『武士道』より標語頁・右と、「発軔の声」の頁・左（国立国会図書館蔵）

きるが、それ以後は続かなかったものだろうか。執筆陣には、福地源一郎《ふくちげんいちろう》・江原素六《えばらそろく》・尾崎行雄《おざきゆきお》・加納（嘉納《かのう》）治五郎《じごろう》・片岡健吉（以上第一号）、中江兆民《なかえちょうみん》・植村正久（以上第二号）、大井憲太郎《おおいけんたろう》（第三号）等々といった、豪華かつ多彩な顔ぶれが並び、第一号には勝海舟などが題字を寄せている。議論の方向も多様で「武士道」論を批判する文章もあり、偏ってはいないが、この雑誌の発刊意図はどうだったか。第一号に瑞穂《みずほ》太郎が記す「発軔《はつじん》の声」（発刊の辞）は、次のように始まる。

武士道起る、その何のために起るかは、全世界の地図を介倪《かいげい》指点して、これを天道と人道とに対照権衡《けんこう》すべし。直下に首肯《しゅこう》して宝刀鞘《さや》を脱せむ。埃及《エジプト》は如何、印度《インド》は如何、安南《アンナン》・緬甸《ビルマ》・暹羅《シャム》は如何、支那は如何、朝鮮は如何、乃至南洋諸島は如何。

世界中がヨーロッパ人に蹂躙《じゅうりん》されているではないかというのである。ヨーロッパ人は、初めは博愛や自由を唱えて交際を求めるが、ひとたび門戸を開けば本性を現して、その国を苛烈《かれつ》な生存競争の中にたたき込み、ついには虚を突いてその国を奪う。経済利用とは、結局のところ彼ら自身の利益のことではないか、「これ、義なき情なき、天理人道なき強窃盗のみ、これ、弱肉強食の獣類的行動のみ」と、瑞穂太郎は西洋諸国の帝国主義的進出を激しく批判する。

そうした優勝劣敗・弱肉強食の世界観に基づく「世界獣欲の趨勢《すうせい》」に対抗しうるのは、「東洋鎮護の霊社」「人天調和の守護神」たる日本のみであり、日本は「世界人類の一大精華」である「武士道」を振興し、「至誠」と「勢威」を発動せねばならないというのである。かつて、誕生期の「武士道」こそ、まさに優勝劣敗・弱肉強食の思想そのものだったはずだが、西洋文明の物質主義や自己本位の功利主義に対抗する、日本の伝統的・精神的価値の象徴のような位置にすわることにより、「武士道」は、ついに「世界人類の一大精華」とまで賞賛されるに至った。

この瑞穂太郎の文章においては、「武士道」は、失われた日本的価値というより、もっと力強いものを持っている。山岡鉄舟の講話や福沢諭吉「瘦我慢の説」と、雑誌『武士道』の間には、日清《にっしん》戦争（一八九四〜九五年）があった。日本はなぜ、大国の清に勝てたのか、その理由として、日本人は本来「武士道」精神を有するのだと唱えられたのであろう。「武士道」が鼓吹される上で、日清戦争が大きな転機となったことは、その後に盛り上がった「武士道」論者も自覚するところで、たとえば、清原貞雄『武士道史十講』（一九二七年）も、明治二〇年（一八八七）ごろからの反欧化主義の流れの上に立って、日清戦争をきっかけに「武士道」論が一気にさかんになったと述べている。清を打ち破った日本は、自らの「武」に大きな自信を得たわけで、瑞穂は、武士道とは「至誠」と「勢威」であり、現実に西洋諸国の進出に対抗する力を備えているとしている。東洋の盟主としての自信を持った日本人が、西洋諸国の世界支配に対抗しようとする、その基本に「武士道」を置こうというのである。

武士道と東洋・西洋

日清戦争によって、日本人の対中国意識が大きく変わったことは、ドナルド・キーン『日本人の美意識』などが指摘するところである。中国の権威は完全に崩壊し、日本人は急速に中国を軽蔑《けいべつ》するようになった。したがって、西洋諸国に対抗する精神的基盤は、日本固有のものに求められざるをえない。富国強兵政策のもと、「武士道」が鼓吹された事情は、ごくわかりやすいものである。ただし、日清戦争前後における日本人の意識が、すべて瑞穂太郎のように「西洋」に「東洋」を対置し、「東洋」の代表として日本武士道を措定《そてい》するといったものだったわけではない。清を軽蔑する理由として停滞・退歩を挙げ、日本の長所として西洋文明・科学技術の摂取という点を意識する者も、福沢諭吉をはじめとして多かったようである（山室信一『思想課題としてのアジア』など参照）。

そうした論者にとっては、むしろ、西洋文明・科学技術を取り入れた進歩をアジアに広めることが日本の正義であった。西洋と東洋の間でどう振る舞うかをめぐる、こうした矛盾は、近代日本が抱え続けた問題であろう。「武士道」もその例外ではない。倫理的な装いを整えた近代「武士道」の創造に最大の役割を果たしたのは、キリスト教を信じ、西洋の視点に基づいて日本文化を考えた、新渡戸稲造（一八六二～一九三三）なのである。

新渡戸稲造の登場

雑誌『武士道』が発刊された翌年にあたる一八九九年（明治三二）、新渡戸稲造の『BUSHIDO, THE SOUL OF JAPAN』が、アメリカで刊行された。好評を得たこの書物は、翌年、日本でも英語版が刊行され、後に日本語に訳されて『武士道』の書名で刊行された。現代までの「武士道」論におけるこの書の役割はまことに大きい。「武士道」が潔癖な倫理・道徳というような印象を持つようになったのは、主に新渡戸『武士道』の影響であるといっても過言ではあるまい。だが、これまでの「武士道」が、大きな変貌をとげてきたとはいえ、その変化の歩みをたどることはできるのに対して、新渡戸の「武士道」は、それまでの歴史からは断絶した、新しい「武士道」である。

新渡戸の「武士道」が、かつての「武士道」とまったく異なることは、新渡戸自身が「武士道」の先例を知らず、ほとんど自らの造語と思っていたという点に、端的に表れているだろう。筆者は、西義之や太田雄三の指摘によってこの事実を知り、非常に驚いたのだが、新渡戸は後々、僕は度々この文字の出所を尋ねられたけれども、実は始めて用いた時分には何の先例にも拠《よ》つた訳ではなかつた。（「平民道《へいみんどう》」一九一九年。全集四。以下、初出年次と『新渡戸稲造全集』の巻数を記す）

あるいは、「最も侍の中に行はれたから武士道と名を付けて見た」（『帰雁《きがん》の蘆《あし》』「日本の道徳観念」一九〇七年。全集六）などと述べているし、三〇年余り後には、次のように述べている。

私は武士道といふものについて、三十年ばかり前、少し書いてみたことがある。その頃武士道といふ言葉は、あまり世の中で使はなかつた。全然ないわけではなかつたが、使はれてゐなかつた。英吉利《イギリス》の日本研究者チェンバーレンを始め、その他日本の事物に詳しい人々は、自分はかつて日本に長くゐたが、武士道といふ言葉は聞いたことがない、昔の日本にもそんなことはないといつてゐる。（中略）そこで遂に、この字は私が好い加減に拵《こしら》へたものだらうと、笑ひ話にいはれたこともある。ところが先日、日日新聞の中安といふ人が、古い本を探してゐる中に、この字が見つかつた。何でも二三ヶ所に武士道の字がある、と知らせてくれた。それで私は、自分が創造した名誉を失ふと同時に、新しい字を拵へたという罪も免れたわけである。

（『内観外望』「武士道と商人道」一九三三年、全集六）

新渡戸は『武士道』公刊後、三〇年余りもたってから、ようやく、「武士道」に文献上の確実な先例があると知ったという。つまり、新渡戸は、おそらく「武士道」という言葉を見聞したことはあったのだろうが、古典的文献における「武士道」の用例は知らず、新たに名づけるようなつもりで「武士道」と題したというのである。やや極端な言い方をすれば、新渡戸が用いた「武士道」と、『甲陽軍鑑』以来の諸書で用いられてきた「武士道」は、偶然に文字列が一致しているだけで、いわば他人のそら似のようなものであるといってもよい。内容が違っていて当然なのである。

新渡戸『武士道』の問題点

新渡戸は、「武士道」の用例を知らなかっただけではなく、そもそも日本の歴史や文化そのものにあまり詳しくなかったようである。それは新渡戸『武士道』の内容の問題でもある。この書の歴史記述の貧困さについては、早く津田左右吉の書評「武士道の淵源について」などによって指摘されており、最近では西義之や太田雄三が厳しく批判している。筆者の視点から一点だけ付け加えれば、熊谷・敦盛の話について、

かかる場合組み敷かれたる者が高き身分の人であるか、若《も》くは組み敷いた者に比し力量劣らぬ剛の者でなければ、血を流さぬことが戦の作法であつたから……（第五章）

というのだが、そんな「作法」が、一体どこにあったというのか。そんな「作法」を守っていたら、合戦も軍記物語もおよそ成り立たないことは明らかである。今どき、新渡戸『武士道』によって武士のイメージを形作るという日本人もそう多くはあるまいし、本書の目的でもないので、その歴史記述としての問題をここでいちいちあげつらうことはしないが、『武士道』は、あまり日本史に詳しくない新渡戸が自己の脳裏にある「武士」像をふくらませて創り出した、一つの創作として読むべき書物であって、歴史的な裏づけのあるものでないことは、改めて確認しておかねばなるまい。

文久二年（一八六二）生まれの新渡戸が、和漢の古典に関する教育を十分に受けられなかった世代に属することは考慮しておくべきだろう。太田雄三が指摘するように、新渡戸は後に、

始めて私が東京に来たのは明治四年で、そのころ日本の学問は、ほとんど頽《すた》ってしまった時分である。論語や孟子も、読む者は少なかつた。まして我が国語などは顧みるものも稀であつた。

（『内観外望』「英語及び英文学の価値」一九三三年、全集六）

とか、青年時代には『徒然草《つれづれぐさ》』も知らなかったなどと回想している。欧化主義が非常にさかんで和漢の古典が無視されていた時代に、新渡戸は教育を受けた。そして、「少年よ大志を抱け」で知られるクラーク博士の札幌《さっぽろ》農学校で農学を学び、明治一四年（一八八一）に卒業した後、明治一七年にはアメリカに留学し、ヨーロッパとアメリカを回って明治二四年に帰国、札幌農学校教授となる。

明治三〇年一〇月から病気療養に入り、明治三一年七月に療養のためアメリカへ出発、サンフランシスコの南方にある保養地モントレで『武士道』を書くのである。

つまり、『武士道』は、若いころから日本の古典に接する機会が多かったとは思えない新渡戸が、アメリカで療養中に書いた書物なのである。日本からどれほどの書物を携えて行ったのか、筆者は知らないが、アメリカの保養地滞在中に、日本についてこれほどの記述ができただけで尊敬に値するという言い方もできよう。新渡戸『武士道』に厳密な「歴史」を期待するほうが間違っているのである。

武士道の歴史的根拠を問う

「武士道」の語に話を戻そう。右に見たように、「武士道」に関する議論は新渡戸『武士道』以前にいくつもあった。また、新渡戸『武士道』がアメリカで刊行されたのと同年に、日本では三神礼《みかみれい》次《じ》『日本武士道』が刊行されているのだが、その末尾に付載された明治二八年（一八九五）付の「大日本弘武館創立趣意書」は、山岡鉄舟の子息・山岡直記が「武士道」を高らかに謳い上げたもので、その後には一〇〇〇人を超える名士たちが「特別賛成員」として名を連ねている。してみれば、「武士道」の語は既にかなり常識的なものになりつつあったはずで、新渡戸がこの言葉を「創造した名誉」を云々すること自体、滑稽といわざるをえない。

そのあたりの問題については、既に太田雄三の手厳しい批判があり、それは概ね首肯すべきものではあるのだが、ただ、筆者は、「武士道」の語を知らなかったことをもって、新渡戸を無知と決めつける気にはなれない。この点に関する限り、新渡戸は無知というよりも、流行に疎《うと》かったというべきなのではないか。先にも見たように、「武士道」論の流行が始まるのは、明治二〇年代、とりわけ日清戦争以降であるようだ。新渡戸の経歴から考えて、彼がその流行との接点を持たなかったのは仕方のないことであろう。

そもそも、「武士道」なる言葉は流行していても、その「文字の出所」について明快に答えられる「武士道」論者が、この時期に何人いたことだろうか。このごろ都にはやる言葉として耳から聞いて知っていただけの論者や、いくつかの書を読むだけで、それを古くからさかんに使われている言葉と錯覚しているような論者が大半だったのではないか。

たとえば、山岡鉄舟の『武士道』は、紹介者の勝部真長《かつべみたけ》でさえ「もし学問的、思想史的な研究書として見ようとするなら、むしろ欠点だらけであり、ナンセンスでさえあろう」と評しているように、歴史記述としての粗放さにかけては新渡戸『武士道』の比ではない。「武士道」概念の歴史的由来への関心など、山岡鉄舟には最初からない。一方、植村正久「基督教の武士道」（一八九八年）は、新渡戸『武士道』刊行以前に、『武道初心集』や『士道要論』と中世の武士たちとの相違を指摘するなど、新渡戸に比べれば格段に高度な歴史意識を見せているが、「武士道」の代表として「武士道」論者を非難する『士道要論』を挙げるあたりは、「武士道」という「文字の出所」についで十分に考えているとはいえない。おそらく植村も、「武士道」なる言葉の歴史的根拠の乏しさにさえ気づいていないのである。

流行としての近代「武士道」

新渡戸『武士道』英語版が日本でも出版された翌年、明治三四年(一九〇一)に刊行された足立《あだち》栗園《りつえん》『武士道発達史』は、「例言」で、「我が国古来の武士が持続して居つた一種の道念」を「普通に武士道と汎称して居るやうであるから、仮りに武士道発達史と名付けた」と断っている。そして、「緒言・武士道とは何ぞや」では、自分の考える武士道とは、忠孝・剛勇・廉潔・慈悲・節操・礼譲などの徳のことであるとして、以下、「細戈千足国」から日本の「武」の歴史を述べる。

このように、歴史的に用いられてきた「文字の出所」には関係なく、当時「普通に汎称」されている言葉としての「武士道」に基づき、その内容としては自分の抱いている武士道徳のイメージを当て、根拠としては古来の逸話を適宜拾い出すという手法は、近代「武士道」論が出発点から抱え込んでいた(そしておそらくは今もなお尾を引いている)ものであった。歴史的根拠が先にあったのではなく、幕末から明治にかけて漠然と形成された通念、あるいは明治時代後半の流行に基づいて、歴史的根拠が探索されたわけである(ただし、そうした探索の努力によって明治三八年に刊行された『武士道叢書』が、現在も「武士道」について考える有力な手がかりとなっていることは付言すべきだろう)。「武士道」の用例を探しあぐねた「武士道」論者にとって、やがて訪れる『葉隠』の発見がどんなに喜ばしいものであったか、想像にかたくない。

つまり、日清戦争以後の日本人が「武士道」を「普通に汎称」しているという最新流行の感覚を欠いていたのは新渡戸固有の問題であるけれども、「文字の出所」即ち古典的文献における「武士道」の用法を知らずに「武士道」を論じたという点、即ち歴史的根拠の欠如は、近代の「武士道」論全体の問題なのであって、新渡戸稲造個人の問題ではないのである。

ただ、それにしても、日本において「武士道」の語が用いられていたかどうかを検証する際に、「英吉利《イギリス》の日本研究者チェンバーレンを始め、その他日本の事物に詳しい人々」が引き合いに出される点は、新渡戸の姿勢を物語っているといわねばなるまい。山岡鉄舟や雑誌『武士道』の瑞穂太郎とは異なり、新渡戸は、西洋の視点から日本を見ているのである。

新たな武士道の創造

新渡戸が、『武士道』を書いた動機として、ベルギーの法学者ド・ラヴレーに、「あなたのお国の学校には宗教教育はない、とおっしゃるのですか」と尋ねられ、ないと答えると、「宗教なし！どうして道徳教育を授けるのですか」と驚かれた経験を、序に記していることは有名である（以下、『武士道』の引用は全集一の矢内原忠雄訳による）。新渡戸はその答えを考え続けたあげくに、「武士道」を見出したというのである。

ラヴレーの問いはいかにもキリスト教文化圏の人らしい問いであり、複数の宗教や思想が混在する中で、それらと微妙な関係を保ちながら道徳を形成してきた日本人には、ずいぶん一方的な物言いに感じられる。もっとも、その答えとして、江戸時代の武士たちなら、迷わず儒教を挙げる者も多かっただろうが（儒教は宗教かという定義の問題は別として）、和漢の教育が廃れた世代の新渡戸には、そんな返答はできなかった。そして、西洋文化の枠組によりつつ、自己の内面をとらえ返す思索から、「武士道」を創造するのである。

日本古来の「武士道」を知らなかった新渡戸は、何を手がかりとしてその内容を創ったのだろうか。巻頭、武士道は「騎士道《シヴァリー》 Chivalry」にもっとも近い日本語であるとされ、「武士が職業においてまた日常生活において守るべき道」、「武人階級の身分に伴う義務《ノーブレス・オブリージュ》」であるとされる。内容として、本書で見てきた「武士道」周辺の語彙《ごい》の中では、儒教的な「士道」にもっとも近いだろうが、新渡戸は、それを明確に意識してこの書を著したわけではないだろう。新渡戸『武士道』には、「士道」の語も、山鹿素行や中江藤樹の名も見えないのである。

この点、木戸孝允や福沢諭吉の「武士道」の用法は参考になるかもしれない。木戸や福沢もまた、おそらく自己の受けた教育や体験に基づいて「武士道」を用い、その内容は「士道」に近く、また、忍耐や克己を重要な要素とする道徳であったかと推測される。新渡戸も概ねそれと同様に、自己の受けた教育などの体験に基づいて「武士道」の概念を形作ったのであろう。ただ、既存の語として自然に「武士道」を用いた木戸や福沢（木戸にはかすかな疑問があったが）とは異なり、新渡戸は、「騎士道《シヴァリー》」を基礎に置きつつ、新たな概念を構築するつもりで、自己の経験的な知見を深く省察し、分析したわけである。

逆輸入された新渡戸『武士道』

西洋の人々に日本を紹介するために、西洋の視点から日本文化を見つめ、弁護するというのが、新渡戸『武士道』の立場であった。『武士道』には西洋の話が多い。西義之の指摘によれば、「武士道」の説明として挙げられた日本人が二〇名であるのに対して、外国人名は一四〇名を超える。それは、アメリカ人向けに英語で書かれたためではあろうが、新渡戸自身、日本の歴史や文化についてはあまり詳しくなく、むしろ西洋の古典に親しんでいたためでもあろう。

『武士道』は基本的に、西洋の例と似たものを日本や東洋の文化から拾い出し、対比するという方法で書かれている。たとえば、イギリスの王室と日本の皇室、聖書と王陽明、キリストと孟子、プラトンと水戸義公（光圀《みつくに》）、フレデリック大帝と上杉鷹山《うえすぎようざん》、ブルータスの死に対するアントニウスやオクタヴィウスの同情、あるいはカミラスの言葉と、上杉謙信が武田信玄に塩を贈った逸話……等々。「西洋文化にあるものは日本にもある」と繰り返し説明し、あるいは「西洋から見て異様に見える点にもそれなりのわけがある」と弁護しているのである。

『武士道』がアメリカなどで大好評を博した理由の一つは、西洋と対比しうる文化が東洋にもあるなどとは思ってもいなかった欧米の多くの人々に、新鮮な驚きを与えたことだったのではないか。そうした人々に、日本文化を（内容の正確さはともかくとして）わかりやすく紹介した新渡戸の功績は、やはり大きいというべきだろう。そして、日清戦争における日本の勝利の理由を説明する書として、さらに数年後には日露《にちろ》戦争の衝撃により、新渡戸『武士道』は欧米で一段と人気を集めたのである（日露戦争との関係については太田雄三の指摘がある）。

新渡戸の立場

『武士道』が大好評を博したのはアメリカで発表されたからであり、日本でも好評だったのは、欧米で好評だったからであろう。最初から日本で発表されていたとしたら、西洋嫌いの「武士道」論者、「武士道」は世界に二つとない日本固有の伝統だと主張していた者たちに、猛反撃をくらっていたかもしれない。

しかし、あらかじめ欧米で得た好評を鎧のように身にまとって逆輸入された新渡戸の『武士道』は、日本武国論の系譜に立つ「武士道」論と合流しつつ、「武士道」ブームを形成したようである。もっとも、管見の範囲では、この後に続々と出版された「武士道」論の多くは日本武国論の系譜を継ぐか、またはそれを実証的な歴史学によって修正したものであって、新渡戸の論理の発展という面はあまり大きくないように思う。両者は、たまたま時を同じくして「合流」したとはいえ、水と油のようなものであったのかもしれない。

新渡戸自身は、後に「今後は武士道よりも平民道（デモクラシー）を主張するこそ時を得たものと思ふ」と発言する（「平民道」一九一九年。全集四）。『武士道』はアメリカ人向けの書物であり、新渡戸の日本人向けの発言としては、むしろ「平民道」を挙げるべきなのかもしれないが、そのように意識されることは少ない。一度書かれた書物は一人歩きするのである。新渡戸『武士道』は、新渡戸自身の意図とは関わりなく、「平民道」とは異なる方向に利用されていったのではないか。

「武士道」と日本人の「国民性」

かくして、日本武国論者と新渡戸『武士道』の双方から影響を受けて、理想化された武士像が国民の間に形成されてゆく。そして、第二次世界大戦の後には、軍国主義に密着していたほとんどの「武士道」論がうたかたのように消え去り、新渡戸『武士道』だけが残った。「武士道」に関する書物といえば、日本古来の「武士道」とはほとんどつながりのない新渡戸『武士道』が、まず挙げられる——という摩訶《まか》不思議な事態は、このようにしてできあがったわけである。

ともあれ、「武士道」は、このように、その時々の状況に応じて、カメレオンのように姿を変えた。反公家（朝廷）と皇室尊重、反儒教と儒教、反西洋と西洋文化、そして反道徳と道徳など、相反する要素を一つの体内に含み込んだ姿は、ヌエとでも呼ぶべきだろうか。筆者は、「武士道」によって日本人の「国民性」を考えるというような課題にはまったく興味を感じないけれども、強いてそのような問題を考えるとすれば、「武士道」は、時代状況、とりわけ外来文化との対応によって自在に考え方を変える、日本人の柔軟な面を象徴しているとでもいうしかないように思う。

いや、「武士道」という言葉の持つ幻想性の強さに反発するあまり、ややネガティヴな言い方になってしまった。矛盾する要素を含むさまざまの「外来」文化を取り入れて変化を繰り返しつつ形成されてきたこと自体は、世界のあらゆる文化に共通することであるはずで、そういう意味では、私たちは、「武士道」を誇る必要も恥じる必要もない。私たちのアイデンティティの構築は、「○○民族固有の純粋な文化」などという古びた幻想から醒めて、さまざまの「外来」的要素を分かちがたく含みこんで成っている自己の文化をありのままに見つめ直すところからしか、始まらないはずである。

「武士のフェア・プレイ」は新渡戸の創作か

さて、以上の考察を経て、ようやく本書自身の問題に戻ることができる。本書が「武士道」を問題にしたのは、それによって、日本の武士のイメージがどう形作られたかを考えるためであった。とりわけ、日本の武士はだまし討ちなどせず、フェア・プレイ精神によって正々堂々と戦っていたというような印象が、どうやって作られてきたかという問題である。その問題に関して、ここまで見てきた範囲では、やはり新渡戸『武士道』が最重要であろう。戦国期以来の「武士道」論が、しばしばフェア・プレイとは対極にあるような精神を根本に据えていたことは既に見たとおりであり、また、反道徳性を捨てた明治の「武士道」論も、新渡戸を除き、そのような問題意識は薄い。

もっとも、名誉を重んずる武士の精神が、長い平和が続いた江戸時代に変形をとげて、フェア・プレイに似た感覚ないし美意識を形成していた可能性はあろう。たとえば、「きたな勝」を否定する『葉隠』に、フェア・プレイに類似の感覚を見ることは可能であり、『葉隠』自体は江戸時代にあまり読まれなかったとしても、これに似た精神が、地方や階層により、あるいは武術の流派等々によって、さまざまな形で育っていた可能性は考えられよう。そうした精神が「武士道」論に持ち込まれたことも考えておく必要があるが、筆者には今のところ、確たる証拠を見出すことができない。「武士道」論にフェア・プレイという問題意識を持ち込んだものとして、著作の世界をたどる限りでは、やはり新渡戸を挙げるしかない。

そのように述べてこの章を閉じるつもりだった筆者は、しかし、最後のところでいささか躊躇《ちゅうちょ》している。新渡戸は案外、日本の武士のフェア・プレイを描いてはいないのである。新渡戸『武士道』は、確かに、第一章で「戦闘におけるフェア・プレイ！（中略）これはあらゆる文武の徳の根本ではないか」と述べるのだが、その具体例としてはトム・ブラウン（一九世紀のイギリスの作家トマス・ヒューズの小説の主人公）を挙げるのみで、それに対比される日本の例はない。第三章では、赤穂浪士を「ややともすれば詐術が戦術として通用し、虚偽が兵略として通用した時代にありて、この真率正直なる男らしき徳」とほめたたえるのだが、赤穂浪士を戦術としての「詐術」の対極としてほめるのはいささかわかりにくく、むしろ、江戸時代を「詐術」「虚偽」が通用した時代ととらえる点が、印象に残ったりもする。

新渡戸以降の武士論

さらに、第七章では、次のように言う。

武士道の信実は、果して勇気以上の高き動機をもつやと、私はしばしば自省してみた。偽りの証しを立つることなかれとの積極的なる誡《いまし》めが存在せざるため、虚言は罪として審《さば》かれず、単に弱さとして排斥せられた。

日本の武士に「偽りの証しを立つることなかれとの積極的なる誡め」がないというのも、事実認識としては大いに問題があり、たとえば武家家訓をとっても、正直の徳はいくらでも説かれている。本書第三章でも見たように、『義貞軍記』などの謀略肯定論の諸書でさえ、原則的には正直を説くのである。新渡戸はそうしたものを読んでいなかったのだろうが、それにしても、武士を懸命にほめるこの書物に、どうしてこのような記述が登場するのか、いささか不審である。

どうも新渡戸は、キリスト教文化に比べて、日本の武士の道徳は、正直という徳においてやや劣ると感じていたのではないだろうか。その感覚の由来について解き明かすことは筆者の手にあまるが、新渡戸『武士道』は、日本の武士と「フェア・プレイ」を結びつけた書であるとしても、その点では案外控えめであることは確認しておきたい。

また、新渡戸以降の「武士道」論や戦後の武士論をたどって、武士の理想化が、その後どのように完成していったかを一つ一つ跡づけることは、とうてい筆者のなしうるところではないが、「正々堂々とした一騎打ちをする武士」というイメージの形成については、新渡戸以降の武士論に帰すべき部分も多いのではないかと問題提起しておきたい。あるいは、そうしたイメージの再生産は、今もなお続いているのかもしれない。

終章 合戦は倫理を育てたか

首切役人と目かくしされた罪人、書割に描かれた富士山。
演出による土産用写真（『写真で見る幕末・明治』より）

戦争の始源

人類はいつごろから人間同士の殺し合いを始めたのか。動物行動学者のコンラート・ローレンツは、狼などの動物が、仲間同士で戦っても殺し合いには至らずにすむ本能的な抑制機能を持っているのに対し、人間だけが人間同士で殺し合うが、それは人間が威力ある武器を持ったことなどにより、殺し合いを抑制する本来のシステムを失ってしまったからだ——と考えた。しかし、その後の動物行動学は、杉山幸丸によるハヌマン・ラングールの子殺しの発見以来、各種の猿やライオンなどの動物が、同種の仲間同士で子殺しを行う例を多く発見するに至っている。さらには、なわばり争いから集団的な闘争に至るチンパンジーの行動を、「戦争行為の先駆者」ととらえる見解さえ提出されている（ジェーン・グドール『野生チンパンジーの世界』）。同種による殺し合いの歴史は、おそらく人類の歴史よりも古いのであろう。

だが、単なる殺し合いと、組織的な集団の間で展開される戦争とは、別の問題である。仮に、人間が抑えきれない闘争本能を生来的に持っているのだとしても、戦争という行為がそれだけで説明できるわけではない。おそらく、「戦争」とは、最低限、言語を通じて共同の意志や命令を確認し合う行為を伴う組織的な行動を指すはずであり、それ以外にもさまざまの複雑な要素を含む人間の文化と関連づけて考えるのが一般的であろう。

栗本英世によれば、先史時代の戦争に関する現代の学者たちの見解には、人間が本来持っている闘争本能を重視するホッブズ的な人間観と、人間は本来は平和に暮らしていたのだと見るルソー的な人間観との対立があるが、「概していえば、ルソー派のほうが優勢で、メソポタミアで最初の都市国家が成立する以前には、戦争は存在しなかったというのが一般的な理解である」という。

この問題に関わる考古学的な遺物も、世界にはいくつもあるようだが、人為的な傷を負った遺骸が多く発掘されたとしても、たとえば集団処刑の跡かもしれず、ただちに戦争の証拠と認定できるわけではない。「戦争」と呼ぶべき殺し合いがいつから始まったのかを判定しようとすれば、根本的な人間観の相違も反映して、議論が分かれるわけであろう。しかし、約一万年前からの新石器時代の開始と共に、人間が戦争を行ったと見られる証拠は増加し、たとえば、約四〇〇〇年前のものとされるスペインのモレリャ・ラ・ビリャ遺跡の壁画には、三人と四人の集団の戦いと見られる絵が描かれている（栗本英世『未開の戦争、現代の戦争』）。

三人対四人の戦いを描く
モレリャ・ラ・ビリャ遺跡の壁画

本格的な戦争は、農耕社会の成熟と共に生まれるとするのが、世界的な通説であるともいわれる（佐原真「日本・世界の戦争の起源」）。争奪の対象となる富の蓄積が形成された時代には、いかなる意味でも戦争と呼びうる行為が始まっていたわけであろう。いずれにせよ、少なくとも人間が文字によって歴史を記録するようになるよりも早くから、戦争が始まっていたことは明らかである。

戦争と倫理

そのような時代の戦争というものを、私たちはどのように想像したらよいのだろうか。イギリスの軍事史家であるジョン・キーガンは、次のように述べる。

もし戦争の起源を紀元前四〇〇〇年とするならば、その後五〇〇〇年の間に戦われた戦争の大部分は、名誉ある人間や高潔な戦士が加わる余地などは、ほとんどないものだった。

ヨーロッパ人は、戦争といえば「騎士道精神を重んじる騎士」などをすぐ連想するが、キーガンにいわせれば、

しかし、実際には、彼らはみな、少なくとも数のうえでは、粗暴な一般の兵卒、愚鈍な徴用兵や荒くれた傭兵、獲物を狙って蹴散らし回る騎馬民の群れ、ロングシップを操る海賊などに圧倒されていたのである。

という。戦争が一定の秩序や倫理を前提としたものになるには、未開の戦争の段階から歴史時代の多くまでを包摂する、きわめて長い時間を要したというのである。キーガンは、軍隊によって戦争をなくすことができると主張するのだが、そうしたことの可能な近代の規律ある軍隊の起源は、それほど古いものではないと見るわけである。

だが、一方で、右に見たように、チンパンジーのなわばり争いを「戦争行為の先駆者」ととらえたジェーン・グドールは、人類の進化に関するダーウィン以来の研究史を、「戦争行為が、ほぼ確実に人類の頭脳を開発する強力な圧力となった」という方向でまとめつつ、自己の論を展開している。

彼女の紹介する議論の中には、「利他主義や勇気という人類の価値ある資質」も、戦争によって育ったのだという主張が含まれる。右に見たとおり、人類が最初から戦争をしていたのかどうかについては議論が分かれる。これは人類が人類になるかならないかという段階から戦争をしていたというような観点に立つわけなので、一方の極端に偏する意見という面もあろうが、ともあれ、このように戦争による倫理の芽生えを、ごく早い時期に想定する見方もあるわけである。

第二次世界大戦後の日本では、戦争は何ものをも生まないという論調が支配的であり、筆者もそうした言論空間の中で育ったが、戦争は人類の進化を促したという議論は、分野によっては有力なものであるのかもしれない。

太古の問題はさておき、歴史時代に入ってから、科学技術などの面で、進歩が戦争によって促進された場合があることは明瞭である。武器に直接関わるような領域はもとより、通信・交通などの分野をも含めて、軍事に関連することによって発達した技術は多いだろう。戦争は、自己と自己の属する集団の生存に関わる問題であり、何よりも真剣な努力がそこに傾注されるのである。戦争が進歩を促進したのは、おそらく技術ばかりではなく、精神文化と呼ぶべき領域においても、類似の現象を認めることはできるはずである。

たとえば、スポーツが戦争に由来する面を有することは、わずかながら第一・二章でふれた。倫理についても、戦国武士が独特の倫理を育てたことは、第三・四章で見てきた。さらにいえば、だらしない若者を見ては「あんな奴らは軍隊に入れて鍛えてやればいいんだ」という類の言葉を吐く中高年の男性は、二、三〇年前までは珍しくなかったと思う。その是非はともあれ、戦争に由来する倫理や精神文化は、今なお私たちの身近なところで息づいているものと思われる。

戦場の倫理と平和の倫理

しかしながら、問題は、戦争が倫理を育てたことがあるとして、その倫理とは、果たして平和な社会の育てた倫理と同様のものなのか、ということである。日本の武士に関する議論は、従来、その点の考察が足りなかったのではあるまいか。

たとえば、武士は名誉を重んずるというのは正しい。しかし、それでは、名誉とは何か。何をもって名誉とするかという点において、平和な社会で育った倫理と戦場で育った倫理とでは、おそらく大きな違いがある。一般社会における名誉とは、たとえば公正や信義であろうが、戦場における名誉とは、たとえば勝利や力なのである。従来の議論の多くは、そうした相違に目をつぶったまま、平和な社会の価値基準を武士たちの名誉の問題に忍び込ませてきた結果、中世の武士を描くにあたって、しばしば虚像を結んできたのではないか。

筆者の見るところ、この問題のもっとも優れた研究の一つである石井紫郎の議論も、そうした点に問題を抱えており、戦場における倫理の形成を、平和な社会における法の形成と重ね合わせてしまったために、武士たちの行動の理解にブレを生じてしまっているように見える。そうしたブレを野方図《のほうず》に拡大しているのが、多くの「武士道」論であるともいえよう。

合戦が育てた倫理は、何よりも勝利を重んずる。そのためには勇敢さや力強さ、そして集団内部の団結ないし上位者への服従が必要である。そこに「勇」を重視し、極限まで自己を鍛えようとする自己鍛錬の倫理や、仲間を裏切らず、ひいては上位者への忠誠を誓う倫理が形成されてくる。しかし、自己の集団の外側の他者に対する愛情や信義などといった倫理は、戦場からは育たず、主として平和な社会で育てられたと見るべきだろう。敵に対しても公正や信義を重視してだまし討ちを否定する、フェア・プレイ精神などといった価値も、戦いの積み重ねから生まれたかのようにいわれることがあるが、本書で見てきた範囲では、それは正しくない。

もちろん、「戦争」の分析には非常に多角的な視点が必要であり、「戦争」と「平和」とが、そう簡単に分けられるわけでもないだろう。日本の場合、中世の長い戦乱の時代と、近世の長い平和の時代とは明瞭に分かれるが、そのいずれをも武士階級が主導した。そして、中世の武士も戦闘だけをしていたわけではない。したがって、武士の精神は、どこまで戦場に由来するものといえるのか、整理が必要となる。本書は、その点を多少整理したつもりであり、それを整理したにとどまる。ただ、結果として、戦争が倫理を育てるという物言いに対しては、ある程度の疑義をさし挟むことになったように思う。

おわりに

なお、本書の議論は、根本的な問題意識としては、戦争一般に関する議論として組み立てているつもりである。記述対象が日本に限定されるのは、筆者が日本のことしか知らないからであって、日本が特殊であると思っているからではない。弥生時代に日本列島に居住した人たち（彼らはもちろん「日本人」ではない）から、大日本帝国（それは廃仏毀釈をはじめとする伝統文化の否定の上に成り立った）までを連続的にとらえて、「日本人」の戦争には一貫した固有の特徴があると主張するような日本特殊論にくみするつもりはないのである。

「日本固有の武士道精神」という類の議論の虚妄さについては見てきたとおりだが、それを裏返したような「日本人」論もまた不毛であろう。たとえば、則綱のだまし討ちを真珠湾攻撃と結び付けて、「日本人の特色」を論ずるような短絡的な議論には、何の意味もあるまい。

筆者が本書で主張したようなことが、諸外国にどれほどあてはまるのかは、率直にいってわからない。ただ、たとえば、「武士道」はよく「騎士道」と比較されるが、ヨーロッパの騎士たちがどれほど立派であったかという問題は、たとえばアミン・マアルーフ『アラブが見た十字軍』などを視野に入れつつ検討されるべきだろう。戦争をめぐる意識に関わる記述は、ともすれば偏った視点からの一方的なものになりやすく、その分析は一筋縄ではゆかないことが多いと思われる。

現在、世界では、「戦争」がめまぐるしく姿を変えつつ継続され、日本では、戦争や軍事に関わる議論自体を否定してきた反動もあってか、安易に戦争を美化する言論も目立つようになっている。過去の長い歴史の中の戦争を、広い視野から冷静に見つめなおし、学ぶべきことを学ぶ作業は、ますます必要となっているはずである。本書が、もしも、そうした作業のほんの一部にでも役立つことがあるならば、望外の幸せである。

参考文献

※各章ごとに、著者名五十音順で掲げた。
※基本的には、各章に直接引用した研究文献名のみ掲げた。ただし、第四章に限って、引用していない文献も多く掲げた。

〔序章〕
石井紫郎「合戦と追捕—中世法と自力救済再説(一・二)—」(『国家学会雑誌』九一巻七・八号、一一・一二号、一九七八年七月・一二月。『日本国制史研究II　日本人の国家生活』東大出版会一九八六年再録)。
生形貴重「『平家物語』合戦譚考—頼朝挙兵譚・一谷の合戦　延慶本・覚一本をめぐって—」(『同志社国文学』一三号、一九七八年三月。『平家物語の基層と構造』近代文芸社一九八四年再録)
岡田清一「合戦の儀礼」(『中世を考える　いくさ』吉川弘文館一九九三年)
梶原正昭　最終講義録「戦争論へのまなざし—『平家物語』巻九「越中前司最期」を糸口として—」(『古典遺産』四九号、一九九九年四月)
佐伯真一「合戦のルールとだまし討ち」(『軍記と語り物』三七号、二〇〇一年三月)
佐伯真一「盛俊の耳と首—延慶本『平家物語』「越中前司盛俊被討事」私注—」(『青山語文』三三号、二〇〇三年三月)
鈴木眞哉『謎とき日本合戦史』(講談社現代新書二〇〇一年)
高木市之助「中世展望—平家の窓から」(西尾実先生古稀記念『中世文学の世界』岩波書店一九六〇年、『高木市之助全集・五』講談社一九七六年、『平家物語の論』講談社学術文庫一九七七年)
千葉徳爾『負けいくさの構造—日本人の戦争観—』(平凡社選書一九九四年)

服部幸造「軍語りと平家物語—一の谷合戦をめぐって—」(『日本文学』一九七八年二月。『語り物文学叢説—聞く語り・読む語り—』三弥井書店二〇〇一年再録)
元木泰雄「『今昔物語集』における武士」(『鈴鹿本今昔物語集—影印と考証・下』京大学術出版会一九九七年)
吉田集而『不死身のナイティ—ニューギニア・イワム族の戦いと食人—』(平凡社一九八八年)

〔第一章〕

大林太良「争いと戦い」(『日本民俗文化大系・三　稲と鉄』小学館一九八三年)
工藤雅樹『蝦夷と東北古代史』(吉川弘文館一九九八年)
工藤雅樹『蝦夷の古代史』(平凡社二〇〇一年)
佐伯真一「「朝敵」以前—軍記物語における〈征夷〉と〈謀反〉—」(『国語と国文学』七四巻一一号、一九九七年一一月)
定村忠士『悪路王伝説』(日本エディタースクール出版部一九九二年)
佐原　真「日本・世界の戦争の起源」(『人類にとって戦いとは1　戦いの進化と国家の生成』東洋書林一九九九年)
高橋　崇『蝦夷《えみし》』(中公新書一九八六年)
高橋　崇『坂上田村麻呂(新稿版)』(吉川弘文館人物叢書一九九二年)
千葉徳爾『たたかいの原像—民俗としての武士道—』(平凡社一九九一年)
西嶋定生『日本歴史の国際環境』(東京大学出版会一九八五年)
藤尾慎一郎「倭国乱に先立つ戦」(国立歴史民族博物館編・展示図録『倭国乱る』朝日新聞社一九九六年)
松木武彦『人はなぜ戦うのか—考古学からみた戦争—』(講談社二〇〇一年)
吉井　巌『ヤマトタケル』(学生社一九七七年)
松前町『松前町史　通説編　一・上』(一九八四年)

ロジェ・カイヨワ Roger Caillois『戦争論 われわれの内にひそむ女神ベローナ』（秋枝茂夫訳、法政大学出版局一九七四年）

〔第二章〕
石井紫郎「合戦と追捕―中世法と自力救済再説（一・二）―」（『国家学会雑誌』九一巻七・八号、一一・一二号、一九七八年七月・一二月。『日本国制史研究II 日本人の国家生活』東大出版会一九八六年再録）
石井進『日本の歴史7 鎌倉幕府』（中央公論社一九六五年）
植村正久「基督教の武士道」（一八九八年三月の説教という。『植村全集』第一巻による。なお、同題でほぼ同内容の文章が、同年同月に発行された雑誌『武士道』二号に掲載されている。この雑誌については第四章参照）
折口信夫「ごろつきの話」（昭和三年＝一九二八初出、『折口信夫全集』第三巻）
笠松宏至「夜討ち」（網野・石井・笠松・勝俣編『中世の罪と罰』東大出版会一九八三年）
川合 康『源平合戦の虚像を剝ぐ』（講談社一九九六年四月）
呉 秀三『シーボルト先生 1 その生涯及び功業』（一八九六年第一版。平凡社東洋文庫一九六七年）
黒田日出男「首を懸ける」（『月刊百科』三一〇号、一九八八年八月）
五味文彦『武士と文士の中世史』（東京大学出版会一九九二年）
近藤好和『弓矢と刀剣』（吉川弘文館一九九七年）
佐伯真一「異能の悪僧達―延慶本『平家物語』橋合戦の読み方―」（福田晃編『伝承文化の展望―日本の民俗・古典・芸能―』三弥井書店二〇〇三年）
鈴木眞哉『謎とき日本合戦史』（講談社現代新書二〇〇一年）
高橋昌明『武士の成立 武士像の創出』（東京大学出版会一九九九年）
津田左右吉『文学に現はれたる我が国民思想の研究』第二篇第一章（大正五年＝一九一六刊、『津田左右吉全集』別巻二）

津田左右吉「武士道の淵源について」(明治三四年=一九〇一、『津田左右吉全集』第二二巻)
戸田芳実『初期中世社会史の研究』(東大出版会一九九一年)
野口　実『武家の棟梁の条件』(中公新書一九九四年)
兵藤裕己『語り物序説』(有精堂一九八五年)
兵藤裕己『物語・オーラリティ・共同体』(ひつじ書房二〇〇二年)
福田豊彦『平将門の乱』(岩波新書一九八一年)
藤木久志『戦国の作法—村の紛争解決—』(平凡社一九八七年)
保立道久「日本中世の諸身分と王権」(『講座・前近代の天皇3　天皇と社会諸集団』青木書店一九九三年)

〔第三章〕
有馬成甫監修・石岡久夫編『日本兵法全集』(人物往来社一九六七年)
石岡久夫『日本兵法史(上下)』(雄山閣一九七二年)
今井正之助「『義貞軍記』考—『無極鈔』の成立に関わって—」(愛知教育大学『日本文化論叢』五号、一九九七年三月)。
今井正之助・加美宏・長坂成行『太平記秘伝理尽鈔』(平凡社東洋文庫。二〇〇二年以降続刊)
小澤富夫『武家家訓・遺訓集成』(ぺりかん社一九九八年)
加美　宏『太平記享受史論考』(桜楓社一九八五年)
加美　宏『太平記の受容と変容』(翰林書房一九九七年)
佐伯真一「盛俊の耳と首—延慶本『平家物語』「越中前司盛俊被討事」私注—」(『青山語文』三三号、二〇〇三年三月)
酒井憲二『甲陽軍鑑大成』(汲古書院一九九四年)、「甲陽軍鑑の伝写に見る中近世移行期の語詞」(『国語と国文学』二〇〇三年二月)
相良　亨『武士道』(塙新書一九六八年)

野口武彦『江戸の兵学思想』(中央公論社一九九一年、中公文庫一九九九年)
兵藤裕己『太平記〈よみ〉の可能性―歴史という物語―』(講談社一九九五年)
堀　勇雄『山鹿素行』(吉川弘文館人物叢書一九五九年)
前田　勉『近世日本の儒学と兵学』(ぺりかん社一九九六年)
桃　裕行「『武田信繁家訓』について」(『宗教社会史研究』雄山閣一九七七年。『桃裕行著作集3　武家家訓の研究』思文閣一九八八年、再録)
山本幸司「合戦における洗練と粗野」(清水昭俊編『洗練と粗野―社会を律する価値―』東大出版会一九九五年)
若尾政希『「太平記読み」の時代―近世政治思想史の構想―』(平凡社一九九九年)
『太平記評判秘伝理尽鈔』輪読会「『太平記評判秘伝理尽鈔』輪読報告」(『軍記と語り物』三三号、一九九七年三月)

〔第四章〕

葦津珍彦『武士道　戦闘者の精神』(徳間書店一九六九年)
足立栗園『武士道発達史』(積善館一九〇一年)
池上英子『名誉と順応―サムライ精神の歴史社会学―』(森本醇訳、NTT出版二〇〇〇年)
石田文四郎『日本武士道史の体系的研究』(教文社一九四四年)
植村正久「基督教と武士道」(明治二七年＝一八九四年三月二三日「福音新報」。『日本現代文学全集・一四』講談社一九六四年による)
植村正久「基督教の武士道」(一八九八年三月の説教という。『植村全集』第一巻による。第二章参考文献欄参照)
氏家幹人『武士道とエロス』(講談社現代新書一九九五年)
蝦名賢造『新渡戸稲造―日本の近代化と太平洋問題―』(新評論一九八六年)

太田雄三『〈太平洋の橋〉としての新渡戸稲造』（みすず書房一九八六年）
小澤富夫『武家家訓・遺訓集成』（ぺりかん社一九九八年）
笠谷和比古『武士道その名誉の掟』（教育出版二〇〇一年）
勝部真長・編『武士道―文武両道の思想―』（角川選書一九七一年。改題『山岡鉄舟の武士道』角川ソフィア文庫一九九九年）
釜田喜三郎「民族文芸としての『太平記』の特質―武士道の成立過程―」（『国語と国文学』二一巻四号、昭和一九年＝一九四四年四月。『太平記研究―民族文芸の論―』新典社一九九二年再録）
木戸公伝記編纂所『松菊木戸公伝』（明治書院一九二七年）
清原貞雄『武士道史十講』（目黒書店一九二七年）
玖村敏雄『吉田松陰の思想と教育』（岩波書店一九四二年）
小池喜明『葉隠―武士と「奉公」―』（講談社学術文庫一九九九年）
相良亨『武士道』（塙新書一九六八年）
重野安繹・日下寛『日本武士道』（大修堂一九〇九年）
柴田純「武士の精神とは何か」（藤井讓治編『日本の近世・3　支配のしくみ』中央公論社一九九一年）
杉森久英『新渡戸稲造』（読売新聞社一九九一年）
鈴木国弘『日本中世の私戦世界と親族』（吉川弘文館二〇〇三年）
高木俊朗『抗命』（文藝春秋社一九六六年）
高橋富雄『武士道の歴史　上中下』（新人物往来社一九八六年）
高橋昌明『武士の成立　武士像の創出』（東京大学出版会一九九九年）
俵木浩太郎『新・士道論』（筑摩書房一九九二年）
津田左右吉（黄昏庵）「武士道の淵源について」（『日本新聞』明治三四年＝一九〇一、『津田左右吉全集』第二二巻所収）
鍋島直紹「随筆「葉隠」」（神子侃編訳『葉隠』徳間書店一九六四年）

奈良本辰也　『武士道の系譜』（中央公論社一九七一年）
西　義之　「Bushido考―新渡戸稲造の場合―」（『比較文化研究』二〇輯、一九八二年三月）、「Bushido考―新渡戸稲造とB・Hチェンバレンそのほか―」（『比較文化研究』二一輯、一九八三年三月）
橋本　實　『武士道の史的研究』（雄山閣一九三四年）
橋本　實　『武士道史要』（大日本教化図書一九四三年）
平泉　澄　「武士道の復活」（一九三三年八月初出。『武士道の復活』至文堂一九三三年所収）
古川哲史　『日本倫理思想史研究②―武士道の思想とその周辺―』（福村書店一九五七年）
古川哲史　『葉隠の世界』（思文閣出版一九九三年）
松隈俊子　『新渡戸稲造』（みすず書房一九六九年）
松田　修　「葉隠序説」（『国語国文』一九六七年一一月）
丸山眞男　『丸山眞男講義録・五　日本政治思想史』（東京大学出版会一九九九年）
三神礼次　『日本武士道』（三神開雲堂一八九九年）
山室信一　『思想課題としてのアジア　機軸・連鎖・投企』（岩波書店二〇〇一年）
李　登輝　『「武士道」解題―ノーブレス・オブリージュとは―』（小学館二〇〇三年）
和辻哲郎　「武士道」（岩波講座『倫理学』第一二冊、一九四一年。『和辻哲郎全集』第二三巻所収）
ドナルド・キーン　『日本人の美意識』（金関寿夫訳、中央公論社一九九〇年、中公文庫一九九九年）
スティーヴン・ナッシュ　『日本人と武士道』（西部邁訳、角川春樹事務所一九九七年）

〔終章〕
栗本英世　『未開の戦争、現代の戦争』（岩波書店一九九九年）
佐原　真　「日本・世界の戦争の起源」（『人類にとって戦いとは1　戦いの進化と国家の生成』東洋書林一九九九年）
杉山幸丸　『子殺しの行動学』（北斗出版一九八〇年、講談社学術文庫一九九三年）

アミン・マアルーフ　Amin Maalouf　『アラブが見た十字軍』（牟田口義郎・新川雅子訳、リブロポート一九八六年、ちくま学芸文庫二〇〇一年）
ジェーン・グドール　Jane Goodall　『野生チンパンジーの世界』（杉山幸丸・松沢哲郎訳、ミネルヴァ書房一九九〇年）
ジョン・キーガン　John Keegan　『戦争と人間の歴史　人間はなぜ戦争をするのか？』（井上堯裕訳、刀水書房二〇〇〇年）
コンラート・ローレンツ　Konrad Lorenz　『攻撃　悪の自然誌2』（日高敏隆・久保和彦訳、みすず書房一九七〇年）

あとがき

筆者は、『平家物語』諸本に注釈をつけることをライフ・ワークとしている。『平家物語』諸本の膨大な言葉の群れを、こちらの理解できる範疇に追い込んで秩序づけようと努めるその仕事は、羊飼いのようなものだろうかと思うことがある。それは、時には群れを離れて一匹の羊を追いかけねばならないこともあるということを含めての感想なのだが、「越中前司最期」を追っているうちに、「だまし討ち」を追い、「武士道」を追いかけて、二〇世紀初頭まで来てしまうことになるとは思わなかった。

本書のような問題を考えることになったきっかけは、おおよそ序章に書いたとおりだが、本書の当初の構想は、序章に引いた拙稿「合戦のルールとだまし討ち」の内容を基本としたもので、ほぼ第三章までにあたるものであった。しかし、NHK出版の石浜哲士さんと意見を交換するうちに、しだいに第四章の「武士道」論がふくらみ、自分でもこの問題が面白くなって、ついには第四章がもっとも長い章になったのは、我ながら予想外の展開であった。

予想外といえば、草稿を書き上げ、二度目の全面改稿を終えた二〇〇三年の年末ごろから映画「ラスト・サムライ」が大ヒットし、二〇〇四年に入ると、その影響で新渡戸稲造の『武士道』がブームになったのは、まさに予想外のことであり（もちろん私がそんなことを予想できるはずもないが）、大変驚いている。

日本人が「ラスト・サムライ」を喜ぶ様子は、自分自身の国の歴史を振り返るというよりは、欧米の側の目を通すことによって「今はなき武士道」の幻想を作り上げ、楽しんでいるように見える。それは、ファンタジー、娯楽という側面が大きいとはいえ、精神構造として、一面では新渡戸の『武士道』に似ているし、ある意味では明治時代の流行の変奏曲であるともいえよう。そんな流行が繰り返されるのは、近代日本人のアイデンティティのあり方を考える上で、一つの興味深い現象であると思うが、同時に、どことなく危ういものを感じないでもない。

そうした近代日本人の自意識の構造の問題については、本書第四章で少しは考えてきたつもりだが、「今どき、新渡戸『武士道』によって武士のイメージを形作るという日本人もそう多くはあるまい」と書いた点は、あるいは修正せねばならない事態になりつつあるのかもしれない。もしそうなのだとすれば、新渡戸『武士道』の読者には、本書と共に、第四章に引いた西義之や太田雄三の論を、是非読んでいただきたいと思う。新渡戸について、筆者よりは専門的に詳しく調べているからである（もちろん筆者は、それらをふまえた上で、自分なりの調査と意見を加えているわけで、それらの論に欠けたところを補訂した面もあると自負してはいるが）。

本書は、自分の専門外に踏み出した部分が非常に多い。たとえば新渡戸については、新渡戸全集をひっくり返しつつ、何冊もの評伝、研究書の類を片端からあたって、示唆するところの多い西や太田の論を見つけ、そこからまた周辺の資料を開拓するというようにして、各分野について手探りで調査と思考を繰り返したわけだが、とりわけ近世や近代の文献については、なお見るべきものを見ていないのではないかという不安が残る。そうした問題については、是非とも読者の批判と教示を仰ぎたい。だが、個別の分野を見ているだけでは見えてこないこともあると実感したのも事実であり、狭い専門領域から大きく踏み出したことは、自分としては実に貴重で楽しい経験であった。こうした方向へと誘導してくれた石浜さんには厚く御礼申し上げたい（実は、羊飼いは石浜さんなのである）。

その石浜さんとの出会いを得たのは、野口実氏の主宰する京都女子大学宗教文化研究所の公開講演会の場であり、野口氏には、それだけではなく、数々の有益なご教示をいただいた。また、中世の戦闘の具体的な問題に関する筆者の知識は、多くを近藤好和氏に負っている（もちろん、近藤氏の教示を筆者が正確に理解できているかどうかは別問題だし、結果的に意見の異なる場合もあるが）。筆者は、ここ十数年にわたって続いている研究会「延慶本の会」において、近藤氏をはじめとする歴史学者の諸氏に種々のご教示をいただき続けてきた。その積み重ねがなければ、本書を書こうという勇気はわいてこなかっただろうと思う。

もう一つ、勤務先の青山学院大学文学部日本文学科は、宣伝するわけではないけれども、上代文学から近現代文学、そして漢文学・日本語学の研究者を合計一五名もそろえているので、専門外の問題について、講義や会議の合間に各分野の第一線の専門家に気軽に質問できる、最高の環境であった。そうした数々の幸運に恵まれて、本書はなんとか形になったわけである。

学生諸君にも感謝を述べたい。執筆途中の試行錯誤の段階で、未熟な上に「文学」とは言いにくい内容も多く含む講義を聴いてくれた諸君、戦争の起源をめぐる演習（フレッシャーズ・セミナー）の議論に付き合ってくれた一年生諸君、新渡戸について、卒業論文の制作過程で共に調べたOさん、近代文学研究の立場から議論してくれた大学院のKさんなど、皆さんどうもありがとう。そして、最後に、最終稿の手前で原稿を読んで感想を述べてくれた家族に感謝したい。

二〇〇四年二月

佐伯真一

佐伯真一——さえき・しんいち

●1953年生まれ。同志社大学文学部卒業。東京大学大学院文学研究科博士課程単位取得退学。現在、青山学院大学文学部教授。博士（文学）。専門は中世文学。

●著書に『平家物語遡源』（若草書房）、『三弥井古典文庫平家物語（上下）』（三弥井書店）、『校本保暦間記』（共著・和泉書院）、『四部合戦状本平家物語全釈』（共著・和泉書院）、『物語の舞台を歩く　平家物語』（山川出版社）などがある。

NHKブックス［998］

戦場の精神史　武士道という幻影

2004年5月30日　第1刷発行
2022年4月20日　第6刷発行

著　者　佐伯真一
発行者　土井成紀
発行所　NHK出版
東京都渋谷区宇田川町41-1　郵便番号 150-8081
電話 0570-009-321（問い合わせ）0570-000-321（注文）
ホームページ　https://www.nhk-book.co.jp
振替 00110-1-49701
［印刷］太平印刷社［製本］三森製本所［装幀］倉田明典

落丁本・乱丁本はお取り替えいたします。
定価はカバーに表示してあります。
ISBN978-4-14-001998-6　C1321

NHK BOOKS

＊歴史(I)

出雲の古代史　門脇禎二
法隆寺を支えた木［改版］　西岡常一／小原二郎
「明治」という国家［新装版］　司馬遼太郎
「昭和」という国家　司馬遼太郎
日本文明と近代西洋―「鎖国」再考―　川勝平太
戦場の精神史―武士道という幻影―　佐伯真一
知られざる日本―山村の語る歴史世界―　白水　智
古文書はいかに歴史を描くのか―フィールドワークがつなぐ過去と未来―　白水　智
関ヶ原前夜―西軍大名たちの戦い―　光成準治
江戸に学ぶ日本のかたち　山本博文
天孫降臨の夢―藤原不比等のプロジェクト―　大山誠一
親鸞再考―僧にあらず、俗にあらず―　松尾剛次
山県有朋と明治国家　井上寿一
明治〈美人〉論―メディアは女性をどう変えたか―　佐伯順子
『平家物語』の再誕―創られた国民叙事詩―　大津雄一
歴史をみる眼　堀米庸三
天皇のページェント―近代日本の歴史民族誌から―　T・フジタニ
禹王と日本人―「治水神」がつなぐ東アジア―　王　敏
江戸日本の転換点―水田の激増は何をもたらしたか―　武井弘一
外務官僚たちの太平洋戦争　佐藤元英
天智朝と東アジア―唐の支配から律令国家へ―　中村修也
英語と日本軍―知られざる外国語教育史―　江利川春雄
象徴天皇制の成立―昭和天皇と宮中の「葛藤」―　茶谷誠一
維新史再考―公議・王政から集権・脱身分化へ―　三谷　博
壱人両名―江戸日本の知られざる二重身分―　尾脇秀和
戦争をいかに語り継ぐか―「映像」と「証言」から考える戦後史―　水島久光

※在庫品切れの際はご容赦下さい。